戦国合戦〈大敗〉の歴史学

黒嶋敏 編

山川出版社

目次

第3部　〈大敗〉から勝者へ　201

戦国合戦〈大敗〉の歴史学

序　〈大敗〉への招待

黒嶋　敏

もしも合戦で〈大敗〉したら

十六世紀の日本は、国内各地で戦乱が頻発していた、文字どおりの戦国時代である。敵と味方に分かれた双方が軍勢を出し、現地で衝突すれば合戦となり、いくさの優劣は地域の勢力図に反映され、ひいては群雄たちの栄枯盛衰につながっていく……。「戦国の争乱」といわれたとき、私たちは自然と、そう考えてしまいがちである。たしかに、合戦での勝者が領地を拡大して影響力を高め、やがて覇者となり台頭していくという流れはイメージしやすい。

では、その合戦で〈大敗〉すると、どのような事態が生じるのだろうか。この問いかけこそが、本書のメインテーマである。

戦国時代についての記述、とくに通史類を読んでいると、しばしば次のような一文に出会う。「○○の戦いで大敗を喫した△△氏は、以後、家臣たちの離反を招くなど衰退の一途をたどり……」。もちろん、そのような例がないわけではない。天正十一（一五八三）年、賤ヶ岳の戦いで羽柴秀吉の軍勢に大敗した柴田勝家は、手勢をまとめて越前北の庄城に籠城するも、まもなく自刃している。合戦が行われたのが四月二十一日、勝家が城を枕に自害したのは二十四日、〈大敗〉から落命まで要した時間はじつに三日にすぎない。ここでは明らかに、〈大敗〉が滅亡に直結しているのだ。同じような例としては、明智光秀や石田三成も〈大敗〉から短期間のうちに落命している。〈大敗〉すれば大将は哀れな末路をたどり、居城は明け渡され、領国は滅亡してしまう。その因果関係は疑いもないように見える。

しかし、このようなケースは、戦国時代の合戦のなかでは、むしろ少数派の事例になる。視野を広げてみると、合戦で〈大敗〉を喫しても、それが滅亡に直結しないものは多い。そのなかには武田勝頼や大友宗麟のように領国を維持しつづけた大名もいれば、あるいは、徳川家康や伊達政宗のように以前よりも勢力を強めていく大名すら存在するのである。

合戦での敗北が、必ずしも大名の存亡に直線的にリンクしないのだとすれば、「○○の戦いで大敗を喫した△△氏」が「衰退の一途」をたどるとする通説的な理解そのものを、あらためて検証するべきであろう。〈大敗〉を喫したはずの大名やその領国で、実際のところ、どのような影響が生じていたのか。それを、実証的な歴史学研究の方法によって確かめていくことはできないのか。

今回、本書をまとめることになったのは、そんな素朴な疑問が契機となっている。

置き去りにされた〈大敗〉後

こうした疑問が出てくる一因は、〈大敗〉後に着目し、その具体的な検討を試みた研究成果が、これまで十分に蓄積されてこなかったところにあるといえる。戦国時代における合戦は人々の目を引くこともあって、研究対象として今も盛んなジャンルの一つであるが、ともすれば軍事史的な関心が先に立つものが多い。そこでは、合戦に至る経緯、戦中の軍勢の配置状況、戦闘の経過が詳述され、場合によっては展開された作戦の優劣を論評するものまであるが、その一方で、合戦が終了した後の状況、とくに敗者側の様子には関心が向きにくい傾向にある。たとえば、高柳光寿『三方原の戦』(春秋社、一九七七年)では敗者徳川氏の戦後の影響には触れないまま終わっており、平山優『長篠合戦と武田勝頼』(吉川弘文館、敗者の日本史シリーズ、二〇一四年)では、合戦に至る経緯と経過に九割以上の頁数を費やしている。近年になって、平山氏による長篠以降の武田領国の展開を追った『武田氏滅亡』(角川選書、二〇一七年)が発表されるなど、敗者である武田勝頼の戦後にも目が向けられつつあるが、やはり全体的な傾向としては、こと合戦を主題として取り上げた場合、合戦そのものに対する強い関心とは対称的に、戦後への関心は低調であるといえるのではないだろうか。

では軍事史を離れて、いわゆる歴史学の観点から〈大敗〉後に着目したものはあるのだろうか。こちらも残念ながら、歴史学のオーソドックスなテーマとして重厚な蓄積を持つ政治・外交や社会・文化を対象とした戦国時代の研究においても、〈大敗〉には間接的に触れるものが多く、〈大敗〉の影響そのものの検討を課題に設定したうえで、自覚的に検討を深めてきた研究成果は乏しい。

こうした状況について誤解を恐れずに言えば、それは、軍事史的な観点に立った合戦への問いかけと、戦争を含む政治・外交や社会・文化への問いかけとが、十分に対話してこなかったということに起因しているのではないだろうか。

しかも、そんな両者の間には、より大きな研究方法上の相違点がある。換言すると、それは、戦国時代ならではの史料的な制約といってもよい。戦国時代の場合、いわゆる一次史料とされる同時代性の高い古文書(書状や証文)や古記録(日記など)では、合戦での勝利を喧伝するものはあっても、敗者の側に立って合戦の詳しい経過を直接的に語ってくれるものはほとんどない。合戦の詳細を考える材料としては、どうしても、二次史料と呼ばれる、後世に成立する軍記物や家譜などの(そして多くが勝者の目線からの)雄弁な記述に頼らざるをえないのである。歴史学の側で重視する一次史料に軸足を置けば、戦争そのものへの言及は間接的にならざるをえず、合戦追究への関心を満たそうとすれば二次史料に頼ることになってしまう。これがさらに双方の距離を広げることとなる。

つまり、そのはざまで置き去りにされてきた問題の一つが、〈大敗〉後なのである。

では、戦国時代の〈大敗〉の影響を、同時代性の高い史料に基づきながら実証的に探ることは、まったく不可能なのであろうか。

〈大敗〉後へのアプローチ

たしかに一次史料において、敗者の側から〈大敗〉を語るものは乏しい。その一方で、近年は関連する史料集の刊行やデジタル化・データベース化が進んだことで、私たちが自由に手に取り、読み進めることのできるものが格段に増えた。これまで合戦との関連性に注意が払われてこなかったものや、〈大敗〉前後の大名領国を考えるうえで重要な手がかりが、より簡便な方法で見ることができるようになったのである。これらの関連史料を通覧し、いま一度、丹念に読み込むことによって、〈大敗〉後の影響に迫りうるような状況が整えられてきている。たとえば、敗者側の大名の行動(軍事・外交・内政など)について、〈大敗〉前後の長いスパンで変化の有無を浮かび上がらせることができれば、そこから、これまでストレートに〈大敗〉との因果関係でのみ語られてきた通説を批判的に見直しうるかもしれない。

また、直接に影響の様相を書き記している一次史料に恵まれなくとも、まったく別の側面から、光を当てていく方法がないわけではない。後世の二次史料とはいえ、成立環境の異なるものが複数あれば、その差異を丁寧に読み比べることで、合戦に関係した人々の記憶の問題にまで分け入ることができるだろう。あるいは、合戦で討死をした死者たちがどのような弔われ方をしたのか、その追悼・鎮魂の様相が分かれば、そこから敗者の側で生じていた精神的な〈大敗〉の影響を推測することも可能である。こうした記憶や鎮魂といった人々の心性の側面では、十分に関連づけてこなかったものもありまだまだ材料や分析方法が眠っているのではないだろうか。

これらはほんの一例であるが、なるべく良質な史料に基づき、そして実証的な論理・方法によって、歴史的な事実とその関係性を解明していくのが歴史学の真骨頂であるならば、その手法を駆使して新たな事実の解明に取り組むのもまた、研究者の仕事である。その作業を蓄積していくことで、これまで漠然としながらも人々を納得させてきたストーリー(「大敗を喫した△△氏」は「衰退の一途」をたどる)を、新たな視点から見つめなおすことが可能となるはずである。

〈大敗〉事例を選ぶ

そこで本書では、歴史学の観点から、〈大敗〉した側の大名や領国が、それをどのように受容し、そこでどのような影響や事態が生じていたのかを検討してみたいと思う。その際、特定の合戦のみに議論が集中するのを避けるためにも、いくつもの〈大敗〉事例に目を向けることに留意した。一つの事例だけでは近視眼的になって見えにくくなる部分が生じるが、ある程度離れた場所から複数の事例を見比べてみると、別の陰影がついて立体的に浮かび上がってくる新たな側面があるためである。

複数の〈大敗〉事例を選ぶためには、何をもって〈大敗〉と定義するのかが問われなければならないが、実際のところ、その定義は至難の業となろう。現代で「大敗」という表現が躍るのはスポーツ競技や選挙の結果を報じる場面だが、それらは点数・票数といった絶対的な指標を定めたうえで競われるものである。そのような判断基準がない戦争の場合、その勝敗を客観的・合理的に決めるのは難しい。たとえば数々のデータが揃いうる近代の戦争においても、その勝敗をめぐっては議論が分かれるところである。しかも、上記のような戦国時代特有の史料的制約を踏まえるならばなおのこと、合戦の詳細を把握できないなかで勝敗の判断基準を示すことなど不可能であるといってよい。

そのため今回は、さしあたり一つの試みとして、〈大敗〉事例を選ぶにあたって以下の二つ条件を設定した。

①戦国時代の通説的な理解のなかで〈大敗〉との認識が強い、もしくは史料的に明らかな敗戦であること。

②〈大敗〉後の影響を探るため、合戦後も数年間に渡って、大名領国が維持されていること。

以上二つの条件のうち、〈大敗〉後に目を向けるうえで重視したのは②である。そしてこの②は同時に、対象とする〈大敗〉の時期的な範囲を決めるものともなった。前提となる大名領国の形成という点では、全国的に領国やそれに類する権力基盤が出そろう十六世紀中期が起点となる。一方で終期は、合戦が大規模化し、殲滅戦などのように戦闘が激化していくケースが増える天下統一期のものは除外されることとなる。冒頭で述べた賤ヶ岳などの例をはじめ、天下統一期のものになると〈大敗〉と滅亡が直結する事例が増えてくることから、この時期は合戦の性質そのものが変化している可能性があるだろう。

さて、こうして本書では一五四〇年代から八〇年代にかけての約半世紀における、国内で生じた九つの〈大敗〉事例を選び、それらを比較検討することになった。それぞれの事例について、関連する研究を進めてこられた研究者の方に検討を依頼し、既述の問題意識を共有する共同研究として、東京大学史料編纂所の一般共同研究「関連史料の収集による大内氏の出雲出兵敗北とその影響の研究」(研究代表者山田貴司氏、二〇一七年度)と、科学研究費補助金「戦国時代における「大敗」の心性史的研究」(基盤研究(C)、研究代表者黒嶋、二〇一五〜一七年度)とを立ち上げ実施してきた。それぞれの共同研究では、研究会や現地調査を行い、その過程でご参加いただいたメンバーと意見交換をしながら、通説的な〈大敗〉イメージの向こうがわに迫るための方法論を議論してきたところである。

その研究成果の発表の場として、二〇一七年十二月二日に東京大学史料編纂所の公開研究会「戦国合戦〈大敗〉の歴史学」を開催し、口頭にて七本の報告をしていただいた。このときの報告をもとに、それぞれの共同研究に直接・

間接にご参加いただいた方々にあらためて執筆を依頼し、論文集としてまとめたものが本書である。
では、それぞれの内容を簡単に紹介しよう。

〈大敗〉と大名領国

本書所収の論文九本は、テーマに即して性質の似通うものをまとめ、第一部〜第三部に配列した。まずは第一部から見ていこう。ここでは〈大敗〉が大名領国に与えた影響を、前後の政治過程を比較しながら考えることのできる三本を収録した。

金子拓「長篠の戦いにおける武田氏の「大敗」と「長篠おくれ」の精神史」は、天正三(一五七五)年五月に、織田信長・徳川家康の連合軍を前に武田勝頼が敗退した、長篠の戦いを取り上げる。まさに戦国の〈大敗〉の典型例とされる戦いではあるが、既述のように、近年になって実証的な再検討が進められつつあり、これらをもとに、金子氏は戦後の武田家中で進められた軍制改革に注目している。あわせて、後世の歴史観に大きな影響を与えた『甲陽軍鑑』の成立事情を踏まえ、戦後間もない時点から、長篠の戦いに一種の潤色が加えられていったとする。氏の表現を借りれば、研究が進んだことで私たちはようやく、「『甲陽軍鑑』の呪縛から解き放たれ」る段階まで来たことを実感していただけるのではないだろうか。

畑山周平「木崎原の戦いに関する基礎的研究——日向伊東氏の〈大敗〉を考えていくために」は、元亀三(一五七二)年五月に伊東氏の軍勢が日向木崎原で〈大敗〉した木崎原の戦いを取り上げる。「九州(版)の桶狭間」とも呼ばれるほど、戦国期島津氏が勢力拡大へはずみをつける契機として注目されてきたものだが、その実証的な検討はまだ十分に進んでいない。畑山論文では、材料となる史料のなかでも記録類を逐一検討して研究基盤を固め、あわせて前後の政治史を復元することで、木崎原の戦いの位置づけを相対化していこうとする。戦国時代は残された史料の性質や数量も地域色豊かな時代であるため、九州南部地域の史料状況に応じた分析手法として注目されよう。

八木直樹「耳川大敗と大友領国」は、天正六(一五七八)年十一月、日向国高城まで侵入した大友宗麟・義統の軍勢が、島津氏軍と衝突して敗退し、退路を耳川まで追撃され甚大な被害をこうむった〈大敗〉を検討する。「悲惨な大敗北」「(領国)崩壊の決定的契機」という評価ばかりが先行してしまっていたが、史料を積み重ねていくことで、これまで十分な検証を経てこなかった〈大敗〉の影響の具体像に迫るものである。大友氏周辺で自立的な姿勢を強めた龍造寺隆信や秋月種実らが、近隣の国人たちを巻き込んで一気に勢力を拡大させていく過程を、大友氏が築きあげてきた領国支配の特質と関連させて考察するのは八木氏ならではの分析といえる。

以上の三本は、〈大敗〉前後の政治過程を冷静に追うことの重要性を指摘している。これは同時に、大名領国が変化する契機を〈大敗〉に一元化させて理解してきた従来説に対して大きく修正を迫るものとなり、あわせて、〈大敗〉の影響を相対化させる点でも大きな意味を持つ検証作業であるということができよう。

〈大敗〉と「旧勢力」

第二部では、勝者の側を武勇に優れた新興勢力と位置づける反動から、敗者の側を前時代的な古い勢力とイメージしてきた〈大敗〉に関する論考をまとめた。

山田貴司「大内義隆の「雲州敗軍」とその影響」は、天文十一(一五四二)年から翌年四月まで続いた、大内義隆の出雲出兵を取り上げる。義隆が尼子氏と対立するまでの経緯、軍勢を出しながら出雲国衆たちの離反によって引き起こされた敗走、そして「敗軍」が大内氏領国に与えた影響までを、一次史料に基づいて丹念に紡ぎ出していく。一般的に義隆といえば「貴族主義」的なイメージが強く、「雲州敗軍」は内向きな政治への転換点としてとらえられてきたが、山田論文はその端緒を「雲州敗軍」後の政治史のなかに位置づけなおす試みを行っており、「敗軍」と義隆の政治姿勢を安易に結びつけることに対しても警鐘を鳴らす。

田中信司「江口合戦——細川氏・室町幕府将軍の〈大敗〉とは」では、天文十八(一五四九)年夏の摂津江口城をめぐる攻防のなかで、三好長慶の軍勢を前に、細川晴元派の諸将が〈大敗〉した事件を検討する。この時期の室町幕府を主導したとされる細川晴元は、いわゆる戦国大名のイメージとは異なるが、通説では「中世の終末をつげるほどの大事件」と評されており、戦国時代史を彩る〈大敗〉の一つであることは間違いないであろう。田中論文は「〈大敗〉したのが誰か?」という問いかけを打ち立て、関係史料を精読していく。〈大敗〉の影響がどこまで及んでいたのかを冷静に見極める論点が出されたことによって、無意識的に細川晴元と室町幕府とを一体視し、旧勢力と見なしていた従来説は修正を迫られることになろう。

播磨良紀「今川義元の西上と〈大敗〉——桶狭間の戦い」では、永禄三(一五六〇)年五月に織田信長が今川義元を敗死させた、桶狭間の戦いを取り上げる。劣勢の織田軍が、大軍を率いる大将を討ち取った劇的な展開によって、あまりにも著名な〈大敗〉となっているが、近年さまざまな角度からの検討が進み、その見直しが徐々に進められている。それらの成果を整理したうえで、あらためて従来型の大軍今川氏と劣勢織田氏の衝突という歴史像に疑問を呈し、合戦中の今川義元の装束や軍事行動の意義についても新たな観点から見直していく。播磨論文では「三河記」という記録がクローズアップされているが、確実な同時代史料を欠くなかでは、複数の記録類にも目を向けることの有用性を示したものとして興味深い。

以上三つの〈大敗〉は、従来説においては、敗者側が衰滅していく過程を〈大敗〉に求めるだけでなく、新興勢力によって打ち倒された敗者を「旧勢力」として、ストーリー上の整合性を取ろうとしたものといえる。だが、その実態を丁寧に分析した各論文によって、〈大敗〉を喫した「旧勢力」という位置づけが、いかに表面的なレッテルにすぎないか、その綻び具合を認識していただけるのではないだろうか。

〈大敗〉から勝者へ

第三部では、〈大敗〉を喫したはずが、その後の戦国騒乱を勝ち抜き、埋没することなく江戸時代以降にも支配者層として存続した家に注目した三本をまとめた。

福原圭一「〈大敗〉からみる川中島の戦い」は、永禄四(一五六一)年九月十日の合戦(通説的には「第四次川中島の戦い」として知られる)を取り上げる。通説では激戦との評価が先に立つ川中島の戦いであるが、一次史料を集積したうえで丹念に読み解き、それをもとに上杉謙信が〈大敗〉したことを論証している。その〈大敗〉が上杉領国に与えた影響についても、戦勲をたたえる感状における微妙な差異や、起請文の発給状況から実証的に描き出していく。その分析手法に、読者は引き込まれるのではないだろうか。

谷口央「三方ヶ原での〈大敗〉と徳川家臣団」では、元亀三(一五七二)年十二月に、武田信玄の大軍を前に徳川家康勢が退却をした三方ヶ原の戦いを取り上げる。この戦いは、のちの幕府創設者の生涯を語るうえで不可欠の〈大敗〉であるため、江戸時代以降には徳川氏を中心とする歴史観に乗じて、大きく脚色されて語られるものとなる。ここでは、三方ヶ原の戦いを語る記録・軍記類を丁寧に腑分けしながら、徳川家臣団内部での歴史認識がいかに形成されていくのかを追跡していく。いわゆる徳川中心史観のなかでこの戦いが特殊な歴史的意義を持っていたことが明らかとなり、〈大敗〉の与えた事例を示す興味深い論点が示されたといえるだろう。

黒嶋敏「伊達家の不祥事と〈大敗〉——人取橋の戦い」は、天正十三(一五八五)年十一月に伊達政宗の軍勢と佐竹氏らの連合軍が衝突した、人取橋の戦いを取り上げる。この戦いは一般に政宗の「激戦」「苦戦」として知られているが、伊達氏側の史料に「敗軍」と明記されるだけでなく、その直前に政宗は実父の輝宗を客死させており、ともに相まって伊達家にとって大きなダメージであったことは疑いない。その反動が、翌年以降の政宗の軍事行動へと展開し、さらには、近世の伊達氏家中における歴史認識にも微妙な影を落としていることを論じている。

以上の三ついずれも共通するのは、これまでは「激戦」「苦戦」などの評価が一般的であったが、他の〈大敗〉事例と比べてみても、じつは遜色のない立派な(?)負け戦だった点である。この解釈の転換には、〈大敗〉を喫した上杉氏・徳川氏・伊達氏がいずれも、戦国時代を乗り越えて江戸時代へと続いた、いわば時代の「勝ち組」となることが大きく影響していよう。江戸時代に自家の歴史を編纂するようになった時、過去の〈大敗〉の描写には微妙な問題が付きまとう。一方、主君を支えた家臣の家々では、〈大敗〉経験は戦場での武功を強調する絶好の場面となる。主家と家中とが揃って続いたことで、〈大敗〉の評価も多面的なものとなったケースといえるのではないだろうか。

若干の展望①—〈大敗〉と「境目」—

以上九つの〈大敗〉は、時期的にも地域的にも偏っていないためか、いずれの〈大敗〉にも共通するような要素は案外と見出しにくい。ただ、本書のもととなる共同研究では、その合戦の特質に少しでも迫ることができるよう、当時の道や城郭、土地利用の状況などを考えるための簡単な現地調査を行ってきた。〈大敗〉の現場を歩きながら共同研究メンバー内で交わした意見と、そこで得られた成果を踏まえて、あらためて編者の観点から、〈大敗〉を考える際の課題を二点ほど、展望的に述べてみたい。

第一点目は「境目」をめぐる論点である。

いうまでもなく戦国時代において大名間の合戦の舞台となるのは、領国の境界地域、いわゆる「境目」であることが多い。この「境目」地域については、そこに生きる中小領主たちの両属性への注目(藤木久志『戦国史をみる目』校倉書房、一九九五年)や、その両属性のゆえに、周辺の大名勢力を引き込むことで合戦が激化していく様相などが明らかにされており(山本浩樹「戦国期戦争試論」『歴史評論』五七二号、一九九七年)、戦国時代の合戦を読み解くうえで重要なキィワードとなっている。

ここでは、合戦の舞台となる「境目」と、その土地が持つ歴史地理的な境界性とが重なりあう様子に注目してみたい。たとえば、木崎原の戦いが起きた加久藤盆地は日向国西端に位置し、川や峠道によって肥後・薩摩・大隅に通じている。国制では日向国に属しながら、盆地を貫く川内川が西流するため、とくに大隅・薩摩側の影響を受けやすい特徴を持つ。一方で東隣の小林盆地では、岩瀬川が東に向かって流れ宮崎平野に向かい、つねに日向中心部からの影響が色濃く及んでいた。二つの盆地の間には、峠と呼ぶには緩やかな勾配しかない。しかし、その緩やかな境界を乗り越えてきたために、伊東勢は木崎原合戦で大敗を喫することとなった。追撃した島津勢も近世の記録類によると、深追いせず盆地の境界付近にある粥餅田までで引き返したという(「元禄十年加久藤城御由緒」ほか)。江戸時代の人々にとっても、義弘の籠もる真崎領と伊東氏領国とが、二つの盆地の境界によって隔てられているという認識があったことが分かる。

また、長篠の戦いが繰り広げられた長篠城周辺も、似たような条件を持つ。ここは空間的に、海沿いの平野部が広がる東三河と、山間部の奥三河との間に位置する。東三河は東西に走る東海道によって遠江や西三河・尾張との関係性が強いのに対し、奥三河は同じ山間地域である信濃と密接につながる。戦国時代に山側から奥三河を押さえていく武田氏に対し、東海道沿いに平野部を掌握した徳川家康と後ろ盾となる織田信長とが、長篠で衝突したという事実は、三河国内の地域性を考えるうえでも示唆的であろう。

じつはこの周辺では、菅沼氏の一族が長篠・野田・田峯といった各拠点に分かれ、それぞれが時には連携し、時には対立しながら、戦国時代を過ごしていた（山田邦明「菅沼・奥平一門の戦国史」新城市設楽原歴史資料館編『【長篠・設楽原の戦い】とは』同館、二〇一七年）。そこに近隣の今川氏や武田氏などの大勢力が介入し、菅沼一族内での対立が大名たちの勢力拡大に利用され、小さな地域内の対立構造が、より大きな大名勢力間の「境目」となっていくのである。

もともと境界性を帯びていた地域が大名領国の「境目」へと変化し、その過程で地域内の小さな「境目」が、より政治的に重要な「境目」に成長する。本書に登場する耳川や桶狭間、人取橋なども、同じ文脈から理解できよう。その重要性のゆえに、わざわざ「境目」救援を看板にかかげて大名自身や主だった武将は軍勢を出し、合戦の過程で、無理に越境して〈大敗〉を喫したのである。

本書所収の各論文では、大名の盛衰を〈大敗〉に一元化させる従来型の見方を批判してきたが、そこから敷衍させれば、時々の合戦ひとつひとつの勝敗を重視するのではなく、時期的な幅を持った流れのなかで、軍事・外交・内政を総合的に考える必要性が見えてくる。これまで大きすぎる意味付けをされてきた個々の〈大敗〉を相対化させることができれば、あえて領国の「境目」に軍勢を出す政治的行動の意味を考えることも可能となるだろう。さらにそれは、政治的存在としての戦国大名を位置づけなおす視座につながっていくのではないだろうか。

ところで、長篠に出陣した武田勝頼は、連吾川を見下ろす台地に本陣を置いたとされるが、そこは字名で「才ノ神」と呼ばれる場所であった。「才ノ神」とは、サエノカミ（道祖神・塞神）を意味し、「境にあって外部から村落へ襲来する疫神や悪霊などをふせぎ止めたり、追い払ったりする神」であり（『日本国語大辞典』）、境界地名の一つである。この「才ノ神」は、東の滝沢川と、西の連吾川との間に位置し、川沿いの谷戸田を隔てる丘陵であることに拠るのであろうが、そこに、武田勝頼が本陣を構えたというのは興味深い。「境目」の成長という点では、小さな境界を示す

「オノ神」も、より広域を隔てる「境目」へと変質する可能性があったことになる。「境目」の成長過程として戦国の合戦を位置づけるとき、より柔軟に、その地域における様々な階層の境界性に目を向ける必要が出てくるのではないだろうか。

領国の「境目」に軍勢を出すことが大名の責務であるとすれば、あたかも勝頼自身が「オノ神」となって、武田領国の境界の守護神のように振る舞ったことになる。ちなみにこの時、織田・徳川の連合軍は奥三河への追撃を実行しておらず、この意味で勝頼は、その任を果したことになろう。

若干の展望②―〈大敗〉と慰霊―

二点目として、後世に〈大敗〉がどのように認識されていたのかという問題がある。戦国時代の合戦を語る史料では、その性格上、どうしても軍記や家譜などの記録類が雄弁であり、なかには金子論文で取り上げた『甲陽軍艦』のように、後世に強い影響力を持つものも少なくない。古戦場における歴史認識においても、これらの二次史料の関与が大きいことは想定できたが、私たちが実際に〈大敗〉の現場を歩いてみると、それらとは別の発信源を持つ歴史認識のされ方にしばしば遭遇した。

〈大敗〉の現場で象徴的なのは、戦死者を祀り、霊を慰めるためのモニュメントの多さである。たとえば、天正六年に起きた高城・耳川の戦いから七回忌にあたる同十三年に、当時島津領だった高城に配されていた地頭山田有信は、戦死者の霊を慰めるための供養塔を建立している。こうした供養塔は、戦後まもない頃から江戸時代にかけて建立され、なかには近代・現代になって造り替えられたものも少なくない。

山田有信のような為政者側の手による建立ならば、それは政治的な産物となろう。しかしそれとは別に、合戦で戦死した武将の末裔が、江戸時代以降に先祖顕彰を目的として建てた顕彰碑がある。興味深いのは、こうした顕彰碑であっても、供養塔と同じような意味合いを持つようになり、地域住民による慰霊の対象となっているものが多いことだ。現場を歩いてみると、これらのモニュメントの周囲は丁寧に掃き清められ、現在でもしっかりと地元で保護・管理されている様子がうかがえた。その通底には、すでに民俗学の方面から指摘されている「戦死者に対する畏怖の念」がある。

合戦での戦死者は、そもそも、その土地とは縁のないヨソモノであることが多い。戦地で時の運に見放されて非業の死を遂げた人々の霊は、現世に未練を残しており、しかるべき埋葬・供養がなされないと、その土地に「祟り」を起こすと江戸時代には信じられていた(室井康成『首塚・胴塚・千人塚』洋泉社、二〇一五年)。ましてや〈大敗〉の場合、観念的に数え切れないほどの「客死」が発生しており、その慰霊・鎮魂は、土地の人々にとって重苦しい課題となったはずである。そしてその時、そこに存在する供養塔・顕彰碑は、当初の建立目的とは関係なく、住民にとって重要な慰霊・鎮魂の対象物となるのだ。

当初の設置目的にかかわらず、地域のなかで慰霊・鎮魂の文脈が前面に出てくるという点では、〈大敗〉関連の伝承を持つ民俗行事も同じように変化するようだ。たとえば、長篠の戦いで発生した戦死者を葬ったものとされる信玄塚では、今も毎年八月十五日に「火おんどり」という民俗芸能が行われている。これは、長篠の戦後すぐに信玄塚から飛び立った大量の蜂が住民を苦しめたため、災厄を取り除き、戦死者の慰霊を目的として始められたという伝承を持ち、すでに江戸時代には文献で確認される(湯浅大司「信玄原の火おんどりの成立について」『説話・伝承学』二一、二〇一三年)。こうした伝統行事が現代にも連綿と継承されていることは、すなわち、江戸時代以降の地域の人々が、戦死者の慰霊に真摯に向き合ってきたことの証拠でもある。

しかしながら、長篠の戦死者と大量の蜂が同時期のものとして直結するのかどうかは、確実な史料を欠くため不明と言わざるをえない。また、いま少し視野を広げてみると「火おんどり」の芸能そのものは、火を用いる点で、各地に伝わる虫追いの習俗と共通する部分が多い。農作物の大敵である虫を集落の境界の外へ退散させる虫追いは、他地域の例でも盆送りの行事と重なりやすく、「火おんどり」も、この地域でもともとあった虫追いの習俗が、戦死者の慰霊という意味付けをされて再解釈され、それが長篠の戦死者と大量の蜂の伝承へつながっていくのではないだろうか。

そこで気になるのは、「火おんどり」の舞台となる信玄塚と、武田勝頼が本陣を置いたとする「才ノ神」とが近接することだ。「才ノ神」が虫を追い出す境界としても機能していたのか、また、そこから退却した武田勝頼の姿が現地でどのように伝承されていたのかなど、江戸時代における「火おんどり」を取り巻く状況には興味深い論点が溢れている。これらは、〈大敗〉故地における慰霊と歴史認識の事例として、大変貴重な例といえる。

慰霊と歴史認識を結びつける有名なものとしては、静岡県西部で今も続けられている盆送り行事の遠州大念仏もある。これは、三方ヶ原の戦いでの戦死者を慰霊・供養するものとして始められたとする由来譚を持つもので、その故地である犀が崖には現在、三方ヶ原の戦いと遠州大念仏の歴史を紹介する施設として浜松市立犀が崖資料館が設置されている。谷口論文でも検討されたように、三方ヶ原の戦いのなかで、犀が崖で戦闘が生じたとする記述は、徳川家中の記憶をもとにしたとされる「松平記」「三河物語」から見られるものであるが、「松平記」「三河物語」では遠州大念仏との関係性は示されていなかった。また、大念仏そのものも、もともと地域の盆送り行事として存在していた可能性は否定できず、ここでも、既存の盆送り行事が〈大敗〉によって戦死者の慰霊という意味付けを与えられたものと考える余地が出てくるだろう。

火おんどりも遠州大念仏も、それぞれが江戸時代以降の地域の人々によって大切に保存・伝承されてきた事実に、まず私たちは敬意を払うべきである。そのうえで、地域が、〈大敗〉戦死者の慰霊という重い課題に向き合うなかで、繰り返される年中行事を通じて、地域の側から〈大敗〉を語る歴史認識を紡いできた点にも目を向けなくてはならないだろう。

紙幅の関係で紹介はできないが、ほかの〈大敗〉故地においても同じような状況を確認でき、それらもまた、江戸時代以降の地域における歴史認識のあり方なのである。このような認識のあり方は〈大敗〉特有の現象として、軍記物や家譜・系図の語る武功や名誉とは性質を異にするものである。〈大敗〉が合戦の当事者だけでなく、後世の人々の心の中にまで影を落としていることは、歴史学の観点から〈大敗〉を問うにあたって留意すべき点となろう。

さて、このあたりで冗長な前口上は終えることにしよう。

本書は〈大敗〉をテーマとした、いささかユニークな論文集となった。論文集ゆえ、読者の方は興味をもたれた論文から読み進めていただいて構わないのだが、どこを開いても〈負け戦〉の話ばかりで辟易とされるかもしれない。また、これまで注目されてこなかったテーマであるだけに、至らないところが目に付くかもしれない。なんとも粗削りなものではあるが、戦国時代の研究を多様で豊かなものにするための一つの試みとして、受け止めていただければ幸いである。

第1部

〈大敗〉と大名領国

長篠の戦いにおける武田氏の「大敗」と「長篠おくれ」の精神史

金子　拓

はじめに

天正三(一五七五)年五月二十一日に起きたいわゆる長篠の戦いは、織田信長・徳川家康方の大勝利に終わった。

ここで「大勝利」とするのは、長篠の戦いの流れを知るうえで欠かせない史料である信長家臣太田牛一による『信長記』(信長公記)は別にしても、信長がこの日の直後に出した書状のなかで、「即時切り崩し、数万人討ち果たし候[1]」、「敵悉く討ち果す[2]」「切り頽《くず》し、平均に属し候[3]」のように表現しているからである。

もちろんこれは勝利した側の大将信長の発言であるから、歴史学の一般的手法としては、これだけをもっていくさの概況をまとめることはできない。では、いっぽうの武田方では、このいくさの結果についてどのように表現しているのか。大将の武田勝頼自身は、後日の書状のなかで「先衆二三手利を失い候といえども、さしたる義なく候」と述べているのである[4]。

もっともこの勝頼の発言にしても、「山県昌景らの宿将が戦死する大打撃を受けていたことは隠しようがなかった」にもかかわらず、「その事実に一言も触れていない」と、敗戦を糊塗する内容であることが指摘されている[5]。

勝ちを誇らしげに伝える勝利側、負けの大きさには触れない敗北側、いずれの当事者発言も、そのまま鵜呑みにできないものではある。ただ、このあとの武田氏および織田・徳川両氏の動向、また、合戦後さほど時間を経ないで成立した同時代人による記録類(『信長記』もここに含む)などの状況証拠から総合的に考えると、織田・徳川方の「大勝」、武田方の「大敗」という見方はまず動かない。実際のところ、そうした〝歴史的事実〟は、誰も疑いを持つことなく現在まで受け入れられてきていることは、いまさら言うまでもないだろう。

もちろん筆者も、これに異を唱えようとしているわけではない。したがって、「戦国合戦〈大敗〉の歴史学」と題された本書を構成する一章として、本章で論じるべき問題は、そうした「大敗」という現実を武田氏がどのように受けとめ、次にどのような対策をとったのか、それはどのような史料からわかるのか、また、「大敗」がのちの時代にどのように伝えられ、わたしたちの長篠合戦観を支配することになったのか、という点にある。以下ふたつの節にわたり、右の問題を考えてゆきたい。

1　長篠「大敗」後の武田氏の立て直し

春日虎綱の献策

「大敗」という現実を武田氏がどのように受けとめ、次にどのような対策をとったのかという最初の問いについては、実は本章で論じるまでもなく、近年、武田氏を主たる研究対象としてきた戦国史研究者平山優・丸島和洋両氏により、ほぼ明らかにされたと言ってよい(6)。

そこで本節では、右の両氏の仕事を踏まえ、勝頼がとった武田氏立て直しの具体策のひとつに注目して検討することにしたい。

長篠の戦いによって、武田氏は山県昌景・馬場信春といった宿老をはじめとする多くの将を失った(7)。このなか、信玄以来の宿老のひとり春日虎綱は、越後上杉氏への防備のため信濃海津城にあったと見られ、長篠の戦いに参陣せず、戦後、勝頼に武田氏立て直しのための献策を行なったとされる。

これについては、虎綱本人が原本の口述者と目されている兵書『甲陽軍鑑』に記されている。現在『甲陽軍鑑』の拠るべき活字刊本は、酒井憲二編『甲陽軍鑑大成』の底本となっている土井忠生氏所蔵本（以下、土井本とする）である。ただし本章では比較の意味で、「現存する軍鑑写本中、最古に属する本(8)」とされる佐藤堅司氏旧蔵本(9)（以下、佐藤本とする）を用いることにしたい。虎綱（『甲陽軍鑑』では高坂弾正）が勝頼に呈した五箇条の献策（第二〇冊「勝頼記上」所収）を次に掲げる。いま述べた事情から、以下、佐藤本からの引用はすべて原文どおりとする（返り点は筆者、論述の便宜のため各箇条に丸数字を付した）。

一、高坂弾正勝頼公へ御異見申五ヶ条ハ、

一、駿河・遠州氏政へ被二差上一、北条氏政のはつか（幕下）にならせられ、勝頼公ハ甲州・信州・上州三ヶ国にて、氏政の御先を可レ被レ成と被レ仰、御尤の事、【①】

一、右の上、氏康御娘子御座候由承及候間、是をむかい取、勝頼公氏政公の御妹むこに被レ成、御尤の事、【②】

一、木曽を上野小幡へ御越、小幡上総を信州木曽へ御越、御尤の事、【③】

一、唯今迄足軽大将衆を皆人数持に被レ成、馬場・内藤・山形三人の子共を始、皆同心取上、おく近習にあそハし、少身にてめしつかハるへく候、明日に我等果候者、源五郎をも少身に被レ成、我等同心被官誰成共御預ケ、御尤の事、【④】

一、典厩様・穴山殿に腹を御きらせ可レ有候事、穴山殿を典厩に被二仰付一、典厩をハ我等に被二仰付一候へと申候得共、勝頼公御合点なく候て、五ヶ条の内小田原北条氏政の御妹むこに御成候事計御てんをかけられ候、真田源

太左衛門あとに、弟喜兵衛をしすへ給ふハかり也、如ㇾ件、【⑤】

右の五箇条は要約すると次のような内容である。

①駿河・遠江を北条氏政に割譲して北条氏に属すること。

②北条氏康の娘を勝頼の室に迎えること。

③上野の小幡氏と信濃木曽の木曽氏の所領を交換すること。

④足軽大将衆に兵を率いさせ、討死した宿老の子供たちから麾下の同心を召し上げ、彼らを近習にすること。

⑤武田信豊・穴山信君を切腹させること。

この献策について、丸島氏は、「荒唐無稽に近い内容」、「虎綱が実際に同書に記されたような進言をしたとは思えない」とにべもなく否定するが、唯一、氏政妹を妻に迎えるという進言(②)のみ「ありえそうな」ものとする。[10] これは実際その後(丸島氏は天正四年とする)氏政妹桂林院を勝頼が室に迎えるというかたちで実現するからである。右の本文にもあるとおり、五箇条中この縁組案のみ、勝頼が「合点」したと書いている。

これに対して平山氏は、「この内容がどの程度信頼できるものであるのかは検討を要する」としつつも、①・②に流れる北条氏との同盟強化の考え方、④に見える武田軍の再編制はあり得るものとし、⑤にある穴山信君・武田信豊(典厩)の切腹要求についても否定しない。

『甲陽軍鑑』が述べるように、勝頼が五箇条のうち氏政妹との縁組案のみ受け入れ、くわえて長篠の戦いで討死した真田信綱(源太左衛門)の跡目を実弟昌幸(喜兵衛)に相続させた(これは④の一部採用ということなのだろう)ほかは、「この献策が事実としても」、「家中への影響が強すぎて不可能であったろう」と、現実的でなかったために採用されなかったと考える余地を残しているのである。

実際②のように、その後現実になされたことと符合する案もあった。この献策があったこと自体を最初から否定するわけにはゆかないかもしれない。もっとも、平山氏も献策自体を史実として認めようとしているのではなく、なされた可能性があると述べるに過ぎず、本章の目的も、これがあったことをことさらに論証しようとする点にはない。

ただ、長篠の戦い直後に発給された家中立て直し策に関わる文書を見ていて、気になるのは献策の④である。この点については、献策の有無とは別にして、平山氏・丸島氏とも、勝頼が武田軍の再編制を行なったことを指摘している。平山氏は、「戦死者の後継者問題」として、戦死した重臣層の跡目相続、彼らが担っていた職掌（城代など）の穴埋めが困難な課題であったと指摘する。[11]そのうえで、子息・養子がいた者たちの家督相続の場合と、適当な相続者がいなかった者の事例を紹介し、さらに、個々の家臣の家の相続とは別に、失った兵力の補塡のため勝頼がとった「苦肉の策」について論及している。

丸島氏も、勝頼が行なった戦後政策のひとつとして、「長篠戦死者への対応と軍制改革」を挙げ、家督相続の実例を紹介している。また、天正三年十二月に示された軍役条目を、長篠「大敗」後の立て直し策として注目している。[12]本節で検討してみたいのも、この軍役条目に関わる問題である。

軍役条目に見る勝頼の意図

長篠の戦い後に勝頼が出した軍役条目は、天正三年かとされる八月十日付・保科正俊宛の一点、[13]および天正三年乙亥の付年号のある十二月十六日付の二点[14]（一点は小泉昌宗宛、もう一点は宛所不詳）があり、八月条目と十二月条目は内容が異なる。このうち八月条目は年次が確定的でなく、丸島氏が言及するのは十二月条目であるので、ひとまずこちらに注目したい。

十二月条目は二点ほぼ同文であることから、どのような方法か定かではないが、ある程度家中に触れられたものであると推測される。一八箇条から構成され、「来る歳は無二に尾・濃・三・遠に至るの間、干戈を動かし、当家興亡の一戦を遂ぐべきの条」と、信長・家康への反撃を期し、軍事動員や武装についての細かな指示を行なった内容となっている。

ここで注目したいのは、第一条から第三条、および第一七条の四箇条である。

第一条では、右に触れた条目制定趣旨に続けて、「累年の忠節この時に候間、或いは近年隠遁せしむるの輩、或いは不知行ゆえ蟄居せしむる族のうち、武勇の者これを撰び出し、分量の外人数を催し出陣あり、忠節戦功を抽んぜらるべき儀」とある。ここまで何らかの事情で武田氏の下から離れていた武士の再結集を図っている。

第二条では、「向後一戦場において、戦功を抽んずる輩に至っては、忠節の浅深により、貴賤を撰ばず、所望を叶え、所領を出づべきの事」と、身分にかかわらず戦功ある者への褒賞を約し、第三条では、「各家中の親類・被官、累年武勇名誉の人軍役を勤むる輩、注文を以て申し達せらるべし。向後進退相当に懇意を加え、また忠節戦功に随い直恩を出づべきの事」と、直臣の親類・被官のうち武功ある者の注進と、彼らの直臣への取り立てを伝える。

第一七条では、「討死幷びに忠節の人の遺跡、幼少たらば、十八歳に至るまで、武勇の人を以て陣代申し付けらるべし」のように、おそらく長篠の戦いで戦死した者の跡目について、後継者が幼少の場合、代わりの者を充てるように命じている。

丸島氏はたとえば第三条を、「勝頼は兵員の質と量の不足を、陪臣からの抜擢で補おうと考えた」と要約している。さらに翌年五月に出された軍役定書(15)に注目し、これが「勝頼が、戦死者遺族への対応に本腰をいれた」あらわれとしたうえで、戦死者の跡継に対する配置換えの指示であることから、単なる軍役改定にとどまらない、戦死者の補充と軍勢再編が目的であることを指摘している。

従うべき見解であるが、「補充」「再編」という表現から一歩踏み込んで、これらの箇条から勝頼のさらなる具体的な意図をうかがおうとするとき、こうした動きは、前項にて掲げた春日虎綱の献策のうち、④の考え方につながるのではあるまいか。

④は、「これまでの足軽大将衆を『人数持ち』にする。馬場信春・山県昌景・内藤昌秀以下（長篠の戦いで討死した）面々の子たちから、麾下にあった武士たちを召し上げ、子供たちを奥近習衆として、禄高を減らして召し抱える。この二つを実行すべきだ。近い将来わたし（虎綱）が死んだら、子の源五郎も禄高を減らし、付属している武士たちを誰か別の者にお預けになるのがよろしいだろう」という内容であった。

『甲陽軍鑑』において「人数持ち」のことばは、この献策の箇所以外もう一箇所に登場する(16)。本篇巻八である。この巻は「軍法巻」と名づけられ、「甲州武田法性院信玄公御代惣人数事」の頭書があり、信玄時代における武田家の一族親類衆以下、家臣たちの軍役規模を書き上げた、武田氏の家臣団編制を考えるうえで重要な記事として知られている部分である(17)。

このなかで、「組頭にても組子にてもなき衆、人数持」とあって、跡部大炊助（騎馬三〇〇騎）以下、一二名（大嶋氏は五人で合わせて五〇騎とあるが一人に数えた）が書き上げられており、「右、此侍大将衆ハ、脇備・後備、或ハ城責捕て、番手又ハ先衆のはなれて働の時は、御先をも被二仰付一候」といった説明がなされている。

この部分について平山氏は、「御親類衆・御譜代家老衆・先方衆らの中から、相当有力な員数」が信玄の直接指揮下に置かれた遊軍であり、「旗本衆に次ぐ親衛隊」だとしている(18)。この場合「人数持ち」というのは、組頭という配下の軍勢を率いる者でも、逆に組子として将に付属する同心衆でもないけれども、独自に兵を有するという一般的属性を示すもので、それが軍制上独自の立場を示すものではないだろう。いずれにせよ彼らは「侍大将衆」であるのである。

丸島氏が、「寄親クラスの討死は、それを支える中級指揮官もまた失われたことを意味する(19)」と述べるように、『甲陽軍鑑』で提言されたとされている④は、たんなる家臣の家継承にとどまらず、軍団を率いる指揮官（「侍大将」）となるにふさわしい十分な経験と資質をもった家臣の補充（抜擢）にあると考えるべきだろう。この考え方は、右に紹介した十二月条目の四つの箇条に通じる。

このあたりを実際に発給された文書にて確認してみよう。付表にまとめたのは、長篠の戦い戦死者の家督継承について勝頼が発給した文書である。

このうち4の、平山氏も論及している望月左衛門尉跡の場合、左衛門尉戦死により、彼の室であった武田信繁の娘にあらたな配偶者を迎え、望月の名跡を継がせたいと養父印月斎から申し出があったことに対し、勝頼はこれを認めようとしている。

このなかで勝頼は、後継者が「隠居分の外、望月の領中悉くこれを相計らわれ、諸被官以下指し置かれ、幕下軍役等疎略なきよう」支えることを、室の兄弟にあたる武田信豊に命じている。望月家の名跡を継がせることは重要であるのだが、それは、後継者がこれまでどおり指揮下の被官たちを束ね、軍役を務めさせるためだったからにほかならない。

内　容	刊本番号
昌矩の弟昌実に名跡相続	武2501 外下3109
大炊左衛門尉を名代とする	武2509 外上558
与十郎に信濃長窪の内を宛行う	武2511
本文参照	武2549 外上618
久兵衛尉の弟小次郎に名跡相続	武2753 外上1501
昌実への隠居分給付	武2827 外下3110
次郎右衛門尉息女を昌治嫡子に嫁がせ名跡相続	武2846 外上510
昌頼の弟昌茂に本領相続	武2852 外上595
藤左衛門尉没後の陣代問題	武3964

2（県外文書上・下）の番号。

長篠の戦い戦死者の跡継ぎに対し、本領を安堵する代わりに軍役を厳重に務めることを命じているのは、加津野家の場合でも同様であった（付表の7）。戦死者の家の継続はすなわち、武田家に対して軍役を務める、これまでどおり被官を従え、いくさに参加できる将の確保を意味する。兵を補充できたからといっても、それを率いる指揮官がいなければいくさにならない。

それゆえに十二月条目の第一条において、近年支配

付表　長篠の戦い戦死者の名跡継承に関する文書

No.	年月日	文書名	長篠の戦い戦死者	文書の宛所
1	天正3年7月2日	武田勝頼判物写	山家藤九郎(昌矩)	山家近松斎(昌実)
2	天正3年7月20日	穴山信君判物写	諏方部助右衛門尉	諏方部大炊左衛門尉
3	天正3年8月7日	武田家朱印状写	雨宮権兵衛尉	雨宮与十郎
4	天正3年11月19日	武田勝頼判物写	望月左衛門尉	武田左馬助(信豊)
5	天正4年12月25日	武田勝頼判物	大須賀久兵衛尉	大須賀小次郎
6	天正5年7月9日	武田勝頼判物写	山家藤九郎	山家近松斎
7	天正5年⑦月13日	武田勝頼判物	加津野次郎右衛門尉	加津野一右衛門尉(昌春)
8	天正5年⑦月18日	武田家朱印状写	牛奥兵部左衛門尉(昌頼)	牛奥与三左衛門尉(昌茂)
9	未詳	穴山信君ヵ判物写	望月藤左衛門尉	未詳

※刊本番号は，上段「武」が『戦国遺文　武田氏編』，下段「外」は『山梨県史　資料編5』中世
※マル数字は，閏月を示す。

下から離れていた武士を召集しようとし、また第三条において、各家の親類・被官のうち軍功のあるすぐれた者を推薦させようとし、第一七条において、後継者が幼少のときは代理の者を立てさせようとしたのである。

たとえば第一条に関連しそうな次の文書があり、この条目がたんなる方針布達にとどまらなかったことを示している。

定

近年不知行を以て、別して奉公を勤め候の条、葛山三郎上表致し候駿州長窪内六十貫文の所、下し置かれ候。武具等厳重に相嗜み、本意の間、父子軍役の奉公疎略あるべからざるの由、仰せ出さるるものなり。よってくだんの如し。

天正三年乙亥　朱印
八月七日　　釣閑斎これを奉る
原河大和守殿[20]

原川(河)大和守はもともと今川氏に属し、のちに武田氏に従った遠江衆であったが、信玄から安堵された

本領が不知行の状態のまま武田氏に仕え、遠江国内に替地などを与えられ、右の朱印状でも、葛山三郎が返上した駿河長窪の地を給されている。(21)

彼の場合、不知行ゆえ蟄居という十二月条目第一条の表現とかならずしも合致するわけではなく、本領給付・安堵にあたり軍役を務めるよう申し添えることは、この種の文書によくある定型的な言い回しなのだけれども、戦死者の穴を早急に埋めて軍事力の回復をはかりたい武田氏にとっては切実な問題であり、それが軍役条目や右のような朱印状にあらわれたと見るべきだろう。

以上、部分的ではあるが、長篠の戦い「大敗」後の、武田氏における軍制面での立て直し策について見てきた。条目や一連の文書を見るかぎりでは、『甲陽軍鑑』にて触れられている虎綱の献策も、これら現実として進められた政策と大きくかけ離れていない(少なくとも④は)ことが確認できた。

次に、節をかえて、長篠の戦い「大敗」を語るうえでの重要文献のひとつである『甲陽軍鑑』と、そこで語られている長篠「大敗」の内実について考えてみることにする。

2 『甲陽軍鑑』と「長篠おくれ」の精神史

『甲陽軍鑑』と長篠の戦い

『甲陽軍鑑』については、近代歴史学のなかで長いあいだその史料的な信頼性に疑問が持たれていたが、書誌学的・国語学的検討を前提にした国語学者酒井憲二氏による『甲陽軍鑑大成』の刊行と、それによる良質な本文の提供があり、同書が戦国時代末・江戸時代初期に成立したという同時代性は揺るぎないものとなった。

これを踏まえた黒田日出男氏による先行研究の検討と一連の史料学的考察のなかで、歴史事象の研究に『甲陽軍鑑』をいかに用いるかといった方法論が鍛えあげられてきている。

たとえば『甲陽軍鑑』の史料的信頼性を疑う根拠のひとつとなっていた、長篠の戦いにおける長坂釣閑斎の従軍について、戦い前日の五月二十日に勝頼が「長閑斎」に宛てた文書の存在がある。[22]従来は、これにより長坂が長篠の戦いに従軍しておらず、従軍しているように書いている『甲陽軍鑑』は信頼できないとされていた。ところが、この「長閑斎」は長坂でなく、駿河の今福長閑斎であることを論証した平山優氏の研究[23]が発表されたことにより、同書の信頼性を損なわせる有力な根拠が取り払われたのである。

酒井氏は、『甲陽軍鑑』本篇一九冊・末書四冊の計二三冊について、次のようなことを明らかにしている。
①春日虎綱(高坂弾正)の口述を能役者大蔵彦十郎の手により筆記されたものがもとになっており、その後天正六年に虎綱が死去したあとは彼の甥春日惣次郎が一部を書き継いだこと。
②原本はのちに武田氏旧臣小幡光盛の手に渡り、光盛の甥の子で、これまで『甲陽軍鑑』の偽作者に擬せられていた小幡景憲がこれを受け継いだが、破損が甚だしかったために景憲はこれを収拾整理したこと。
③景憲の作業は元和六(一六二〇)年頃には始められており、翌七年景憲により毛利秀元に対し写本ひと揃いが進上されたこと。
こうして『甲陽軍鑑』の同時代性は確たるものとなったわけだが、酒井氏も慎重に記しているように、本書には「記憶の誤りもありフィクションもあって、それは歴史的事実を追うには当然疎であり雑」であることや、「なお相当の創作的変容の要素を認めるべき」箇所も少なくない。[24]
歴史学の立場から言えば、黒田氏による一連の史料学的検討や、平山氏・丸島氏ら武田氏研究者による歴史叙述における『甲陽軍鑑』の取捨などを学び、ひとつひとつ事例を積み重ねながら、その史料的な有効性を見きわめてゆく必要があるだろう。ただし本章ではそこまでの余裕がないため、右のような史料的性格であることを踏まえ、『甲陽軍鑑』における長篠の戦いの触れ方について、きわめて大づかみに述べるにとどまる。

さて、『甲陽軍鑑』は各巻(冊)の巻尾や、巻のなかに設けられた区切りである「品」の末尾に、書かれた時期を示す年記や、口述者の虎綱が読ませたいと考えた相手への宛所などが記されている場合がある。たとえば巻一品第三は次のように締めくくられる。佐藤本から原文のまま引用する。

武士は唯剛強なる計にても、勝ハなき物にて候、勝がなけれハ、名ハとられぬ物にて候、信玄公の被二成置一候事共を、手本にあそハし候ハて、唯勝たがり、御名をとりたかりあそハし候により、此度なかしのにても勝利をうしなひ、家老の衆皆〱御うたせ被レ成る事、勝頼公は若御座候、かた〱の分別の違候故也、我等相はて候ハヾ、此書物を御披見候へかし、右御父子の事、信虎公四拾五歳にて御牢人也、信玄公拾八歳の御時也、如レ件、

天正三乙亥六月吉日　高坂弾正

長坂長閑老　跡部大炊助殿参

信玄の軍略などを学ばず、ただ剛強に勝利を手にしようとしたことが長篠の戦い敗戦に帰結し、宿老を多く失うことになった。ただし勝頼は若い(ために仕方がない)。それを補佐するあなた方の過ちである……。

長篠の戦い後残った宿老の一人である虎綱がこう批判するのは、宛所たる長坂光堅・跡部勝資の勝頼側近ふたりであった。日付は長篠の戦いの翌月にあたるから、それを信じるとするなら、敗戦からほどなくこうした批判を虎綱はふたりに突きつけたことになる。ただし、この日付が信頼に足るものであるかどうかは、より慎重な検討が必要である。

六月吉日の日付と長坂・跡部の宛所は『甲陽軍鑑』の随所に見られる。後に触れるが、論調もほぼ同様であり、長篠「大敗」の責任をふたりに厳しく問いかけるものが多い。右のような記載から、酒井氏は本書成立の経緯と執筆意図について次のように推測している。

すなわち、『甲陽軍鑑』の中核をなす巻九からの四巻(合戦之巻)は、『吾妻鏡』の武田家版を意図した「わたくし日記」として、信玄死去の直後あたりから書き始められていたのではないか。それが長篠敗戦という事態に直面して、両佞人(長坂・跡部)への呈上書という形ににわかに編成替えをすることになったのではないか、というのである。[25]長篠「大敗」なくしても『甲陽軍鑑』という書物は生まれたかもしれない。しかし内容はいまに伝わるような論調ではなかったかもしれない。極言すれば、長篠「大敗」という現象の最大の副産物が、いまの『甲陽軍鑑』であったと言えないだろうか。

ここで『甲陽軍鑑』における長篠の戦いの描写についても触れておこう。織田・徳川方の軍勢を七万とするあたり(本篇巻六。『信長記』は「三万ばかり」とする)、その「大敗」を必然なるものにしようとする誇張の作為が見え隠れするきらいがないでもないが、織田・徳川方が「しやく」(柵=馬防柵)を三重に構築したという点や、「大将と役者と、一備の中に七八人乗、残りハ皆馬跡に率せ、をりたつて鑓を捕て、一備ぎりに」戦ったという武田勢の戦い方、戦いそのものが「三時計」の時間を要したという点(以上本篇巻六)など、検討に値する情報を含んだ箇所がある。また、織田勢が柵の外に出ることがなかったという点(本篇巻一九)は、比較的信頼性が高いとされる『大須賀記』の記事(「信長の御人数皆柵の内に引き籠り、壱人も出申さず」)と共通し、武田勢が「一備ぎりに掛」った(「軍団ごとに攻撃した」という意味か)とする箇所は、『信長記』における武田勢攻撃の描写に通じるものがある。

前節で検討した軍制の再編成をあわせて考えれば、『甲陽軍鑑』は敗者の側から長篠の戦いを考えるうえで、なお重要な論点を含んでいると考える。

「長篠おくれ」の精神史

長篠「大敗」により長坂・跡部両人への呈上書に「編成替え」されたと酒井氏が説く『甲陽軍鑑』において、著作の肝となるべき長篠「大敗」はどう表現されているのか、見てゆくことにしよう。

本篇巻二(品第一〇)では、天正二年十二月二十八日に宿老たちが集まって開催された、翌年の軍事政策について話し合う「御備」の談合において、長坂と内藤昌秀とのあいだに起きた諍いについて述べられている。その結果、長坂は勝頼に対し「ざんげん」を行ない、さらに勝頼を持ち上げ、信長・家康との対決を強く主張した。その結果が長篠の戦い敗戦となる。

虎綱は、「家老の衆いさめを少も御承引無㆑之故、当年五月廿一日になかしのにて負給ひ、悉く討死する、つよミを申長坂長閑・跡部大炊助、何事なく帰陣して、今に至て両人のつよき御異見被㆑申るハ、武田の御家はめつうたかひあるまし、是ハ偏に長坂長閑・跡部大炊助と申両佞人の業也」と強く批判する。

前年末の「御備」の談合を無視した結果敗戦につながったことに対する批判は、本篇巻六でもくりかえされる。「今度なかし野にて分別違、去年戌の極月備定の談合を破り、待て勝つ敵に、此方よりきおひ掛り合戦の儀、沙汰の外なる」と、長篠での軍略を「分別違」とする。

この巻六は、巻三から続く「四君子犛牛」編の四巻目にあたる。ここでは、「我国を亡し吾家を破る大将四人まします」として、「馬鹿なる大将」「利根過たる大将」「臆病なる大将」「つよ過たる大将」を挙げ、最後の「つよ過たる大将」として勝頼を例示し、長篠の戦いにおいて山県・馬場らの諫言を聞かず、強気の攻めを行なった結果「大敗」したことを批判している。

勝頼の「分別違」という表現は、本篇巻一五(石水寺物語下)にも見られる。「去々年なかしのにて勝頼公御分別相違ふ故、長坂長閑・跡部大炊助両人のいさめを以、信玄公とりたての衆悉く討死候て、猶家風悪也」とする。分別違の結果、信玄以来の宿老たちを失った。これが「終に武田の家滅却」へとつながるようなら、せっかく勝頼嫡男信勝が優れた武将に育ったのに意味がない、と虎綱は歎くのである。

分別違にくわえ、『甲陽軍鑑』における長篠「大敗」批判のことばとして印象ぶかいのは、「おくれ」という表現である。酒井氏が比較的早く書き始められていた箇所ではないかと指摘している本篇巻九（合戦之巻）に、次のようなくだりがある。

天正元年癸酉卯月十二日御他界有、勝頼公御代にも信玄公の御威光にて、甲戌（天正二年）まで二年の間前のごとく有つるか、長篠にて勝頼公おくれを取給ひてより、甲州武田御持の城郡をとられ候、乍レ去四郎勝頼公長篠のおくれの以後も、余所のつよきより少増なるハ、是皆信玄公のあた、まりすこし残て如レ此、

ここで二箇所登場する「おくれ」のうち、最初の「おくれを取（る）」という慣用表現は現在でもよく使われる。「負ける。失敗する。また、他より劣る」という意味である（『日本国語大辞典　第二版』）。「おくれ」の語だけでも同様の意味合いである。つまり「長篠のおくれ」とは、そのまま「長篠の（戦いでの）敗北」を意味しよう。

この手の表現は、巻一四・同一六などにも見える。巻一四では、「当年長篠にて勝頼公殿を取給ふ故、能武士百人ハ九拾八人討死して、皆生れ替りにて候間、為レ其書置参らする」（「殿を取給ふ」は土井本では「おくれをとり給ふ」とする）、同一六では「此儀を勝頼公非義と思召、信玄公に増たる働と心かけ、卒爾ノ分別あそハす故、去々年三河の国於二長篠に一をくれを取給ふ也」などと、いずれも「おくれをとる」と表現し、そこでの家臣多数の討死を述べる。

またたとえば、次のような使い方もある。

五番めハ、惣蔵長篠をくれ口の時、勝頼公に付奉り、橋場よりあなたにて両度迄返し、心はせ尋常也、（本篇巻一六）

勝頼が長篠から退却するとき、土屋惣蔵が付き従い、勇敢に戦って主君を守ったということが述べられている。ここに登場する「をくれ口」とは、「退き口」[26]に通じる、いくさ敗れての退却戦を指すのであろう。

『甲陽軍鑑』の語りのなかで、長篠の戦いはたびたび言及される。そして、その都度枕詞のように「分別違」「おく

れ」といった負の評言がともなうことにより、それは禍々しい記憶となって読む者の脳裏に刻まれることになった。結果的に武田家が滅亡したことにより、虎綱の語りは予言めいたものと化し、彼が批判する長篠の敗北は武田氏滅亡の元凶とされるに至るのである。

こうして成立した〝長篠大敗史観〟が浸透したのは、丸島氏が指摘するように、『甲陽軍鑑』が「武田氏旧臣にとって受け入れやすい「歴史」」として描かれていたからであろう。ただし〝長篠大敗史観〟は、近年の史料研究の進展(文書など良質な史料の収集紹介)にもとづく冷静な分析により、ようやく払拭されつつある。[27]

長篠の戦いの敗北は、たしかに武田氏を滅亡させた原因のひとつかもしれない。しかし武田氏は長篠の戦い以降、下り坂を一直線にただ転がりつづけたわけではないことは、平山氏や丸島氏が論じたごとくである。武田氏にとっての長篠の戦いを考えるうえで、『甲陽軍鑑』の呪縛から解き放たれるまでにずいぶん時間がかかったことになる。

以上、長篠の戦い像が浸透するなかで、『甲陽軍鑑』の記述がいかに大きな影響力を持ったかを見てきた。長篠の戦いに従軍しなかった春日虎綱が語った「大敗」への批判がこめられた『甲陽軍鑑』は、結果的に武田氏が滅亡したことにより、長らく〝長篠大敗史観〟を支配する正典となった。

しかし当然のことだが、『甲陽軍鑑』にそう語られていることを根拠に、長篠の戦いを武田氏にとっての「大敗」だとみなすことは慎まなければならない。ただ逆に、長篠「大敗」という現象がなければ、いまわたしたちが知っている『甲陽軍鑑』のような書物は成立しえなかったかもしれないということに気づかされた。この点は、歴史というものを考えるための有効な切り口となるであろう。

いくさの「大敗」という現象は、現実の人間社会に変革をもたらしただけでない。そこには、後世の歴史認識をも大きく左右する強い力が宿されているのである。

むすびにかえて――小幡景憲の長篠語り

『甲陽軍鑑』の収拾整理者にして甲州流兵学の始祖小幡景憲の家臣に、杉山盛政という人物がいる。有馬正甫・石岡久夫両氏によれば、盛政の子公憲は的伝二世として景憲の兵学を継承し、杉山家は桑名藩松平家の兵法師家となったという。[28]この杉山家が伝来した資料は、現在東北大学附属図書館狩野文庫に収められている。

このうち同家に伝来した城絵図を甲州流兵学(軍学)との関わりで検討した高橋修氏は、そこに含まれている信濃海津城絵図が、武田氏時代の海津城の空想図ではなく、近世松代城の現況図としての性格が濃いとし、「景憲門下で甲州流軍学を学ぶものが、勘助(山本―引用者注)を偲びその奥義に迫るため、現地を踏査した記録なのだろう」と推測している。[29]

狩野文庫の杉山家関係資料には、右に高橋氏が言及した城絵図だけでなく、多くの合戦図も含まれており、なかには長篠合戦図もある。それは表題に添えて盛政の曽孫八蔵憲長(寛政六〈一七九四〉年没)の記名のある大絵図であり、高橋氏によれば景憲監修「七枚之図」のうちのひとつであるという。[30]

この絵図には、古戦場の景観や布陣を示すだけでなく、長篠の戦いにおける戦況を記した記事も書きこまれている。たとえば「正楽寺前之合戦拾八度」「竹広ニテ合戦拾九度」「柳田ニテ勝用軒組衆六度之合戦也」「城押之衆両度之合戦」「大宮前ニテ合戦九度」「鳰巣ニテ四度之合戦」など、「都合合戦之場数五拾八度也」と、長篠における双方の激突の様子を記す。

こうした記事自体は、狩野文庫の杉山家所伝絵図のみに確認されるものではなく、多く流布した長篠合戦図にも写されているとみられ、めずらしいものではない。たとえば筆者が見ることができた合戦図では、宇土細川家文書中に含まれる長篠合戦図にも同様の記事が見られ、そこには「長篠ニテ合戦之覚」なる表題が付けられている。[31]

さて、右に触れた「五拾八度」の「場数」につづけて、次のような記載がある。

> 右の段々は、家康公天正拾年甲斐国御入国の時、広瀬・三科両人を召し出され、則ち両人に御加増弐百貫宛下され、又酒井左衛門殿・石川伯耆守殿・大久保七郎右衛門殿・同舎弟次左衛門殿御引合わせ、敵味方の様子悉く仰せ出され候を、某勘兵衛広瀬その外各所々にての手に逢いたる衆に承り合わせ、戦場へ参り候て、見申し候に毛頭相違なく候。但し某不案内に候間、絵図の儀は相違あるべきも存ぜず候。

ここに登場する広瀬とは同郷左衛門尉、三科とは同肥前守と思われ、彼らはいずれも武田氏滅亡後家康に仕えて井伊直政の同心に編成されたという(32)。ちなみに郷左衛門尉の妻室は景憲の姉にあたる(33)。

徳川家に召し抱えられてから、ふたりは長篠の戦いに敵として対峙した酒井忠次・石川数正・大久保忠世・同忠佐らと引き合わされ、かつての激闘を話し合うことがあった。それをもとに景憲は、合戦に従軍した人々をさらに取材し、自身戦場に赴いて踏査してきた。ただし不案内のため、絵図には誤りもあるかもしれない、というのである。

そのほか記事には、大坂夏の陣後、板倉勝重の所で信長次男信雄(「織田浄信入道信雄公」)が、武田氏旧臣の横田甚右衛門(尹松)・初鹿伝右衛門(昌久)・米倉六郎右衛門(信継)に向かって、戦場での馬場信春の働きを見た信長が、「当代唐にもあのごとく人数を仕る者あるまじき」とそれを褒めていたと語ったことを、景憲は末座で耳にしたとある(34)。

また、織田方滝川一益・佐久間信盛勢のぶざまな戦いぶりを見た徳川方が冷笑したという挿話を、景憲は柴山小兵衛・安藤帯刀(直次)・彦坂小刑部(宗有)・松平石見守(康安)四人から五度聞いたとも書いている。上記四人のうち、少なくとも安藤直次・松平康安ふたりは、『寛永諸家系図伝』に長篠従軍の記載がある。

長篠合戦図に記されたこのような景憲の証言が、はたして真実なのかどうか、いまこれを立証できるすべはない。甲州流兵学の正典となった『甲陽軍鑑』における、不在証明《アリバイ》を背景にした虎綱の厳しい語りに対し、甲州流兵学の始祖小幡景憲は、関係者の証言や現場踏査を行ない、逆に〝存在証明〟を獲得して、裏打ちしようとしたかのようである。

甲州流兵学のなかで作成された長篠合戦図に記載された武田勢の戦いぶりからは、虎綱が口を極めて批判したような、大敗につながる分別違ははっきりと見えてこない。逆に、敵方であった徳川方の経験者たちを通して武田勢の勇ましい姿を語らせることで、景憲の長篠語りは真実味を帯びることになった。

武田氏滅亡後徳川氏に召し抱えられた旧臣たち、そして長篠の戦いのとき徳川方として奮闘した譜代の家臣たち、戦場で口にされた勝者信長の敗者を讃えるつぶやき。そうした敵味方双方の長篠語りを実際に耳にし、さらに自分の足で戦場を確認したと胸を張る小幡景憲が整理・伝来に関わった『甲陽軍鑑』は、かくして長きにわたり〝長篠大敗史観〟を支配する書物となったのである。

(1) 『細川家文書』(天正三年)五月二十六日付黒印状(奥野高広編『増訂 織田信長文書の研究』吉川弘文館、一九九四年第二刷、五一二号。以下、同書の文書番号については「信長五一二号」のように示す)。
(2) 『賀茂別雷神社文書』(天正三年)六月九日付黒印状(信長五一六号)。
(3) 『上杉家編年文書』(天正三年)六月十三日付書状写(信長五一八号)。
(4) 『関保之助氏旧蔵文書』(天正三年)六月一日付書状(柴辻俊六・黒田基樹編『戦国遺文　武田氏編』東京堂出版、二四九四号。以下、同書の文書番号については「武二四九四号」のように表記する)。
(5) 平山優『武田氏滅亡』(角川選書、二〇一七年)五六頁。
(6) 平山注(5)書、丸島和洋『武田勝頼　試される戦国大名の「器量」』(平凡社、二〇一七年)。
(7) このときの武田氏の戦死者については、木下聡「長篠合戦における戦死者の推移について」(金子拓編『長篠合戦の史料学　いくさの記憶』勉誠出版、二〇一八年）が詳しい。
(8) 酒井憲二『甲陽軍鑑大成　第四巻 研究篇』（汲古書院、一九九五年）・第三章。
(9) 東京大学史料編纂所架蔵写真帳（架番号六一四〇・四―一九）。
(10) 丸島注（6）書、二一七頁。
(11) 平山注（5）書、五九頁。
(12) 丸島注（6）書、二一二頁。
(13) 『武田神社所蔵文書』（武二五一四号）。
(14) 小泉宛は『続錦雑誌』七（武二五五五号）、宛所不明は『秋田藩家蔵文書』（武二五五六号）。
(15) 天正四年五月十九日付武田家朱印状（武二六五四号）など。
(16) 酒井憲二編『甲陽軍鑑大成　第三巻 索引篇』（汲古書院、一九九四年）。
(17) 小林計一郎「甲陽軍鑑の武田家家臣団編成表について」（『日本歴史』二〇六、一九六五年）。
(18) 平山優「武田勝頼の軍事力編成」（柴辻俊六・平山優編『武田勝頼のすべて』新人物往来社、二〇〇七年）。
(19) 丸島注（6）書、二〇五頁。
(20) 「浅羽本系図」四七所収文書武田家朱印状写（武二五一〇号）。
(21) 原川大和守・葛山三郎については、柴辻俊六・平山優・黒田基樹・丸島和洋編『武田氏家臣団人名辞典』（東京堂出版、二〇一五年）参照。いずれの項目も柴裕之氏執筆。
(22) 東京大学史料編纂所所蔵「武田勝頼書状」（架番号貴二一―六）。
(23) 平山優「長閑斎考」（『戦国史研究』五八、二〇〇九年）。
(24) 酒井注（8）書、二一七・二一八頁。この点は、小和田哲男『甲陽軍鑑入門』（角川文庫、二〇〇六年）も参照。
(25) 『甲陽軍鑑大成　第一巻 本文篇上』解題。
(26) 「退き口」は、関ヶ原の戦いにおける西軍島津義弘の退却戦を語ることばとして知られる。山本博文『島津義弘の賭け　秀吉と

薩摩武士の格闘』(読売新聞社、一九九七年)・桐野作人『関ヶ原　島津退き口――敵中突破三〇〇里』(学研新書、二〇一〇年)。

(27) 丸島注(6)書、一三七頁。

(28) 有馬成甫「甲陽軍鑑と甲州流兵法」(『日本兵法全集1　甲州流兵法』人物往来社、一九六七年)・石岡久夫『兵法者の生活』(雄山閣出版、一九八一年)。

(29) 高橋修「『甲陽軍鑑』と山本勘助」(『風林火山　信玄・謙信、そして伝説の軍師』展図録、二〇〇七年)。

(30) 狩野文庫整理番号一〇―二三八七一―一。前注『風林火山　信玄・謙信、そして伝説の軍師』展図録「信州川中島図」解説(高橋氏執筆)。「七枚之図」の長篠以外は、「河中島合戦図」「相州三増合戦図」「信州上田表合戦図」「尾州長久手合戦図」「味方ヶ原合戦図」「六間馬出之図」である。

(31) 九州大学附属図書館付設記録資料館所蔵『宇土細川家文書』所収「三河之国長篠合戦絵図」(整理番号一二〇〇―二)。

(32) 注(21)『武田氏家臣団人名辞典』の「広瀬郷左衛門尉」「三科肥前守」項(丸島氏執筆)。

(33) 『小幡景憲記』(注(28)『日本兵法全集1　甲州流兵法』所収)。

(34) 景憲は天正十年に徳川家に召し抱えられたあと、文禄四(一五九五)年にいったん同家から離れ牢人となり、慶長二十(一六一五)年の大坂夏の陣のおり、板倉勝重のもと徳川方として諜報活動を行ない、大坂落城後、徳川家にふたたび仕えたという。前記『小幡景憲記』には、板倉勝重のほか、安藤帯刀・初鹿野伝右衛門・米倉丹後(信継の受領名)らの名も見える。

木崎原の戦いに関する基礎的研究

——日向伊東氏の〈大敗〉を考えていくために

畑山　周平

はじめに

元亀三（一五七二）年五月四日、日向国の中南部に勢力を広げていた伊東氏は、薩摩島津氏の日向における拠点の一つ、真幸院の加久藤城を攻撃した。すると、付近の飯野城から島津義弘(1)が出動してきて戦いになり、伊東勢は大敗を喫してしまう。この合戦は、戦闘があったとされる場所の名前をとって、木崎原の戦いと呼ばれており、大友氏が敗北した日向耳川の戦いや、龍造寺隆信が討死した肥前沖田畷の戦いなどとともに、戦国期九州における大敗事例としてよく知られている。

そしてこの戦いをきっかけに、伊東氏は衰退していったと捉えられることが多い。たしかに、同氏は戦いの五年後の天正五（一五七七）年十二月、島津氏の攻撃を受けて日向を逐われている。しかもこの島津氏の侵攻は、伊東家臣の裏切りを発端としていた。この流れだけをみれば、木崎原での大敗が原因で伊東氏権力は動揺し、内部崩壊を起こす中で島津氏の攻撃を受け、ついに滅亡するに至ったと理解して、何の問題もないようにみえる。

しかし、この一見疑いのない理解があったこともあってか、木崎原の戦いに関する踏み込んだ検討は、これまで思いの外なされていないように感じる。たとえば、戦いが政治情勢に及ぼしたインパクトや、伊東氏権力に与えたダメ

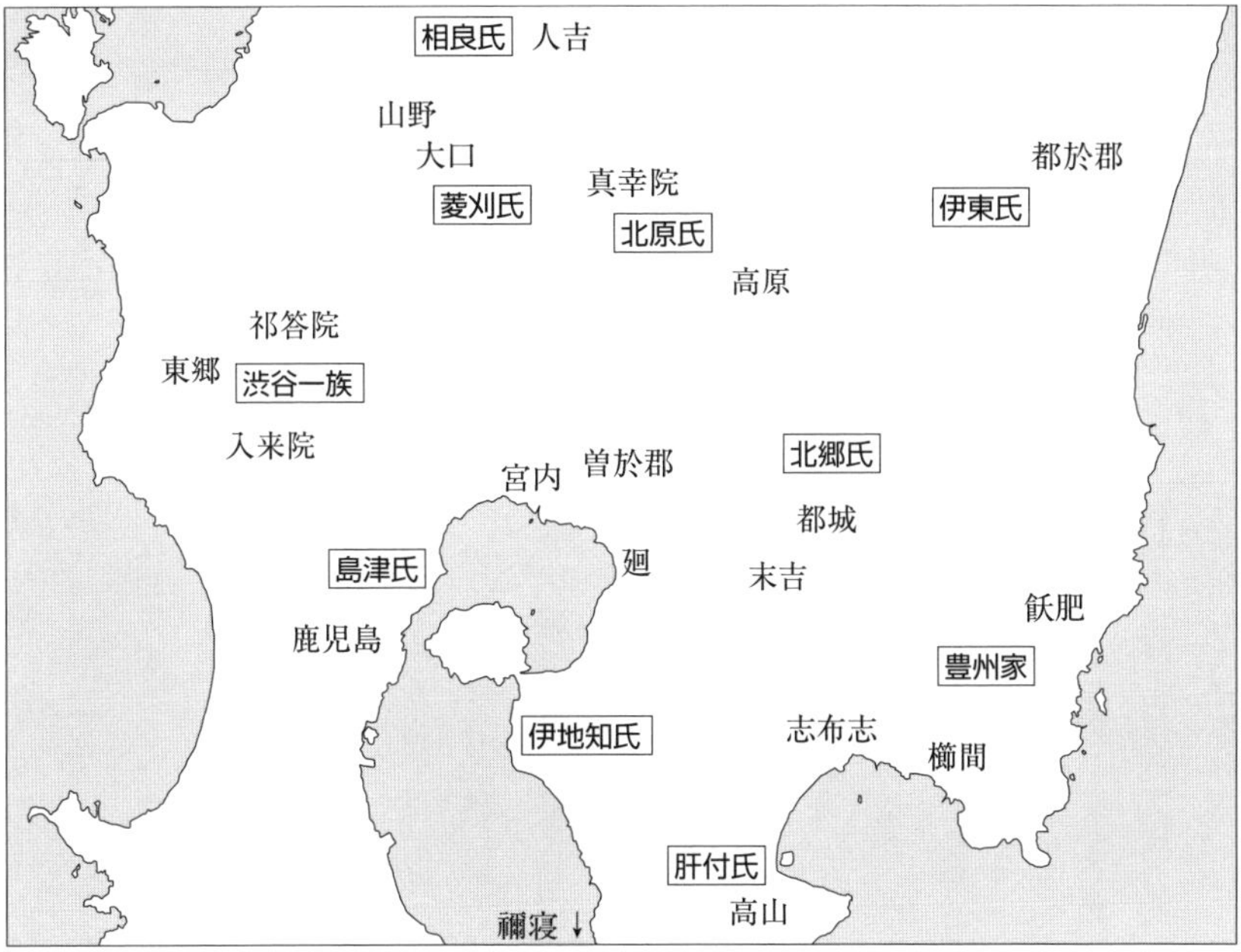

図1　本章関係地図　＊木崎原古戦場跡は真幸院にあり（地理院タイル〈白地図〉を加工して作成）

ージは、いまだ具体的には検証されていないのではなかろうか。

一方で、本合戦を詳しく検討していくには、障害があるというのも事実である。たとえば、最近も新名一仁氏が指摘しているように[2]、南九州の政治史は、近世の編纂史料を無批判に利用して叙述されることが多い。当然ではあるが、編纂史料では、目的に応じて記述内容が取捨されており、甚だしい場合には虚構が堂々と記されることもある。したがって、編纂史料を鵜呑みにした政治史理解によっては、木崎原の戦いが政治情勢に与えた影響を、正確に測ることはできないのである。

また、伊東氏を扱おうとする場合には、『日向記』の問題が常につきまとう。『日向記』は、十七世紀初めまでの伊東氏の歴史を描いた編纂史料で、その基になっているのは、永禄の初めに伊東家臣が編んだ記録だという。しかし、現在の形が出来上がったのは、宝永二（一七〇五）年のことであり、その間数次の増補がなされたことが知られている。そのため、必ずしも信憑性の高い史料とは考えられず、実際、出来事の年次の誤りや、偽文書や改変された文書に基づく記述があることも指摘されているのである。(3) 伊東氏研究では他の史料が少ないこともあり、『日向記』がよく使われているが、この史料を中心に議論を進めていくのは限界があるだろう。

こうしてみると、木崎原の戦いの影響を具体的に明らかにしていくためには、『日向記』をはじめとする編纂史料が無批判に利用されがちな現状を、まず克服しなければならないということがわかるだろう。

こういった課題に対しては、通常、文書などの同時代史料を活用して、編纂史料に基づく理解を打破していくという手法がとられることが多い。しかし南九州では、残念ながら同時代史料はあまり豊富とは言えないのである。また、現存している文書の中では無年号の書状の割合が大きく、同時代史料を突き合わせていくだけでは、年次比定や内容解釈が難しいことも多い。つまり、編纂史料が無批判に使われがちな現状は問題があるが、それを同時代史料のみによって克服するのも難しいという、ジレンマが生じているのである。

そこで考えたいのが、編纂史料の批判的な利用である。ここまで編纂史料と一括りにして論じてきたが、その種類は多様である。その中には、もちろん信憑性の低いものも多いが、一方で、時々に書き留められてきたメモを編集したようなものや、戦乱を体験した人物が晩年になって当時のあり様を書き残したようなものもある。こういった史料は、その性格を明らかにした上で、注意を払いながらであれば、活用していくことも可能なのではなかろうか。

そこで本章では、木崎原の戦いに関わる比較的良質な編纂史料を選び出し、いくつかについて、具体的に史料的性格を検討していく、というところから始めたい。

その上で、それらを活用した戦いの分析にも実際に取りかかっていきたいが、今回は、戦い前後の政治史復元を試みる。戦い前後の政治史は、戦闘の実態や伊東氏権力への影響など、他の重要な論点を考えていく前提として必須のものと考える。そのため、史料研究の次に取り組むべき課題として、政治史研究を選びたい。また、政治史を見直すだけでも、木崎原の戦いに通説とは異なる位置づけを与えられるのではないかと考えており、その意味からも政治史を取り上げたいのである。

さて、以上に述べてきたように、木崎原の戦いに関しては、編纂史料が無批判に利用されがちな状況にあり、そのため戦いが政治情勢や伊東氏権力に与えた影響が、具体的に検証されていないと考えた。だが、このような状況は本合戦に限らず、東北や九州などの、同時代史料が比較的乏しい地方の大敗事例では、よくあることなのではなかろうか。もしそうであれば、そういった事例を追究していく方法を確立することも、今後の重要な課題になろう。本章では、大敗の評価を急ぐことはせず、まず史料研究と政治史研究から始めるという、基礎的な部分から積み上げていくアプローチをとるが、それが右のような課題に取り組んでいく上での、一つの参考にでもなれば幸いである。

1 関連史料の研究

年代記的史料と覚書

本節では、木崎原の戦いに関わる編纂史料のうちから、比較的良質なものを選び出し、いくつかについては、史料的性格の検討を行ってみたい。

先にも述べた通り、編纂史料の中には、A時々に書き留められてきたメモを編集したものや、B戦乱を体験した人物が晩年になって当時のあり様を書き残したものがある。

まずAは、『八代日記』のような史料を想定している。本史料は、編者である相良家臣的場氏が、自身や一族が書いた日記・手記を含むさまざまな史料を活用して、永禄末頃に編纂した年代記だと考えられている(4)。これと似たような成立過程が想定できる史料としては、島津氏の立場から編纂された『日本帝皇年代記』(5)、伊東家臣の手になる『壱岐加賀守年代覚書』(後述)、日向都城北郷氏の『三代日帳写』(後述)が挙げられる(以下、それぞれ『八代』、『帝皇』、『壱岐』、『三代』と略す)。

これらは、即時的に書き継がれてきた記録そのものではなく、編纂を経ている点には注意が必要な史料群である。しかし、当時を生きた人々が時々に書き留めたメモが基になっているとみられることから、比較的信憑性は高いと考えておきたい。

なおAは、まず年次や日付を書き、続けてその年やその日の出来事を記すというスタイルをとっており、なかには日記に近い形にみえるものもある。しかし、先述の通り即時的に書き継がれてきたものではなく、毎日の記事があるわけでもないので、日記(日次記)とは区別すべきだろう。本章ではさしあたり、Aを年代記的史料と呼んでおきたい[6]。

次にBは、出来事に即して、その発端から結末までを詳しく記述したものが多く、たとえば合戦であれば、その原因や戦闘場面なども細かく記している。そのため、外形的には近世中期以降の軍記とも似ているが、実際に戦国期を生きた人々によって作成されているという点で、大きな違いがある。つまりBには、当時を知る者の証言を期待することも可能なのである。こういった点を区別する意味で、本章では、Bを軍記ではなく覚書と呼ぶこととしたい[7]。

ただし、覚書も多くの場合は、記主が晩年になってから書かれており、事件後しばらく経ってからまとめられていることには、注意する必要がある。年代記的史料が出来事を比較的簡潔に記し、時には材料となった史料の原形を垣間見ることもできるのに比べると[8]、覚書は記主の執筆時点での主観が作用しうる余地が大きく、一層加工の度合いが強い史料群とみておくべきだろう。覚書のうち木崎原の戦いにも関わるものとしては、島津方の領主樺山氏による『樺山玄佐自記』[9]や、島津家臣の作である『箕輪伊賀自記』[10]などがある(以下、『玄佐』、『箕輪』と略す)。

本章では、さしあたり以上の編纂史料を比較的良質なものと考え、次節での政治史研究に活用していくこととしたい。なお注目されるのは、島津、伊東、相良など、さまざまな立場から作成された史料が残っていることである。彼らはいずれも、木崎原の戦い前後の政治史に深く関わっていた。つまり、関係者それぞれの立場からの記述が残っているのであり、それらを対照して相互に補正を加えていくことで、政治史復元の精度向上が期待できるだろう。

『壱岐加賀守年代覚書』の史料的性格

前項で比較的良質な編纂史料として挙げたもののうち、『壱岐』と『三代』については、従来その史料的性格があまり検討されてこなかったように思う。そこで、この機に両史料の性格について掘り下げてみよう。

まず『壱岐』だが、本史料は『薩藩旧記雑録』[11]にも収録されており、存在自体はすでに知られている。しかし、『壱岐』に後述のような二つの伝本が存在することは、あまり注意されてこなかったのではなかろうか。そして、それらの伝本と見比べてみると、『薩藩旧記雑録』に収められているのは、実は『壱岐』のほんの一部分に過ぎないということがわかるのである。そのため、史料の全貌が見渡せる伝本によって、検討を進めていく必要があろう[12]。

そこで『壱岐』の伝本だが、記主自筆原本は見当たらないものの、次の二つの写本が確認できる。

①都城島津邸所蔵『壱岐加賀自記』一冊

『都城島津家伝来史料　史料調査報告書　一』(以下、『報告書』)ID〇〇六九〇。都城島津家[13]の旧蔵本。奥書などから書写の流れをみておくと、まず享保十六(一七三一)年三月、堀権四郎雅丈の書本を某(安藤氏か)[14]が借り、「備二愚弟茂□之筆写二」とある(弟に書写させたということか)。この写本は、文政八(一八二五)年四月には安藤佐平次茂嘉の家にあり、それを子孫の然楢斎長徳が書写している。さらにその写本を、通園なる人物が天保十一(一八四〇)年十二月に写している。以上が現時点で判明する限りの書写過程であるが、堀雅丈、安藤氏、通園など関与した人々の詳細は未考である。また、この本が最終的に都城島津家に入った経緯も今のところ不明で、いずれも今後の検討課題としたい[15]。

②東京大学史料編纂所所蔵「島津家本」中の写本『壱岐加賀守年代覚書』一冊

請求記号：島津家本―さⅡ―三―一〇六。公爵島津家編輯所の旧蔵本。島津家編輯所が、坂田長愛（大正頃の同所所員）の所蔵写本を書写したもの。大正十一（一九二二）年正月十九日から四月十一日にかけて前田喜十郎が謄写し、同十二年三月十四日までに林田某が校正したとある。坂田が所蔵する以前の伝来過程は不明。

①②ともに全文の翻刻はなされていないと思われるが、今回調べてみたところ、記述範囲はほぼ同じで、本文にも大きな違いはなかった。ただ、相互参照することで誤脱が補えるので、底本を定め、もう一本で補訂しながら活用していくのがよいだろう。伝来や誤脱の量に明確な優劣はなさそうなので、本章ではひとまず江戸時代までさかのぼる①を底本とし、近代の写本である②を校訂に用いることとする。(16)

次に記主だが、『壱岐』には記主を主語とする記述が散見されるので、それらが手掛かりになる。まず天正四（一五七六）年条をみてみると、冒頭に「壱岐加賀守、御弓箭ノ為ニ御祈念一致ニ上洛一候」とあり、以下、伊東義祐たちに暇乞いをして、京都へ向けて出発してから、帰国して再び義祐らに謁するまでの過程が、記主を主語として記述されている。ここから、本史料の記主は壱岐加賀守であり、彼は伊東家臣であるということが読み取れる。

ここで想起されるのが、戦場で秘術を使う伊東家臣の壱岐氏が、『日向記』に現れることである。たとえば、伊東義祐による日向都於郡攻めの場面では、壱岐加賀守が「習得タル秘術ノ法」を使い、義祐方が勝利を得たとある。(17)また木崎原の戦いの記事では、その日の「役者」だった壱岐珠帝が、「原中ニシテ地ヲ割四方ニ矢ヲ立」という、呪術とみられる行為をした上で、一歩も退かず討死したという。(18)彼らは秘術で戦勝をもたらそうとする、いわゆる軍配者と規定できるだろう。

このことを踏まえると、『壱岐』の記主も、軍配者的存在だった可能性が出てこよう。そこで注目されるのが、次の記述である。

史料1　『壱岐』

一、永録【禄、以下同ジ】八年乙丑、九月十三日（伝本②は「十六日」とする）丙午、戌、おひ之内たから松と申候在所に、歩兵掛候て、財部信濃守・上原能登守両人打取候、御役始、廿三ノ歳、勝時あけ申候也、

永禄八（一五六五）年九月、日向飫肥で伊東方が敵を討ち取ったという記事だが、重要なのは傍線部である。これは、記主が二十三歳で初めて軍配者としての勝鬨の役割を果たした、と読むことができる。したがって、やはり記主は軍配者と考えてよいだろう。[19] さらに、この記事からは記主が永禄八年時点で二十三歳であったことがわかるから、逆算して、彼が天文十二（一五四三）年生まれであることも判明するのである。

その後の記主の動向も追ってみよう。『壱岐』天正二年十二月二十六日条には、「長倉藤七殿元服ニて候、それかしも受領申候」とあり、この時点から、記主（三十二歳）は受領名（おそらく加賀守）を名乗るようになったとみられる。ついで天正六年五月二十二日条には、「於二鹿児島一屋形様（島津義久）ノ御目ニ掛り候て、其日三町五段之坪〔付〕被レ下候」とあり、伊東家臣だったはずの記主が、鹿児島で島津義久に謁し、所領を与えられている。この直前の天正五年十二月に、伊東氏が日向を逐われていたことを想起するならば、記主は伊東氏没落後、島津家臣に転じたものと考えられるだろう。

以上の記主の性格を踏まえつつ、次に『壱岐』の記事の特徴をみていこう。まず、記述の範囲は応保元（一一六一）年から天正八年までで、年代順に一つ書き形式で出来事を記載していくスタイルをとっている。ただ、記事の量をみてみると、十六世紀以前は間欠的に記述があるといった程度で、ほぼ毎年記事がみられるようになるのは、それ以降のことである。とくに天文十四年以降は毎年欠かさず記事があり、弘治頃からは長文の詳細な記事も多くなっている。この点は、記主が天文十二年生まれであることと整合的で、弘治以降は記主が実際に見聞した時代に入ったとみてよかろう。

さらに、『壱岐』の性格を考える上で注目されるのが、同じ出来事を重複して記しているケースである。

史料2　『壱岐』

一、永録十一年戊辰、正月十三日癸亥、納【収】、おひノ内さ、か峯と中候在所を陣《ちん》取候、鍬入未ノ時、（中略）同（六月）八日丙戌、平、おひ本城御知行、申ノ尅ニ松尾ノ城受取候、勝〔送〕時水ノ手ニてあけ申候、屋形様（伊東義祐）やかて本城御撥足、

（下略）

史料3　『壱岐』

一、永録十一年戊辰、正月十三日より、さ、ケ峯と中候所を陣ニめされ候、（中略）六月八日ニ本城知行候、（中略。飫肥本城開城に至る経緯、人質の交換について記す）同日ニ、壱岐弥四郎本城ノ水の手ニて、をくり鬨《トキヲ》あけ申候て、城御受取衆長倉あわち守・高城野村蔵人介、役者壱岐弥四郎、同心衆あら武小次郎・福永左近丞・壱岐八郎兵衛・河野雅楽助、敵方より城戸よせ【之カ】シかきハたし（渡し）候衆瀬戸山民部少輔、足軽分之衆ニテ候間、壱岐弥四郎名代として、同名八郎兵衛尉請取申候、此後（蝉鎰）ハ何事なく今まで御かくこ（格護）ニ而候、

史料2・3は、ともに永禄十一年の伊東氏による飫肥侵攻について記している。そこで両記事の性格を考えてみると、まず史料2は、各日の干支・十二直[20]を記し、鍬入・勝関などの戦場での儀礼や、時刻に関する記述が目立つ。とくに戦場での儀礼には、記主を主語とするものもみられる。そして史料2と同じような特徴を持つ記事は、弘治二（一五五六）年以降にみられるようになるのである。以上の諸特徴を考慮するならば、これは記主（弘治二年には十四歳）が軍配者としての立場から、時々に書き留めたメモとみてよいのではなかろうか[21]。

一方史料3は、概略は史料2と一致しているものの、それにはない詳細な情報も多く記されている。なかでも注目されるのは、波線部に「この後は何事もなく今まで（伊東氏が飫肥を）支配している」とあるように、永禄十一年以降の情報を踏まえた記述もみられる点である。これらの特徴から、史料3のような記事は、先述した軍配者としてのメ

モだけではなく、他の情報源も活用して、後に編集されたものと考えるべきだろう[22]。

そこで本史料の信憑性を考える上では、この編集の時期が問題になる。その際にも注目されるのは、史料3の波線部である。ここには、伊東氏が飫肥を今まで支配しているとあったわけだが、伊東氏が同地をおさえていたのは、天正五年の同氏没落までである。したがって、この記述はそれ以前には成立していたと推測できる。また『壱岐』全体を通してみると、たとえば記主は、伊東家臣時代は伊東氏を「屋形様」と呼んでおり、島津家臣になると一転して島津氏を「屋形様」と呼んでいる。このことに象徴されるように、『壱岐』の天正四年までの記事は、明確に伊東家臣の立場から書かれているのである。これらを考え合わせると、史料3のような編集された記述も、伊東氏没落以前には成立していたとみてよいのではなかろうか。

ここまでの検討を整理してみよう。『壱岐』の弘治から天正四年までの記事は、記主が見聞してきた時代について記録したものであり、記主自身が軍配者としての立場から時々に書き留めたメモも含まれ、その他の編集部分も伊東氏没落以前にはまとめられていたとみられる。こうしてみると、本史料は伊東氏の側から書かれた、比較的信憑性の高い史料と認めることができるのではなかろうか。

『三代日帳写』の史料的性格

『三代』は『宮崎県史』に翻刻があり[23]、また『薩藩旧記雑録』にも「北郷忠相日記」などの名で大半が収録されているので、これまでの研究でもよく利用されてきている。しかし、その史料的性格については、あまり検討されていないように思われる。そこで、改めてその性格を確認しておきたい。まず伝本は次の通りで、いずれも写本である。

③都城島津邸所蔵『忠相・忠親・時久三代日帳写』一冊

『報告書』ID〇三一四九。『宮崎県史』に翻刻されているのはこの本である。以下、本書を引用する際には、当該箇所を『宮崎県史』の頁数・段・行数の略記によって示すこととする。たとえば、引用箇所が『宮崎県史』八一五頁下段一六行目にあたる場合は、③八一五下16のように表記する。

④都城島津邸所蔵『忠相様忠親様時久様御代日帳写　御文書覚書幷御腰物銘書　忠相様御代日帳之写　庄内弓箭之覚書』所収本

『報告書』ID〇一一八三。「忠相様忠親様時久様御代日帳写」(④—一)と、「忠相様御代日帳之写」(④—二)の二つの史料を収録している。④—一には③八一五下16(冒頭)から八二五上11までの記事が、④—二には八二五上12から八三〇下6(末尾)までの記事があり、二つを合わせると、ちょうど③の記述範囲と同じになる。また、④—一・二の本文を③と比べてみると、字句に多少の異同はあるが、ほぼ同文であった。なお、④—一は重永卓爾編『都城島津家史料』三—一一一号として翻刻されている。

⑤都城島津邸所蔵『諸古文書写』所収「豊後守忠親日帳写」

『報告書』ID〇一一八二。おおむね、③八二五上12から八三〇下6(末尾)までと対応しているが、記事の配列が異なる部分があり、また⑤だけにみえる文章も多々ある。なお、⑤は『都城島津家史料』三—一一〇号として翻刻されている。

『三代』の伝本としては、従来は『宮崎県史』に収録されている③がよく知られていたが、実は他にも④⑤が存在する。つまり、『三代』は各本を対照しながら利用していくべき史料なのである。そこで本章では、一冊にまとまった写本である③をひとまず底本とし、④⑤で校訂しながら引用することにしたい(24)。

次に史料的性格だが、結論から先に言えば、本史料は前半と後半とで、分けて考えるべき史料である。すなわち、『三代』を通読していくと、前半は一つ書き形式で比較的仮名が多いのに対して、後半では一つ書きはなくなり、仮名が減って漢文体の色が濃くなっている。外形をみるだけでも、前半と後半には明らかに違いがあるのである。

そこで、どこまでが前半でどこからが後半なのかを探っていくと、③八二五上11までは前半の特徴が、八二五上12からは後半の特徴が現れており、ここが境目になっていることが判明する。ここで想起したいのが、伝本④⑤のあり方である。すなわち④では、④―一と④―二の境目が、まさにこの場所にあった。また⑤は、基本的には八二五上12以降の記事と対応するものであった。つまり④⑤においては、前半部分と後半部分は分けて扱われているのである。このことからも、前半部分と後半部分は、本来は性格を異にする史料であることがうかがえる。

それでは、具体的な記事によりつつ、それぞれの史料的性格について検討してみよう。まず、後半部分の史料4をみてみよう。

史料4　③八二八下

同《（天文）》十四年正月廿一日、飫肥一大事極之由、聞得候間、豊州代々御知音之辻候間、為ニ御番一、北郷左衛門尉《（忠親）》酒谷〔江〕相籠候、然処、依ニ御急病一、二郎〔三郎〕殿遠行候、洞中迷惑無ニ是非一候、左候処、従ニ忠広様《（豊州家）》一、猶子之可レ有ニ御契約一之由、頻ニ承候、堅斟酌雖ニ申候一、抑《（押）》而被レ成レ祝、其儘当城御番申候、（下略）

天文半ば頃、日向飫肥の島津豊州家[25]は、伊東氏の攻撃に苦しんでいた。史料4はそれに関わる記事で、多少補足しながら現代語訳すると、大略次のようになろう。

飫肥が重大な危機に瀕しているというので、豊州家とは代々友好関係にあるので、北郷忠親が（飫肥付近の）酒谷に在番した。そうしたところ、（豊州家当主忠広の後継者であった）二郎三郎殿が急死してしまい、豊州家内に困惑が広がった。すると、忠広様より、猶子の御契約をしたいと、頻りに承った。堅く辞退申し上げたけれど、（忠広は）無理やり（猶子契約の）祝儀をなされたので、そのまま当城に御番申し上げた。

ここで注目したいのは傍線部で、この一文は明らかに、豊州家忠広に請われて彼の猶子になった人物の視点から記されている。文脈上、この人物に当てはまりうるのは、豊州家を救うべく酒谷まで出張してきていた北郷忠親しかいない。実際、彼が忠広の跡継ぎとなったことは、他の史料からも確認できるので[26]、傍線部の主語は忠親と確定してよいだろう。つまり、少なくともこの一文は、忠親によって書かれたと考えられるのである。

さらに、『三代』後半部分の他の記事についても、忠親を記主と仮定して検討してみたが、矛盾をきたすところはとくに見当たらなかった。そこで本章では、『三代』後半部分は、すべて忠親が記したものをベースにしていると考えておきたい。またそれを踏まえて、以下、『三代』後半部分を仮に忠親記と呼ぶこととする[27]。

北郷忠親は、永正二(一五〇五)年生まれ、元亀二(一五七一)年没の人物である。その記録は、戦国時代を生きた人物が書き留めたものとして、高い信憑性が期待できよう[28]。

ただし忠親記は、忠親が書き留めた記録そのものではなく、それを基に編纂したものである可能性が高い。実は忠親記は、③八二八下2から同12にかけて、各出来事に一年早い年次を付してしまっている[29]。複数の出来事に、決まって一年早い年次を付けるという誤りは、日々書き継いできた記録で生じるとは考えにくい。記録全体に手を入れる機会があり、その際にまとめて誤った年次を付してしまったものとみるのが自然であろう。このことから、忠親記は何らかの編纂を経た史料であると考えられるのであり、その点には留意しておく必要がある。

つづいて、もう一方の前半部分について、掘り下げてみよう。まず前半を概観してみると、その記述は北郷氏の立場からなされていることがわかるのだが、注意されるのは、当時の北郷当主全員に敬語が使われていることである。たとえば、「忠相公」(③八一七下9)、「泰心様」(忠親の斎名。八一九下6)、「時久公」(八二〇上12)などといった表記が確認できる。このことから、前半部分は、忠親記のように北郷当主の誰かが書いたものとは考えにくく、その家臣が記したものとみることができよう。ただ、家臣のうちの誰なのかを特定する材料は、今のところ見当たらないので、さしあたり本章では、前半の記主を北郷家臣の某としておき、以下、前半部分を家臣記と呼ぶこととしたい。

次に、家臣記の具体的な記事を検討してみよう。

史料5　③八一七上・下

一、天文十二癸卯正月廿一日より、山田ニ陣を取、同廿四日ニ城請取候、

一、同年之五月九日、志和池働、西栫ニ仕乗候、十一日卯日城落ル、

一、飫肥之弓箭、

一、天文十辛丑、河南ニ飫肥(豊州家)之衆立候、穆佐之働、九月三日丙戌日、飫肥衆大衆打死候、

一、天文十一壬寅、伊東瀬平を城ニ取ル、

(二一条略)

一、同廿三日甲辰(天文十六年四月)、本城(飫肥本城)ニ伊東鮥、城衆十七人打死、

一、天文十七戊申、自本田殿曽於鄕【郡】御渡シ、北鄕殿御請取候、

一、天文十六丁未七月卅日己卯、伊東合米ケ辻を陣取、

一見して気づくのは、記事が必ずしも日付順に並んでいないことである。たとえば、波線部前後の記事は、天文十二年五月九日→同十年となっており、年次が前後してしまっている。また傍線部前後でも、天文十六年四月二十三日→同十七年→同十六年七月三十日と、同様の事態が起こっている。

このような年次や日付の前後は、他にもいくつか確認できるが、子細に検討してみると、それらは主題の変化と関係がありそうである。たとえば波線部前後の場合、波線部が「飫肥之弓箭」という見出しになっている通り、この後には、しばらく伊東氏の飫肥侵攻に関する記事が続いている。[30] 一方波線部の前は、この少し前から、日向都城周辺(山田・志和池など)における北郷氏の戦いの記事が続いており、波線部の前後で主題が変化しているようである。

次に傍線部をみてみると、この一つ前の条は、実は「飫肥之弓箭」の話の続きにあたっており、伊東氏が飫肥本城を攻撃したことが書かれている。[31] ところが傍線部には、北郷氏が本田氏から大隅曽於郡を受け取ったという、飫肥で

の戦いとは関係の薄い出来事が記されている。次の条には、伊東氏が飫肥城付近の合米ケ辻に陣取りしたとあり、再び飫肥での戦いの話に戻っているから、「飫肥之弓箭」という主題に沿った記事が並ぶ中に、それらとは異質な傍線部の記事が紛れ込んだ格好になっているのである。

以上のような家臣記のあり方は、どのように解釈すればよいだろうか。ここで参考にしたいのが、『八代日記』の事例である。『八代』は近年原本が発見されたのだが、その原本には、後から差し込まれた紙があることが確認されている。このことから、『八代』の編者は後から別紙を挟み込んでいくことで、記事を追補していったと考えられている。また、このような追補が行われた結果、同日条が重複したり、日付が前後するといった、日条の混乱が生じたとみられている。(32)

この『八代』のケースからは、既存の記録に別の記録を接続したり差し込んだりすると、その部分で日付の前後が生じる場合がある、ということがわかる。そこでそのことを踏まえて、家臣記についても、日付の前後や主題の変化が生じている箇所は、異なる記録を接続した部分だと考えることはできないだろうか。すなわち、家臣記は主題を異にするいくつかの記録を繫ぎ合わせて出来上がった史料であり、そのため接続部分では日付が前後したり、主題が変わったりしていると考えるのである。

右の理解が正しいとするならば、家臣記の史料的性格は、この成立過程を軸にして考えていく必要があるだろう。たとえば、いくつかの記録を切り貼りしたのであれば、基になった記録の書き手も、複数の北郷家臣である可能性が出てこよう。

とくに問題になるのは、基になった記録はどのような性格のものなのか、という点である。これは家臣記の信憑性に深く関わる問題であるが、残念ながら現在のところ不明とせざるをえない。ただ、史料5をみてもわかるように、家臣記は陣取りや小規模な戦闘のような、非常に細かな出来事をも、年月日を付して端的に記している。その情報源としては、当時の人々が時々に書き留めたもの以外には、考えられないのではなかろうか。また、家臣記の記述内容を検討してみると、同時代史料や他の年代記的史料・覚書との整合性を確認できる場合も多い。そこで不明な部分は大きいものの、家臣記の基になったのは、おそらくは時々に書き留められてきた記録であり、その信憑性は比較的高いと考えておきたい。

さて、検討が多岐にわたってしまったので、ここでまとめておこう。『三代』は『宮崎県史』に収録されている伝本③がよく知られているが、他にも伝本④⑤があり、相互に校訂しながら利用すべき史料である。その性格は、前半部分と後半部分で異なっており、前半(家臣記)は北郷家臣が記主で、いくつかの記録を切り貼りして出来上がったものと考えられる。一方後半(忠親記)は、北郷忠親の手になる記録を編纂した史料である。

つまり、家臣記も忠親記も、一定の編纂を施された史料である点に注意が必要だが、その基になっているのは、当時を生きた人々(北郷家臣や北郷忠親)が時々に書き留めた記録と考えられるのであり、比較的良質な編纂史料とみてよいだろう。(33)

2　戦いの政治史的研究

本節では、前節で選び出した比較的良質な編纂史料を活用しながら、木崎原の戦い前後の政治史を復元してみたい。結論から先に言えば、この時期の政治史は、永禄年間、元亀前後、天正初年の三段階に分けて整理するのがよさそうである。

永禄年間の情勢

まず永禄年間だが、この時期の政治史を強く規定しているのが、日向南部の情勢である。前節でも若干触れたが、この地域では天文半ば頃から、伊東氏が豊州家の拠る飫肥への侵攻を進めていた。そして大隅高山の肝付氏が伊東に、日向都城の北郷氏が豊州家に味方したため、〈伊東・肝付〉対〈豊州家・北郷〉という構図で戦いが展開していくことになる。最終的には、豊州家は永禄十一(一五六八)年に飫肥を伊東に、櫛間を肝付に奪われ、滅亡に追い込まれている。

一方、この時期の島津氏に目を転じてみると、日向南部情勢に関しては、豊州家・北郷氏に味方するとともに、日向真幸院や、薩隅国境の菱刈方面にも勢力を拡大していた。ところが、その実態を詳しくみてみると、進出先でことごとく苦境に陥っているのである。この点は従来あまり注目されてこなかったように思うので、ここで具体的に述べてみよう。

まず日向南部情勢について、先述の通り島津氏は豊州家・北郷氏に味方したのだが、これが一因となって、それまで連携していた肝付氏との対立を招いてしまう。永禄四年、島津軍は肝付勢が籠る大隅廻城を攻囲したものの、七月には肝付方の援軍に包囲を破られている。この戦いは、島津貴久の弟忠将が討死するなど島津方の大敗で、島津軍は城を落とせないまま撤退に追い込まれている(『壱岐』同年条、家臣記③八一九上3~11など)。

次に真幸院方面では、永禄五年正月頃、当地の領主北原家で、当主の早世に伴う内紛が発生した。これに乗じてまず北原領に進出したのは伊東氏だったが、五月には島津氏と相良氏が結んで伊東氏勢力を追い払い、北原氏の新当主を擁立する形で、真幸院を影響下に置いている(『玄佐』35丁表~、『八代』永禄五年五月十日条など)。

ところがその後、島津氏は伊東氏による執拗な真幸攻めを受けることになる。相良側の『八代』と、伊東側の『壱岐』で確認できる真幸攻めは、次の通りである。

『八代』：永禄五年五月二十四日・八月十六日・八月二十三日・十月二十四日、六年五月十四日、七年二月十一日・五月三十日・七月五日。

『壱岐』：永禄五年六月・八月二十四日・十月二十四日、六年三月・五月十日・八月、七年二月・五月二十九日。

傍線を引いたものは、日付や戦闘内容の近似から、同じ戦いとみられるものである。これら五つの戦いは、城の陥落や武将の討死などが確認でき、比較的影響の大きい戦いだったと考えられる。これに対して、片方にのみみえる戦いは、刈田働きのような小規模な軍事行動とみられるものが多く、それゆえ一方にしか記録されなかったと推測される。以上をまとめるならば、永禄五年から七年までのわずか三年の間に、真幸院では大きな戦いが五回もあり、小規模な戦いも、『八代』にみえる三回と『壱岐』にみえる三回の計六回は行われていた、ということになろう。

加えて永禄六年には、相良氏が伊東氏と和睦してしまう(34)。これにより、島津氏は単独で伊東・相良連合に対抗しなければならなくなったのである。

こういった厳しい状況を踏まえた時、次の『八代』の記事は注目される。

史料6　『八代』永禄六年六月六日条
六月六日（永禄六年）、相州（島津氏）ヨリ又使僧、真幸・飯野・大明寺【司】、当家ヨリ御佫護候へと也、

相良氏のもとへ島津氏から使僧が来て、真幸院（飯野・大明司も同院内）を相良が支配せよと勧めている。つまり、この頃の島津氏は、真幸院の放棄を考えていたのである。実際には、島津氏はこの後、永禄七年に島津義弘を真幸院に入れ、同地の確保を図っていくことになる（『帝皇』同年条、『玄佐』39丁表）。しかし、一時は相良氏への割譲を考えるほど、島津氏による真幸院の維持は困難を伴うものだったのである(35)。

つづいて菱刈方面では、永禄十年十一月、島津軍が菱刈氏の諸城を一気に奪っている。菱刈方には薩摩北部の大口城が残るのみで、この方面での戦いは、簡単に決着するかにみえた。ところが、菱刈氏は相良氏の援軍を大口に迎え、

この後二年にもわたって籠城を続けていくのである。しかもその間、攻囲する島津勢に度々被害を与えている[36]。

また永禄十一年四月には、薩北の有力領主である渋谷一族が、相良氏と起請文を交わしている[37]。そこでは、「今度弓箭」の発生を受けて、相良氏と渋谷一族がますます協力していくことが確認され、また島津氏から誘いがあっても応じないことなどが誓約されている。大口での籠城戦開始をきっかけに、相良氏と渋谷一族は、一致して島津氏に対抗していくことに決したのである。

さらに同年八月には、伊東氏が「求麻《（相良氏）》・菱刈、其外四ケ所《（渋谷一族）》之与力として」、真幸院の田原山に布陣している（『壱岐』永禄十一年八月条）。同地は現在のえびの市原田に比定され、島津義弘の拠る飯野城とは、わずかに三～四キロを隔てるのみである。そこへの陣取りは、島津氏にはかなりの圧力になっただろう。

要するに、島津氏は短期間で菱刈領の大部分を平定し、大口城を包囲したものの、菱刈・相良・渋谷一族・伊東の連携を招いてしまい、一転して苦境に陥ったのである。永禄十二年正月には、島津氏は薩摩山野を相良氏に割譲し、一旦和睦を結んでいる（『帝皇』同年条、『箕輪』37丁裏）。所領を割いてまで和睦を求めていることから、島津氏の苦戦は明らかだろう。

そしてこの間に、島津氏が与していた日向南部の豊州家が、先述の通り伊東・肝付両氏によって滅ぼされてしまう。島津氏自身が苦戦を続け、しかも味方を守ることができなかったのである。

近年の研究では、戦国期権力にとって、味方を守れず外聞を失ってしまうことは、致命傷になりかねないと考えられている[38]。この時の島津氏は、まさにそのような状況に陥っていたとみることもできるのではなかろうか。

ここで、永禄末年の状況を、伊東・島津双方の立場から整理しておくと、次のようになろう。まず伊東氏は、ついに豊州家を滅ぼして支配領域を飫肥にまで広げ、対島津氏の面でも、相良・菱刈・渋谷一族と連携することで優位に立っていた。一方島津氏は、真幸院や菱刈方面に勢力を広げたものの、先々で苦境に陥っていた。とくに、大口城で苦戦している間に、豊州家を見捨てる形になってしまったことは、大きなダメージに繋がる恐れがあった。この頃の島津氏は、かなり危機的な状況に陥っていたといえるのではなかろうか。

元亀前後の情勢

ところが、元亀年間前後には、この流れが変わってくる。最初のきっかけは、永禄十二年五月六日の大口戸神尾の戦いであった。これは大口に籠城を続ける相良・菱刈両軍と、島津軍の間で起こった戦いで、『箕輪』(39丁裏～)によると、島津方は兵粮を輸送する体で兵を動かし、これを襲いに出た相良・菱刈軍を伏兵で大破したという。『壱岐』(永禄十一年条)や『三代』(家臣記③八二一下3～)なども、この戦いで相良・菱刈氏に大きな被害が出たと記しており、両氏の大敗であったことは間違いなかろう。とくに『壱岐』は、この敗戦の後には「求麻(相良氏)・四ケ所(渋谷一族)ノ弓箭然々なく候ツ」(相良・渋谷一族は振るわなくなった)と記しており、この戦いをターニングポイントと認識している。

そしてこの頃から、伊東氏ら反島津勢力に、足並みの乱れがうかがえるようになってくる。まず永禄十二年七月、伊東義祐の子義益が急死したことを受け、伊東氏は真幸田原山を陣払いしてしまう。先述の通り、田原山の陣は、伊東氏が相良・渋谷一族を後援するために設けたものであった。それだけに、この陣払いが相良氏たちに動揺を与えただろうことは、容易に想像できる。しかも、『壱岐』(永禄十二年条)はこの件について、「求麻江(相良氏)御ととけなしに御ひらき候とて、求麻ハ今迄いこんに申候」と記している。伊東氏は、相良氏に事前に通告することなく陣払いをしてしまい、相良氏の遺恨を買ってしまったのである。

さて、写で日付も欠いているが、この頃のものとみられる同時代史料として、次のものがある。

史料7[39]

折々預二御使書一候、不レ少畏悦候、如レ仰、日州(伊東氏)就二慮外儀一、飯野口開陣候、無二是非一次第候、然者、其表御弓箭被レ入二御性【精】一候之由、承候、殊被二申組一候之辻、少も無二相違一之通、彼是満足無二尽限一候、於二弥向後一、相互不レ可レ有二別義一候、爰元防戦海陸共無二油断一候、猶細砕西龍寺可レ有二御達一之条、不レ能二一二一候、恐々、

兼政《（薬丸）》
兼泰《（検見崎）》

東弾正忠《（長兄）》殿御宿所

相良氏重臣東長兄に宛てた、肝付氏重臣薬丸兼政・検見崎兼泰の連署状である。本状によると、これより先に東から薬丸・検見崎に連絡があり、伊東氏が義益の死去（「慮外儀」）により田原山を陣払い（「飯野口開陣」）[40]したこと、相良氏は大口籠城戦（「其表御弓箭」）に精を入れていること、相良氏としては肝付氏との申し合わせ（「被二申組一候之辻」）に相違はないことを伝えてきたようである。これを受けて薬丸・検見崎は、伊東氏の開陣はやむをえないことだ（「無二是非一次第」）と述べる一方、今後も相良氏とは互いに別儀ないことを約し、肝付氏も島津氏との戦いに油断はないと伝えている。

要するに本状からは、伊東氏の開陣後、相良氏と肝付氏が、連携を再確認する必要に迫られていたことが読み取れるのである。そのことからは逆に、伊東氏の陣払いが、連携に大きな不安を与えていたことがわかるだろう。本状では陣払いをやむなしと述べてはいるが、それは本心というよりも、そのように割り切って今後の対応（相良・肝付の連携再確認）を図るしかない、という意図であるように思われる。

さて、薩摩北部では永禄十二年九月、ついに相良・菱刈両氏が島津氏に屈し、大口城を明け渡している（『帝皇』同年条など）。この頃の反島津勢力の動向がうかがえる文書写が、二通確認できる。

史料8[41]

（前略）随而、自二御屋形様《（島津義久）》一菱刈殿被二召失一候、渋谷之面々一大事被レ極之通、代々申組候所、無二余儀一候条、対二

守護方（島津義久）一去十九以前被二仕出一候、就レ其、内渡驚【警】固申付候、宮内・加地【治】木・鹿児島・山川・坊之津出入之船者、何方船候共、剪捕可レ申候、先日豊州方出入之船伐申候、同前候、御領之分、堅可レ被二仰付一候、縦雖二剪捕候一、聊対二御方一御等閑有間敷之候、於二海上驚【警】固候一者、雖二仕損候一、互同前候、此旨能々御得心可レ為二肝要一候、

史料9(42)

湊崎田放火御存知之由、目出候、然者、菱刈就二慮外之儀一、相良・渋谷迷惑不レ過レ之候、為二与力一、今日徳満・馬関田境迄地下破候而、牛馬二百疋余取候、雖レ然、各々於二御油断一者、向後方中御気遣可レ有レ之与存候、此旨急候儘、乍二麁相一以二早船一申入候、万端可レ得二貴意一候、恐々、

野村肥前守

元綱判

落合若狭守

兼朝判

肝付殿（良兼）御宿所

「菱刈殿被二召失一」や「菱刈就二慮外之儀一」は、菱刈氏の降伏を指すと考えられ、ともにその直後の文書であろう。

まず史料8は、日付・差出・宛所を欠いているが、内容から反島津勢力の間でやり取りされた文書とみられる(43)。これによると、差出人は菱刈氏の降伏により、「渋谷之面々」が「一大事」に陥ったと認識しており、彼らを救うべく、島津氏に対して軍事行動に出たようである。また、大隅宮内や薩摩山川などの、島津方の港に出入りする船を襲撃することも宣言している。

次に史料9は、肝付氏に宛てた伊東氏重臣野村元綱・落合兼朝の連署状である。本状で野村・落合は、菱刈氏降伏によって相良・渋谷一族が危機に陥ったと述べ、彼らへの「与力」のため、島津領の徳満・馬関田（真幸院の西）へ攻

撃を加えたことを伝えている[44]。

このように、史料8・9からは、反島津勢力が、菱刈氏降伏を相良氏や渋谷一族の危機と捉えており、彼らを救う手段として、島津氏への攻撃を選択していることがわかる。より一般化して言えば、「危機への対処として攻勢に出る」ということになるだろうが、この論理は注目に値する。というのも、この後、元亀元(一五七〇)年正月に渋谷一族が島津氏に降り(『帝皇』同年条、『箕輪』42丁裏〜)、同年七月頃には相良氏も島津氏へ起請文を差し出したことで[45]、島津氏の矛先はいよいよ伊東氏や肝付氏に向かってくるのだが、その段階に至っての反島津勢力の行動は、まさに危機への対処として攻勢に出たものと解釈できそうだからである。

すなわち元亀二年には、伊東・肝付・伊地知・禰寝の兵船が鹿児島湾に出動し、鹿児島など諸所を襲撃している。『箕輪』(43丁表〜)によると、伊東氏らの兵船は湾を時計回りに一周しながら攻撃を狙っており、かなり大規模な軍事行動だったとみられるが、目立った戦果は挙げられなかったようである。ついで元亀三年五月四日、問題の木崎原の戦いが起こるのであるが、これも伊東軍が加久藤城を攻撃し、大敗を喫したというものだった[46]。また天正元(一五七三)年正月には、肝付軍が大隅末吉に侵攻し、北郷軍が迎撃して大破したという、住吉原の戦いが起こっている[47]。

このように、元亀前後の時期には、島津氏が苦境を脱する一方、伊東氏ら反島津勢力の連携は乱れ、また、彼らは危機に対処すべく攻勢に出ていった、とまとめることができよう。そして、反島津方の攻勢は戦果を挙げられず、かえって大敗を重ねる結果となってしまったとみることができるのではなかろうか。

天正初年の情勢と木崎原の戦いの位置

つづく天正初年の時期には、島津氏が攻勢を強め、伊東氏ら反島津勢力は崩壊していくことになる。

木崎原の戦い後、住吉原の戦い前の時期にあたる元亀三年九月には、島津勢が伊地知領に侵入しており(『帝皇』同年条など）、ここから島津氏の大隅半島進出が本格化していく。天正元年二月には、禰寝氏が島津義久から起請文を与えられており、[48] この頃までに同氏は反島津方を離れている。さらに、翌二年の初めには、伊地知氏が島津氏に降り、[49] 同年五月には肝付氏も屈服する（家臣記③八二四上7）。これにより、島津氏は薩摩・大隅両国を支配下に置き、南九州で敵対する勢力は伊東氏を残すのみとなった。

そこで、この間の伊東領国の状況をみてみると、天正元年四月頃には、伊東氏の部将だった米良重直らが離反し、島津領国に退去している。[50] 早くも木崎原の戦いの翌年には、伊東家中の動揺がうかがわれるのである。

また同三年には、都於郡の一乗院と那賀の平等寺（ともに伊東領内の寺院）の間で争いが起こったが、その際、「都於郡わか衆中」が一乗院に与し、老中らの仲裁を受け付けなかった。そのため、彼らは伊東氏の叱責を受け、他出するに至っている（『壱岐』同年条）。この騒動の意味について、ここで詳しく論じる余裕はないが、大敗から間もない時期に、本拠の都於郡に関係する内紛が発生したことは、伊東氏にとって小さくないダメージになっただろうと、さしあたり考えておきたい。

そして天正四年からは、伊東氏はついに島津氏の侵攻を受けることになる。この年の八月、日向高原城が島津軍の攻撃にさらされたのである。この時、伊東氏は援軍を派遣したものの、島津軍に対抗することはできず、高原城は数日で陥落してしまう。先にも述べた通り、味方を守れず外聞を失ってしまうことは、戦国期権力にとって致命傷になりかねないと考えられている。ここでは、伊東氏がその状況に陥ったとみることができよう。

この高原城陥落について、伊東側がどのように捉えていたのかは不明だが、島津側の認識はうかがうことができる。すなわち、島津軍の一員としてこの戦いに参加していた上井覚兼は、伊東氏の援軍について、「敵纔之勢にて猿瀬之上ニ夜を明とハ見得けれ共、御陣之猛勢ニ可ㇾ懸様躰更なし」と記している。[51] 伊東の援軍は高原城付近の猿瀬まで来たものの、その兵力はわずかであり、島津の猛勢を前になすすべがなかったという。これに続けて覚兼は、「味方之矢【叫】呼声、天に震動して無二止事一、此等ニ敵之吐気を僻喩【譬喩】すれハ、雷渡る春の野に、鶯之一声音信たるに似たり」と記している。(52) 島津側はこの戦いを通して、自軍の強大さに比して、伊東軍は微力だと認識したのである。そしてこのような認識からは、自分たちは簡単に伊東氏を倒せるのだ、という自信が生まれていったのではなかろうか。(53)

そして高原城陥落から一年後、天正五年十二月に、伊東氏は家臣の裏切りを機に、わずか数日で日向を逐われてしまったのである（『壱岐』天正五年十二月七日条など）。

一方で、反島津勢力が反撃する芽もなかったわけではない。たとえば天正二年正月には、伊東・肝付軍が禰寝に遠征し、島津方に大きな被害を与えている（家臣記③八一三下13〜など）。天正初年に至っても、伊東氏たちはこのような大々的な軍事行動を起こすことができたのである。また同じ年の閏十一月頃には、伊東氏を背き島津領国に退去していた米良重直（先述）に、島津氏に対する野心の疑いがかかっている。(54) この時点では、一度伊東を離れた部将が、今度は島津に害をなすということも、十分に想定されうるような情勢だったのである。

さらに伊東氏没落後にも目を向けてみると、天正六年には伊東家臣が日向石城に拠って島津氏に抵抗している。当城をめぐって七月頃に起こった戦いでは、島津軍の部将に多数の負傷者が出たようで、(55) 豊後大友氏の側では、「日州牢人衆」が勝利を得たと捉えている。(56) 結局は、石城は九月末に島津軍に攻略されてしまうが（『帝皇』天正六年条など）、没落後も伊東氏に忠誠を尽くす家臣がおり、島津氏を苦しめるほどの威勢を示していたことは、天正期における伊東氏の求心力を考える上で注目される。

右にみてきたような、さまざまな反撃の芽があったことも踏まえると、天正初年の伊東氏たちの実力を、あまりに低く見積もるのは危険である。この時期の伊東氏権力のあり方については、大敗後＝衰退期という理解にとらわれずに、今後検討していく必要があるだろう。

ただ、本節でさしあたり課題にしている政治史研究の観点からみるならば、反撃の芽はあったものの結果的には流れは変わらず、島津氏が順調に反島津氏勢力を倒していく格好になったと言わざるをえないのである。

さて、以上の本節での政治史研究を踏まえて、木崎原の戦いの位置づけを探ってみよう。

まず、従来あまり明確に指摘されてこなかったように思うが、永禄年間には伊東氏たちの島津氏対策が機能しており、島津氏は苦境に陥っていたと考えてみた。そのため、木崎原の戦いがあった元亀年間前後は、たしかに形勢逆転の時期だったといえるだろう。

しかし、本節で明らかにした元亀前後の情勢を踏まえるならば、逆転の起点は元亀三年の木崎原ではなく、永禄十二年の戸神尾の戦いということになろう。また、その頃から反島津勢力の足並みが乱れていったこと、「危機への対処として攻勢に出る」という論理が現れたことといった、戦い以外の要素も重要な意味を持っていた。そして、伊東氏たちが攻勢に出る中で起こった大敗が、木崎原の戦いということになるのだが、そのような大敗も木崎原に限られるわけではなく、住吉原の戦いも似た性格の合戦として挙げることができる。つまり、木崎原の戦いはたしかに形勢逆転の要因の一つではあったが、それがすべてではなかったと考えられるのである[57]。

おわりに

本章では木崎原の戦いについて、編纂史料が無批判に使われがちであるために、具体的な検討があまり進んでいないと捉え、史料研究と政治史研究から始めることにした。そのため、戦いそのものを詳しく掘り下げることまではできなかったが、今後の本格的検討に繋がる基礎固めは、ある程度できたのではないかと思う。

まず史料研究によって、南九州の諸領主やその家臣の動向を追っていく上で、比較的信用できる材料を確保できたと考えている。そのため、たとえば木崎原で戦死した伊東家臣について、伊東氏権力内でそれまでに果たしていた役割を、『壱岐』などから析出していくといったような研究も、今後は進めていけるだろう。

また政治史研究によって、木崎原の戦いは、前後の他の合戦も視野に入れつつ考えていかなければならないことが、はっきりしたのではなかろうか。そして、それらの合戦を検討していく際にも、やはり本章で選び出した比較的良質な編纂史料が必要になってくるはずである。

逆に、利用史料や政治史理解が固まっていなければ、いかなる議論もたしかな拠り所を持つことはできないだろう。本章で行ったような検討は、一見迂遠なようだが、木崎原の戦い研究の第一歩として、必要な作業だと考えている。[58]

最後に、戦国期における大敗の研究という観点からも、いくつか論点を提示しておこう。

この観点から注目できるのは、木崎原ではなく戸神尾の戦いである。すなわち、反島津勢力が足並みを乱していくのは、戸神尾の戦いの後からであった。その直接のきっかけは、伊東氏の田原山開陣ではあったものの、戸神尾での大敗も、領主間連携の動揺に影を落としていた可能性は否定できないだろう。

また、戦いの四か月後に菱刈氏が島津氏に屈すると、反島津勢力の間には、「危機への対処として攻勢に出る」という論理が出現する。結果的には、この論理のために、伊東氏たちは大敗を重ねてしまうのであるが、ここから、大敗によって敗者の側がハイリスク・ハイリターンな戦略をとらざるをえなくなる場合があることを、読み取れるのではなかろうか。

一方、木崎原の戦いについては、本章では政治史的には形勢逆転の決定的要因とはいえないと考えた。しかしそうだとすると、なぜこの合戦が大敗事例として有名になったのかが、問題になるだろう。これには、近世以降の戦いの語られ方が関わってくると思われ、今後はそういった切り口からの検討も必要になってくるだろう。

(1) 当時の名は忠平だが、本章では、より広く知られている義弘に統一する。

(2) 新名一仁『島津貴久』(戎光祥出版、二〇一七年)。

(3) 宮地輝和「中世日向伊東氏関係文書の基礎的研究」(『九州史学』一六四号、二〇一二年)。

(4) 丸島和洋「慶應義塾大学所蔵相良家本『八代日記』の基礎的考察」(『古文書研究』六五号、二〇〇八年)。なお、本史料は熊本中世史研究会編『八代日記』(青潮社、一九八〇年)により引用する。

(5) 山口隼正「『日本帝皇年代記』について 上・中・下」(『長崎大学教育学部社会科学論叢』六四〜六六号、二〇〇四・二〇〇五年)に翻刻があり、ここから引用する。山口論文によると、本史料はもともと戦国大名島津氏が、密教系学僧を動員して編纂させたものだという。また、正親町天皇(在位一五五七〜八六)を「今上皇帝」としているので、ひとまずその時期に成立し、その後も書き継がれていったものとみられている(本史料にみえる最後の年紀は正保三〈一六四六〉年)。

(6) 出来事を年代順に記した史料という意味で、単に年代記と呼んでしまってもよいかもしれないが、日記に近い形のものもあることに鑑みて、ひとまず年代記的史料としておく。

(7) 覚書については、拙稿「島津氏関係史料研究の課題」(黒嶋敏・屋良健一郎編『琉球史料学の船出』勉誠出版、二〇一七年)でも論じている。

(8) 前注(4)丸島論文。また、次項以降も参照。

(9) 天正五(一五七七)年の奥書がある。東京大学史料編纂所所蔵謄写本(請求記号:二〇四四―四二)。同所データベースにて画像公開)により引用する。

(10) 慶長頃までにおおむね成立していたと考えられる。東京大学史料編纂所所蔵謄写本(請求記号:二〇四四―五〇。同所データベースにて画像公開)による。本史料の成立・伝本などについては、前注(7)拙稿を参照。

(11) 薩摩藩の学者伊地知季安・季通父子により、近世末から明治にかけて編纂された島津氏関係史料集。膨大な史料を年代順に収めており、『鹿児島県史料』で活字化されていることもあって、島津氏研究では非常によく利用されている。

(12) 本史料に関しては、福島金治氏が『宮崎県史』(通史編 中世、一九九八年)九六七頁や、「戦国期における兵法書の伝授と密教僧・修験者」(同編『学芸と文芸』竹林舎、二〇一六年)四三八頁などで言及しているが、ここではより踏み込んで検討してみたい。

(13) 中世の日向都城の領主北郷家にあたる。同家は江戸時代にも都城を領し、加えて島津名字を許可されたため、都城島津家と称している。

(14) 次に述べる通り、この写本は文政八(一八二五)年には安藤茂嘉の家にあったのであり、実名の茂の字が共通していることも踏まえると、享保十六年の書写に関わった某とその弟茂□も、安藤氏である可能性が高いだろう。

(15) なお、本書の扉には「相良氏庫」の記載があるが、これも相良氏とは誰か、いつの時点での所蔵情報なのかなど、はっきりしない。合わせて今後の課題としたい。

(16) 校訂の方針は次の通り。まず、底本の文章でとくに問題がない場合には、別本と異同があったとしても、一々指摘することはしない。一方、別本により字句を補うべき箇所があれば、本文に〔 〕を付けて補入する。また、別本により字句を訂正すべき箇所には、その脇に〔 〕で注を付ける。

なお、筆者の判断による校訂注は【 】、説明注は( )で示した。また、返り点は筆者が付したものである。

(17) 『宮崎県史叢書　日向記』(宮崎県、一九九九年)一二一頁。なお、『日向記』の中では、この壱岐加賀守は永禄五(一五六二)年の戦いで討死している(一八三頁)。そのため、この人物は、『壱岐』の記主とは別人と考えられる。

(18) 同右、二三七頁。なお、「役者」は軍配者を意味することがあり、ここもその用法とみてよいだろう。

(19) 実は伝本②の末尾には、悪日や「勝運偈」など、合戦での呪術に関する記述がある(この部分は①には欠けている)。このような記事の存在も、記主が軍配者であったことの傍証になるだろう。

(20) 暦に記された建・除・満・平・定・執・破・危・成・収・開・閉の一二語で、日々の吉凶を示す。

(21) なお、前掲史料1もこの類型の記事である。

(22) ところで、六月八日に水の手で勝鬨を挙げた人物は、史料2では記主と読めるが、史料3では壱岐弥四郎になっており、一見齟齬しているようである。しかし、本文で考察した両史料の関係を踏まえれば、史料2などを材料にして史料3を作成する際に、表現が改められて主語が明確化されたものだと、合理的な説明を与えることができるだろう。

そしてそのように考えると、記主＝壱岐弥四郎ということになる。ここから、記主は加賀守を名乗る以前には、弥四郎を名乗っていたとみることができよう。

(23)『宮崎県史』史料編 中世二、八一五〜八三〇頁。

(24)校訂の方針は前注(16)と同じ。

(25)島津一族で、代々豊後守を名乗った家筋であることから、このように呼ばれている。

(26)たとえば『玄佐』29丁表に、「北郷左衛門尉《忠親》、豊州之末孫次郎三郎殿《忠広》依㆓早世㆒、今彼為㆓養子㆒、尾張守殿と申せしか」とある。

(27)『三代』後半部分は、伝本⑤では「豊後守忠親日帳写」と呼ばれていたが、本文での検討により、この命名が的確であることが判明する。一方、伝本④での「忠相様御代日帳之写」というタイトルは、たしかに後半部分の記述範囲は、忠親の父忠相（一四八七〜一五五九）の時期に収まっているので（後注(28)参照）、誤りではない。しかし、記主が忠親であることを端的に示した⑤には劣るだろう。

(28)なお、忠親記の記述範囲は基本的には天文年間で、伝本⑤にのみ断片的ながら大永末頃の記事もみられる。いずれにしても、忠親の生没年とは矛盾しない。

(29)たとえば、高障子（高兵士とも）という地点への伊東軍の陣取りを、忠親記は天文十四年六月七日のこととするが、『三代』前半部分（③八一七下6）や『壱岐』（天文十五年条）は天文十五年六月七日としており、後者が正しいようである。また、詳しい考証は省くが、前掲史料4も実例の一つで、忠親が酒谷に向かった日付は正しいが、年次は天文十四年ではなく十五年が正しいと考えられる。

(30)具体的には、波線部の次の一つ書きには、飫肥の豊州家が伊東領の河南地域に攻め込むも大敗したとあり、その次には、伊東氏が飫肥に近い瀬平に拠点を構えたとある。つまり、豊州家の大敗以降、反対に伊東氏が飫肥へ侵攻していくという経過が、記されているのである。

(31)史料中の「鮥」は、鮥（はたらく。軍事行動の意）のことと考えられる。

(32)前注（4）丸島論文。

(33) なお、家臣記に関してもう一つ付言しておくと、同記には「平松陣取御役人之事」(③八二二下18)などの、戦場での儀式に関わるまとまった記事や、悪日への言及(八一九下4)が確認できる。こういった記述はわずかなので、これをもって記主を軍配者とすることはできないが、軍配に対する関心があることは読み取ってよいだろう。

ところで、本節では先に『壱岐』の記主を軍配者と考えたが、実は『八代』の記主も、軍配者ではないかと推測されている(鶴嶋俊彦「『八代日記』の人びと」『ひとよし歴史研究』九号、二〇〇六年)。こうしてみると、戦国期南九州における記録と、軍配者ないし軍配に関心を持つ者との関連は、今後考えていくべき論点となるかもしれない。

(34) 『八代』によると、和睦成立は正月末から二月初め頃のようだが(永禄六年正月三日条)、『壱岐』には五月頃から連携したと記されている(永禄六年条)。

(35) また、『壱岐』永禄七年条には、島津氏が伊東氏に和睦を申し入れたことが記されているが、申し入れの理由について、記主は「真幸手あまりにも候哉」と推測している。伊東側からも、島津氏は真幸院維持に苦慮しているとみられていたのである。

(36) 前注(2)新名著書二〇〇〜二〇三頁。

(37) 永禄十一年東郷重綱起請文、同年四月四日相良頼房起請文案(『大日本古文書　相良家文書』五二二・五二三)。

(38) たとえば丸島和洋『武田勝頼』(平凡社、二〇一七年)は、武田勝頼にとっての致命傷は長篠での大敗ではなく、遠江高天神城を見殺しにして声望を失ってしまったことだと論じている(三五五〜三五六頁など)。

(39) 相良氏重臣あて肝付氏重臣連署状写(『新編伴姓肝属氏系譜』〈『鹿児島県史料　旧記雑録拾遺　家わけ』二—三四〇〉)。以下、『鹿児島県史料　旧記雑録拾遺　家わけ』は、『家わけ』と略記する。

(40) 『家わけ』二は「飯野江開陣」と読んでいるが、同書が依拠した写本をみてみると、「江」は「口」とも読める字形であった。意味的にも「口」の方が通るので、ここでは「飯野口開陣」と修正している。

(41) 某書状写(『新編伴姓肝属氏系譜』〈『家わけ』二—三五〇〉)。

(42) 肝付良兼あて伊東氏重臣連署状写(『新編伴姓肝属氏系譜』〈『家わけ』二—三五六〉)。

(43) 南九州の領主は、島津氏に敵対しているにもかかわらず、同氏を御屋形・守護などと呼ぶことがある。前注(2)新名著書一二六

頁、拙稿「戦国期南九州の有力領主」(戦国史研究会編『戦国時代の大名と国衆』戎光祥出版、二〇一八年)二六三頁。

(44) なお、野村・落合は「各々於二御油断一者、向後方中御気遣可レ有レ之与存候」と、肝付氏ら反島津勢力に対し、油断なきようにと注意を与えている。ただ、先に本文で述べた通り、この少し前には、伊東氏自身が田原山を開陣したことで、反島津勢力に不安を与えていた。つまり、連携を動揺させた張本人が、油断を戒める格好になっているのである。そこで想像をたくましくするならば、この戒めは肝付氏に素直に受け止められなかったのではないかとも考えられよう。史料9からは、反島津方の不協和音を推測することもできるかもしれない。

(45) 永禄十三(元亀元)年七月六日相良頼房あて島津義久起請文(『大日本古文書　相良家文書』五四九)。本文書はその文言から、頼房の起請文に答えて作成されたことが明らかで、この直前に頼房から義久へ起請文が提出されていたと判断できる。

(46) 『壱岐』元亀三年五月四日条には、「真幸かくとうノ城ノかこい御やふり候て、敵少々打て候、此引足に敵つき候て大軍有、日州衆《(伊東氏)》大おくれ候」とある。また、家臣記③八二二上16〜には、「伊東真幸院カクトウノ城ニ畧ク所ヲ、飯野ヨリ兵庫頭殿《(島津義弘)》横入合戦」とある。

(47) 家臣記③八二二下11〜に、「肝付ヨリ末吉へ畧ク所ヲ、北郷時久御父子出合、住吉原合戦」とある。

(48) 元亀四(天正元)年二月二十六日島津義久起請文写(『祢寝氏正統世録系譜』〈『家わけ』一—二四九〉)。

(49) 『帝皇』同年条には「二月廿三日伊地知出仕」、家臣記③八二四上10には「下大スミノ伊地知殿、守護へ参上申サレ候、同年中四月也」とある。いずれにしても、肝付氏屈服以前のことのようである。

(50) 『大日本史料』第十編之十六、天正元年四月二十六日条。

(51) 『大日本古記録　上井覚兼日記』天正四年八月二十日条。

(52) 同右。

(53) 『玄佐』は伊東氏が日向を没落する約半年前に成立した史料だが(奥書に「天正五年丁丑五月十八日」とある)、同書の末尾付近には、「伊東退治も程有間敷」(44丁表)と記されている。記主はこのように考えた根拠を明記しておらず、高原城陥落だけが理由だとはいえないが、天正五年半ばまでには、島津側に、伊東討伐は目前だという自信が生まれていたことは指摘できる。

(54) 天正二年閏十一月十二日有川貞真あて米良重直起請文(東京大学史料編纂所所蔵島津家文書。『大日本史料』第十編之二十六、四二三~四二四頁に翻刻がある)。本文書によると、島津義弘の重臣有川貞真が、米良が野心を構えているという噂を聞き付け、直接彼を問いただしたようである。これを受けて、米良は本文書を提出し、野心なき旨を誓っている。

(55) (天正六年)七月九日島津氏重臣連署状写(『鹿児島県史料　旧記雑録』後編一―九八四)。

(56) (天正六年)八月一日大友家臣木上宗閑書状(『大日本古文書　相良家文書』五九八)。

(57) なお、先行研究においても、近年は戸神尾の戦いや住吉原の戦いが評価されつつある(新名一仁『島津四兄弟の九州統一戦』〈星海社、二〇一七年〉三六~四〇頁、前注(2)新名著書二〇六頁など)。本章も、この二つの戦いを重視する点では同じであるが、永禄年間の情勢や反島津勢力の動揺過程を中心に、より踏み込んで検討してみたところである。

(58) また、『宮崎県史』に代表される従来の伊東氏研究は、木崎原の戦いに限らず、『日向記』に拠るところが大であった。そのため本章で行ったような作業は、今後伊東氏の動向全般を再検討していく上でも必要だと考えている。

〔付記〕 都城島津邸の皆様には、史料の調査・利用について、大変お世話になりました。末筆ながら、厚く御礼申し上げます。

耳川大敗と大友領国

八木　直樹

はじめに

十六世紀半ばの九州最大の戦国大名が豊後の大友宗麟(義鎮)であったことは疑いない。宗麟は、本貫国豊後を中心に、守護職を獲得した筑後・肥後・肥前・筑前・豊前とその周辺地域に多大な影響力を及ぼしていた。まさに栄華の絶頂にあった戦国大名大友氏を一日にして転落させたのが、本章にて検討する天正六(一五七八)年十一月に起こった「耳川」[1]合戦である。

前年の天正五年、薩摩島津氏に敗れた日向伊東氏は姻戚の大友氏を頼り亡命した。同年末に日向北部の国人土持氏は島津氏に従属する。この土持氏の寝返りが大友氏の日向出兵の直接の契機であった[2]。当時の大友家当主は宗麟の嫡男義統である。天正六年春には、「代始」の出陣として義統自らが土持氏討伐に乗り出し、四月十日には土持氏の松尾城を落城させた。卯月二十四日付の義統書状では、初秋頃の隠居宗麟の日向出兵を告げている[3]。九月には、宗麟が日向務志賀(宮崎県延岡市無鹿)に在陣。年寄田原紹忍等に率いられた大友勢は、十月末までには島津方の新納院高城(同県児湯郡木城町)を包囲した。対する島津勢も、当主義久自ら後詰に出陣し、日向佐土原に在陣した。本格的な戦闘は十一月十一日に始まり、翌十二日に迎えた決戦では大友勢が大敗北を喫した。大友勢は敗走し、高城からおよそ二五キロ北にある「耳川」(同県日向市)にて島津勢の追撃を受け壊滅状態となった。

耳川敗戦は、「その悲惨な大敗北によって、大友氏の領国瓦解の端緒をなした点で、その歴史的影響は極めて大きい(4)」、「これが以後に於ける崩壊の殆ど決定的契機をなすものであったといわねばならない(5)」と大友氏研究者に評される。敗者大友氏では、合戦による将兵の損失、威信の低下、重臣の謀叛と相次ぐ国人の離反による領国の混乱と衰退、勝者島津氏は日向・肥後へと勢力を拡大、また大友氏に従属する国人であった肥前龍造寺隆信は戦国大名化を遂げ(6)、筑後・肥後・筑前へと大きく勢力を拡大した。その結果、九州戦国史は大友・島津・龍造寺の三氏鼎立を呈する状況が生み出された。耳川合戦は、敗者大友氏だけではなく、九州戦国史の大きな転換点となったのである。

しかし、耳川合戦に関する研究は乏しい。大友氏研究では、宗麟のキリスト教信仰問題と関連させた日向出兵の目的解明、後世の編纂物に基づく合戦の経過などに力点がおかれ、大敗後については概略的な叙述にとどまっている(7)。唯一、大敗の影響として六名いた年寄のうち三名が戦死し、一名が失脚したことによる権力中枢の年寄機構の崩壊を指摘した木村忠夫氏の研究があるだけである(8)。

そこで本章では、耳川大敗直後の一年間を対象に、敗者大友氏とその領国がどうなったのか、大敗の影響を一次史料に基づき可能な限り丁寧に検証していきたい。なお、大友氏関係文書のほとんどは無年号文書である。紙幅の都合により比定の根拠を示すことはできないが、本章における無年号文書の発給年は、関係史料、発給者の花押類型などから推定したものである。

1　大敗直後の戦後処理

十一月十二日に高城攻城中の大友勢が耳川にて壊滅状態になったという大敗情報は、たちまち務志賀の宗麟、豊後大野郡野津(大分県臼杵市)にいた義統の耳にも達した(9)。イエズス会宣教師の史料によれば、戦陣から三、四日かけて帰国した宗麟は、本拠地臼杵ではなく津久見に入っている。[10] 大敗後の大友氏の活動が確認される最初の文書が、次にあげる二通の十一月二十六日付の義統書状である（傍線筆者、以下同じ）。

史料1　「志賀文書」二一号（『大分県史料』〈以下『大分』〉一三巻二〇三頁）

半雪所迄預二書状一候、令二披見一候、①自レ是茂度々染筆候ッ、定而可レ為二参著一候、②自然各于レ今肥州江於二在陣一者、前後之儀能々被二相閇目一御帰陣肝要候、昨日如二到来一者、阿蘇堺迄被二打入一由候条、書面不レ詳候、猶彼使江申含候、恐々謹言、

十一月廿六日（天正六年）　　　義統（大友）（花押）

一万田式部太輔入道殿（他七名略）

史料2（後掲、表2、No.1）

今度日州表之儀、不レ及二是非一候、殊増俊（安東）事、戦死之由、忠儀無二比類一候、田原近江入道（紹忍）無レ恙帰陣之条、中談至二彼子孫一可レ賀之趣、猶桜井藤兵衛入道可レ申候、恐々謹言、

十一月廿六日（天正六年）　　　義統（大友）（花押）

安東治部入道殿（他二名略）

耳川出兵時、宗麟率いる本隊とは別に志賀道輝・朽網宗歴の両年寄、志賀鑑隆・戸次鎮連等を中心とする豊後大野・直入郡の有力国人、いわゆる「南郡衆」は肥後に出陣していた。[11] 史料1は、肥後在陣中の南郡衆に豊後への帰陣を命じたものである。「度々染筆」という文言から、義統は南郡衆に複数回書状を送っているが（傍線部①）、帰陣は遅れており、南郡衆はいまだ肥後国境に近い「阿蘇堺」に滞在していた（傍線部②）。耳川合戦に不参加の年寄志賀道輝・朽網宗歴が生き残ったこと、志賀・朽網・戸次・一万田氏等の南郡衆が無傷であったことは、大敗後の領国立て直しを考えるうえで重要な要素となろう。

典　　拠
「碩田叢史」『増編大』24－214
「豊田」7号『大分』11－p.281
「小野尾」7号『大分』11－p.288
「大友家文書録」1694号『大分』33－p.22
「大友家文書録」1746号『大分』33－p.51,
「丹生」5号『大分』10－p.321
「萩藩閥閲録四田北太右衛門」『荘園』6－p.599
「市丸」7・8号『大分』10－p.295
「蠣瀬」上－10号『大分』8－p.311
「渡辺文書」(天正7年ヵ)5月2日付田原紹忍書状写
「元重」21号『大分』8－p.276,
「元重」1号『大分』35－p.426
「到津」440号『大分』24－p.90
「到津」441号『大分』24－p.90
「碩田叢史」『増編大』24－168
「田北」15号『大分』13－p.254,
「大友家文書録」1681号『大分』33－p.17
「長野」65号『大分』11－p.263
「田北周尚墓碑銘」『増編大』24－120
「志村」2号『大分』12－p.283
「中村」3－11号『大分』25－p.371
「大友家文書録」1929号『大分』33－p.143
「渡辺」15号『西国』16－p.33,
「渡辺」21号同－p.39
「渡辺」21号『西国』15－p.45
「保阪潤治氏所蔵文書」(天正6年)11月26日付大友義統書状
「大友家文書録」1674号『大分』33－p.14
「大久保」『宗麟』5－1726・1727号
「一万田」28号『大分』9－p.363,
「渡辺澄夫氏蒐集」2号『大分』12－p.377
「鹿子木」11号『熊本』1－p.31,
「広大蒲池」16号『柳川』3－p.5,
「田尻家」271号『佐賀』7－p.324
『五条家文書』165・278号
「風浪宮所蔵」『柳川』3－p.324,
「大友家文書録」2518号『大分』34－p.171
「佐土原」22号『大分』13－p.103,
「佐土原」24号同－p.104
「杉」『宇佐神宮史』13－p.421
「高三潴家」3号『福岡市史』1－p.866
「永松」『荘園』8下－p.564
「長野」64号『大分』11－p.263

次に史料2は、耳川にて戦死した豊前国人安東増俊の忠儀を一族に対し賞した感状である。恩賞については、無事に帰陣した合戦の総指揮官「田原近江入道」と「申談」じる旨が伝えられている。耳川合戦には多くの大友勢が出陣した。表1は、確実な史料から判明する耳川合戦に従軍した大友勢の一覧である。そのうち耳川戦死者に関して大友義統・円斎(義鎮)が発給した感状・相続安堵状の一覧が表2である。本表の目的は、大敗直後の大友氏の対応を確認することであるため、発給年を比定できる天正七年までの文書だけを挙げている。ちなみに、敗者である大友氏とは対照的に、合戦に大勝利した島津氏が、戦後に発給した感状・恩賞給付などの文書は驚くほどに少ない(12)。

表2から指摘できるのは、次の四点である。第一に感状・相続安堵状の発給日がまちまちであることである。戦功

表1　耳川合戦に従軍した大友勢

No.	上位の軍事指揮者	従　軍　者	備考	出自	戦死	負傷	頸捕
1	雄城弥十郎(戦死)	大所弾正	同前	豊後	○		
2	雄城弥十郎(戦死)	長田左馬	同前	豊後	○		
3	雄城弥十郎(戦死)	小野尾弾正	同前	豊後	○		
4	雄城弥十郎(戦死)	原□□介		豊後	○		
5	斎藤進士兵衛尉(鎮実，戦死)	丹生左京亮	同陣	豊後	○		
6	佐伯宗天・佐伯惟真(戦死)			豊後	○		
7	田原近江入道(紹忍)	市丸左京亮		豊後	○		
8	田原近江入道(紹忍)	蠣瀬弾正忠		豊前	○		○
9	田原近江入道(紹忍)	清成主馬允		豊後	○		
10	田原近江入道(紹忍)	元重兵部丞		豊前	○		
11	田北相模守(鎮周，戦死)	大河内某	同前	豊後	○		
12	田北相模守(鎮周，戦死)	阿地河野弥次郎	同前	豊後ヵ	○		
13	田北相模守(鎮周，戦死)	塩手大蔵丞		豊後	○		
14	田北相模守(鎮周，戦死)	田北三郎兵衛		豊後	○		
15	田北相模守(鎮周，戦死)	長野右京亮	同前	豊後	○		
16	田北相模守(鎮周，戦死)ヵ	田北十郎周尚		豊後	○		
17	吉岡越中入道(鑑興，戦死)	志村左京亮	同前	豊後ヵ	○		
18	吉岡越中入道(鑑興，戦死)	中村兵部少輔	同前	豊後	○		
19	吉弘加兵衛入道(宗仞，戦死)	諸田連右衛門	同場	豊後	○		
20	吉弘加兵衛入道(宗仞，戦死)	渡辺兵庫助	同陣	豊後	○		
21	吉弘加兵衛入道(宗仞，戦死)	渡辺武蔵守	同陣	豊後	○		
22		安藤増俊		豊前	○		
23		上野中務少輔		豊後	○		
24		大窪蔵人佐義純		豊後	被官	被官	
25		小原弾正忠		豊後	○		
26		蒲池宗雪(鑑盛)		筑後	○		
27		五条鎮定		筑後	被官	被官	○
28		酒見刑部少輔		筑後	○		
29		佐土原兵部丞		豊後	○		
30		杉木工助		豊前	○		
31		高三瀦式部丞		筑後	○		
32		都甲長門入道宗甫		豊後	○		
33		長野式部丞		豊後	○		

の認定には、十一月二十六日に豊前下毛郡の蠣瀬鎮忠が父弾正忠戦死の軍功を書き上げ、「御証判」を求め年寄田原紹忍に軍忠状を提出しているように[13]、戦死者の遺族はこうした軍忠状を軍事指揮者に対して提出していた。しかし、表2の田北鎮周・吉岡鑑興のように、戦死者たちが「同陣」していた直接の軍事指揮者も戦死している場合が多かった。後継者問題などの個別事情に加えて、戦功の事実確認が遅れたことも感状・相続安堵状の発給日がまちまちであった一因であろう。

第二に戦死の忠儀は賞すものの、家督相続の件には言及していない感状（表2、No.1〜3・7・10・12・13・16〜

典拠
「狭間」4号『大分』26—p.89
「碩田叢史」(天正6年)12月13日付大友義統感状写
「横山」14号『大分』11—p.39
「森迫」『荘園』7上—p.640
「森迫六地蔵幢銘」『荘園』7上—p.379
「簗瀬」『増編大』24—161
「刀衆先代帳」『彦山編年史料』p.302
「到津」439号『大分』24—p.88,
「小坂坊文書」『宇佐神宮史』13—p.419

2013年）に掲載した表5「耳川合戦に従軍した大友軍」に,

後国荘園公領史料集成』,『西国』=『西国武士団関係史料集』,
史』史料編,『佐賀』=『佐賀県史料集成』古文書編,『五条家
年),『福岡市史』=『新修福岡市史』資料編中世,『彦山編年
す。
戦死・負傷した, あるいは敵の首を討ち取ったことを示す。

阪潤治氏所蔵文書」= 同影写本（請求記号3071. 41-6-4), No.

高城表」合戦であったため, 耳川合戦の従軍者からは除外し

相続者	軍事指揮者	典拠
		保阪潤治氏所蔵文書
	田北鎮周	「田北」15号『大分』13—p.254
		「大友家文書録」1674号『大分』33—p.14
		「吉弘」4号『柳川』5（後編）—p.409
		「風浪宮所蔵」『柳川』3—p.324
受給者		「森迫」『荘園』7上—p.640
		「長野」64号『大分』11—p.263
受給者	吉岡鑑興	「中村」3-11号『大分』25—p.371
受給者	吉岡鑑興	「志村」2号『大分』12—p.283
		「狭間」4号『大分』26—p.89
受給者		「杉」『宇佐神宮史』13—p.421
		碩田叢史
	田北鎮周	「碩田叢史」『増編大』24—168
孫万寿		「永松」『荘園』8下—p.564
受給者		「高三潴家」3号『福岡市史』1—p.866

No.	上位の軍事指揮者	従　軍　者	備考	出自	戦死	負傷	頸捕
34		狭間勘解由允		豊後	○		
35		日小田図書助		豊後	○		
36		戸次中務少輔		豊後			
37		森迫大膳亮		豊後	○		
38		森迫兵部少輔鎮富		豊後	○		
39		簗瀬中務少輔		筑後ヵ			
40		星野殿，高良山座主，城井殿，宝珠山殿		筑後・豊前			
41		御前検校盛勝，番長大夫鎮富，陰陽師実衛，東別当妻垣座主尊海		豊前	○		

註１：本表は，拙稿「戦国大名大友氏の軍事編成と合戦」(鹿毛敏夫編『大内と大友』勉誠出版，
その後発見した事例を追加し加筆修正したものである。
註２：刊本の略記は，『増編大』＝『増補訂正編年大友史料』，『大分』＝『大分県史料』，『荘園』＝『豊
『宗麟』＝『大分県先哲叢書　大友宗麟資料集』，『熊本』＝『熊本県史料』中世篇，『柳川』＝『柳川市
文書』＝村田正志・黒川高明校訂『史料纂集〔古文書編〕五条家文書』(続群書類従完成会，1975
史料』＝『彦山編年史料古代中世篇』(文献出版，1986年)とし，巻号―頁(もしくは史料番号)を記
註３：「戦死」「負傷」「頸捕」(敵の首を討ち取る)の項には，「○」は自身が，「被官」はその被官が，
「備考」の項には，上位の軍事指揮者と従軍者との軍事指揮関係を示す史料中の文言を記す。
註４：№９の「渡辺文書」＝東京大学史料編纂所所蔵写真帳(請求記号6171. 95-55-1)，№22の「保
35の「碩田叢史」＝同写本(請求記号4140.1-35-51)に拠った。
註５：旧稿表５№33に掲載した「向中務尉」(「向」10号『大分』９―p.416)は，天正15年の「日州
た。
註６：典拠の書き方については，表２・４についても同様である。

表２　耳川戦死者に対する大友義統・円斎(義鎮)の感状と相続安堵状

No.	年 月 日	署　　判	受　　給	戦 死 者
1	(天正６)11.26	義統(花押４)	安東治部入道・他２名	増俊
2	(天正６)11.27	義統	田北甚九郎	父三郎兵衛
3	(天正６)12.５	義統在判	上野左介	父中務少輔
4	(天正６ヵ)12.５	円斎(花押影)	(吉弘太郎ヵ)	親父加兵衛入道宗切
5	(天正６)12.９	義統(花押４)	酒見太郎・酒見下総入道	息刑部少輔
6	(天正６)12.11	義統(花押)	森迫亀王	父大膳亮鎮秀
7	(天正６)12.12	義統(花押４)	長野宮乙	父式部丞
8	(天正６)12.13	義統(花押４)	中村新三郎	父兵部少輔鑑貞
9	(天正６)12.13	義統(花押４)	志村三郎	父左京亮鑑信
10	(天正６)12.13	義統(花押４)	狭間弥十郎	父勘解由允
11	(天正６)12.13	義統(花押４)	杉専千世	親父木工助鎮頼
12	(天正６)12.13	義統	日小田伊予守	父図書助
13	(天正７)１.27	義統(花押４影)	塩手亀千世女	父大蔵丞
14	(天正７)２.22	義統(花押４影)	都甲長門入道後家	都甲長門入道宗甫
15	(天正７)３.５	義統(花押４)	高三潴次郎	父式部丞

相続者	軍事指揮者	典　　拠
	雄城弥十郎	「小野尾」7号『大分』11－p.288
	雄城弥十郎	「豊田」7号『大分』11－p.281
	雄城弥十郎	「碩田叢史」『増編大』24－214
	雄城弥十郎	「大友家文書録」1694号『大分』33－p.22
	田北鎮周	「長野」65号『大分』11－p.263
受給者	吉弘宗仞	「渡辺」15号『西国』16－p.33
受給者	吉弘宗仞	「渡辺」21号『西国』15－p.45
受給者	田北鎮周	「到津」440号『大分』24－p.90
受給者	田北鎮周	「到津」441号『大分』24－p.90
		「小坂坊系図」『宇佐神宮史』13－p.419

の碩田叢史＝同写本（請求記号4140.1-35-51）に拠った。
後大友氏』戎光祥出版，2014年，初出1989年）の分類に拠り，各種刊
の写真帳・影写本にて確認した。
確認した。

20）が多いことである。戦死者に適当な相続人がいない、あるいは女子であったため（表2、№13）、相続安堵が行えなかったケースが想像できよう。なお、恩賞約束だけで実際の恩賞給付はない。

第三に幼名の相続者がいることである（表2、№6・11・14・21・24）。戦死者の後継者問題は、決してスムーズには進まなかったのである。大敗による直接的な人的資源の損失とその影響はかなり大きい。

第四に重臣層の相続が円滑に進んでいないことである。家文書の残存状況もあろうが、重臣層の戦死者に対する感状では、吉弘宗仞の例（表2、№4）が確認されるのみである。耳川で戦死した軍事指揮者クラスの重臣には、田北鎮周・吉岡鑑興・佐伯宗天の三年寄、雄城弥十郎、斎藤鎮実、吉弘宗仞などがいる。これらの家のうち、大敗後にその後継者の活躍が確認できるのは、天正八年に起こった田原親貫の乱に際し自城に籠城した吉弘統運と、天正十四年の島津軍の豊後侵入時に自城で防戦した佐伯惟定ぐらいである(14)。耳川で戦死した重臣の後継者は、家の相続はしたものの、戦死者の大敗前における権力中枢での立場、あるいは軍事指揮者としての役割までは継承できていないのである。軍勢を率いる指揮官の払底・経験不足は、大敗後の大友氏の対応の悪さの要因として指摘できよう。

大敗後、大友義統がようやく戦後処理に取り掛かった翌二十七日には、筑後では次のような混乱状況があらわれていた。

史料3　「問注所文書」（『柳川市史』史料編Ⅲ〈以下『柳川』〉）三二四頁

No.	年月日	署判	受給	戦死者
16	(天正７) ３.30	よし統(花押４)	小野尾三郎二郎	父弾正忠
17	(天正７) ３.30	よし統(花押４)	長田万千世	父左馬
18	(天正７) ３.30	よし統(花押４影)	大所孫次郎	父弾正
19	(天正７) ３.30	よし統在判	原釈迦房	□□介
20	(天正７) ４.22	義統(花押４)	長野孫市郎	父右京亮
21	(天正７) ６.15	義統(花押５の１)	渡辺熊千世	父兵庫助満
22	(天正７) ６.15	義統(花押５の１影)	渡辺弾正忠	父武蔵守鎮
23	(天正７) ７.２	よし統(花押５の１影)	大河内三郎	不明
24	(天正７) ７.２	よし統(花押５の１影)	阿地河野亀若	父弥次郎
25	(天正７)10.10	義統在判	宇佐宮	父盛勝

註１：No.1の保阪潤治氏所蔵文書＝東京大学史料編纂所所蔵影写本(請求記号3071.41-6-4)，No.12
註２：大友義統の花押類型については，福川一徳「戦国期大友氏の花押・印章編年考」(拙編『豊
本に記載された花押類型を参照するとともに，掲載の写真版，東京大学史料編纂所などに所蔵
註３：No.14の義統の花押影は，福岡県立図書館所蔵「糟屋・宗像・筑後・鞍手古文書写」により
註４：表４についても同様である。

①就二日州表之儀一、早速示給候、被レ添レ心候之次第、乍二案中一祝着候、今度於二彼堺一失レ利候之事、誠不レ及二是非一候、彼（隆信）可レ散二鬱憤一事、指掌候之条、弥可レ被レ抽二貞心一事専一候、②仍龍造寺山城守至二堺目一可二相働一之催候哉、依二注進一令二承知一候、③至二隆信一聊無二隔心一候之趣、蒲池民部少輔（鎮並）所迄申遣候条、於二于今一者不レ可レ有二別儀一候歟、田原近江入道（紹忍）事、無レ恙帰陣候之条、申談加二下知一候、其国上下衆中被二申合一、此節可レ被レ励二忠意一頼存候、急度以二使節一可レ申之趣、猶浦上左京入道（宗鉄）可レ申候、恐々謹言、

（天正六年）十一月廿七日　（大友）義統（花押）

問注所七郎殿

まず、「日州表之儀」について筑後国人問注所氏からの「示給」に対して謝意を表している。「於二彼堺一失レ利」というのが、耳川大敗に関する大友氏の公式声明である（傍線部①）[15]。重要なのは、肥前の龍造寺隆信が「堺目」で軍事行動を起こす準備をしているという注進が届いたことである（傍線部②）。大友義統も隆信の動向をあらかじめ危険視していたようであるが、この時点では、隆信に対しては少しも「隔心」がないことを筑後国人蒲池鎮並に伝えたから問題はないと述べる（傍線部③）。この蒲池鎮並は、前年に龍造寺赦免を大友氏に仲介するほど、両者が入魂な関係であったことは留意しておきたい[16]。しかし、

翌二十八日付の問注所七郎宛義統書状[17]では、「然者龍造寺（隆信）至二下筑後一打渡候歟、相二待時節一如レ此候事、案中候」と、龍造寺氏の筑後出兵と大友氏への敵対行為は確実となり、「龍造寺が時節を待ってこのような軍事行動をとったことは思っていた通りである」と述べる。なお、この二十八日以前には、耳川大敗の情報は中国地方の吉川元春のもとにも届いている[18]。

さて、大友氏が行った戦後処理として重要なのが、戦死した年寄田北鎮周・吉岡鑑興・佐伯宗天三名の後任補充である。その様子を記したフロイス『日本史』を次にあげる。

史料4　『日本史』四八章二五六頁

これらの重臣が寄り集まってまず最初にしたことは、①過ぐる戦いで国の宿老が三、四名戦死したのでその後任者を選ぶことであった。その一人に（田原）親宏（宗亀）という人物が選ばれた。②彼は国主（大友宗麟）の近親に当り、権力、眷属、家臣において豊後きっての大物であり、親賢（田原紹忍）とは仇敵の間柄であった。この人物はあまりにも強大なので、国主はすでに以前からその領地のかなりの部分を没収していたが、それにもかかわらず彼の家臣たちは奉仕し服従していたので、彼は（以前と）ほとんど変りない権力を保持していた。

重臣たちの相談によって「国の宿老」（年寄）の「その一人」に田原宗亀が選ばれている（傍線部①）。これは、田原宗亀宛の十二月九日付大友義統書状にて彼の「加判」任命が確認できる[19]。また、同日付の義統書状にて一万田三河入道（宗慶）も年寄に任命されている[20]。この後、十二月二十六日付と翌年正月十一日付の大友氏年寄連署状には木付宗虎の署判が確認されることから、宗虎も年寄に選ばれたのであろう[21]。したがって、耳川大敗後の年寄は、大敗以前からの志賀道輝・朽網宗歴に加えて、少なくとも田原宗亀・一万田宗慶・木付宗虎の三名が新たに就任していたのである。

しかし、実際の年寄の活動は、つとに木村忠夫氏が明らかにされたように、組織としては全く機能しなかった[22]。史料4の傍線部②には、田原宗亀が大友宗麟により所領を没収されていたとある。宣教師の史料によれば、この所領は田原紹忍に与えられており、宗亀はその旧領返還を大友義統に要求し、大友氏の城下町臼杵から無断で所領に帰宅した。(23) 宗亀宛の十二月二十六日付の大友氏年寄連署状では、「不図御帰宅之条、不レ能二面上一心外候、暫時被レ遂二御休息一、明春早々御参上専一候」と突然の無断帰宅に動揺を示し、明春の出仕を求めている。(24) 宗亀の出仕はなかったが、翌年正月十一日付の宗亀宛大友氏年寄連署状写によれば、重臣たちの「取合」の結果、「国東郷・安岐郷」が宗亀の要求通りに返還される旨が知らされている。(25) この一件は、義統が宗亀の要求を完全に認めたことにより収束をみせた。この後、天正七年九月十六日に急死するまで、宗亀は大友方として豊前方面において敵対勢力と戦っている。従来、耳川後の宗亀は大友氏に謀叛したと考えられてきたが、天正七年の彼の行動は大友氏への謀叛とはいえないだろう。

　本節の最後に、大敗後における勝者島津氏との関係を確認しておこう。耳川直前の九月十二日付の島津氏老中宛吉川元春・小早川隆景連署状では、毛利領国に亡命中の足利義昭の「御帰洛」のため大友氏への共闘を呼びかけている。(26) これに対し島津義久は十二月十日付で毛利輝元に返書を認めている。(27) 同日付の義久から足利義昭側近の一色駿河守・真木嶋玄蕃頭への返書には、「明春防長之実勢豊筑発向之砌、龍造寺（隆信）申合、寄々可レ令二馳走一候」と、毛利勢が「豊筑」に出兵の際には龍造寺氏と申し合わせて馳走することを約している。(28) しかし、天正七年段階で島津氏と龍造寺氏が協働することはなかった。天正七年二月二十五日には、大友氏重臣清田鎮忠が島津氏老中伊集院忠棟に対して、「豊薩安全之基」のためにも両家の和平を進めてほしい旨を申し入れている。(29) 書状の冒頭には「仍任二中談候首尾一、先刻令レ啓候処、御懇報喜悦之至候」とある。この書状は、「中談候首尾」に任せて認めた「先刻」の鎮忠書状に対する伊集院の返書(「御懇報」)を受けて出されていたのである。大敗後かなり早い段階で両家の和平が模索されていたことは注目される。清田鎮忠は、七月十日にも島津氏重臣町田忠房に対して、和談を調えてほしい旨を申し入れている。(30) 結局、大友・島津の二者間による和平は成立しなかったが、耳川合戦直後に両家が(重臣間の私的な交渉だった可能性もあるが)交渉ルートを保持していたこと、また直接的な戦争状態とはなっていないことは重要であろう。翌年八月には織田信長の仲介による大友・島津の和平交渉が始まり、天正九年に豊薩和平は成立した(31)。

戦死者への対応と年寄の後任補充という戦後処理を行った大友氏ではあるが、豊後国外では耳川大敗による動揺が広がっていた。次節では、龍造寺隆信の動向を中心に大友領国への影響をみていきたい。

2 龍造寺隆信の筑後進出と国人の動揺

龍造寺隆信の離反後の動向については、これまで近世の編纂物に拠った叙述がなされることが多かった(32)。具体的な史料に基づいた研究では、堀本一繁氏・田渕義樹氏は十二月九日付の大友義統書状にある「龍造寺山城守(隆信)令二現形一」を根拠に、少なくとも十一月末には龍造寺氏の挙兵がなされていたと指摘する(33)。堀本氏は、天正六年六月段階で島津氏が龍造寺氏に離反を促していたことを明らかにしており、「龍造寺氏の迅速な軍事行動はあらかじめ予定されていたものであった」と推測する(34)。前述のように、大友氏が把握した龍造寺隆信の離反の動きは、史料3の十一月二十七日にはその不穏な動きの注進が入っており、翌二十八日には離反は確実となっていた。

表3は、耳川合戦後に龍造寺氏に提出された起請文の一覧である(35)。ここでは、大友氏に従属する国人が大友氏に敵対した龍造寺氏と通じた時期を確認することが目的であるため、複数回の起請文が提出された場合にはその最初の起請文だけをあげている(36)。十一月二十五日に筑前最大の国人秋月種実、翌二十六日には筑後最大規模の国人柳川城の蒲

典拠
「永野」175号
「永野」153号
「永野」131号
「永野」164号
「永野」176号
「永野」149号
「永野」165号
「永野」150号
「永野」172号
「永野」169号
「永野」160号
「永野」123号
「龍造寺」144号
「龍造寺」145号
「永野」127号
「龍造寺」146号
「永野」121号
「永野」120号
「龍造寺」147号
「永野」168号

書館・歴史資料館,

表3　耳川合戦後に龍造寺隆信・鎮賢に提出された起請文一覧

No.	年　月　日	発　　　　給	国	「豊州」文言と〔仲介者〕
1	天正6.11.25	秋月種実	筑前	「如此申談候上者，隆信・鎮賢江，種実不致内談，永々至豊州一味仕間敷之事」
2	天正6.11.26	蒲池民部少輔鎮並	筑後	「今度隆信・鎮賢令同意，既至豊州手切候上者，於後々年隆信・鎮賢江密申，至豊州不可有同心事」
3	天正6.11.晦日	田尻中務入道宗達	筑後	「今度隆信・鎮賢令同意，既至豊州手切候上者，於後々年隆信・鎮賢江密申，至豊州不可有同意事」
4	天正6.12.26	草野中務太夫鎮永	肥前	〔原田了栄不浅被仰談御入魂之条，拙夫事茂了栄同前，何篇可奉得御意之趣，翻宝印令載書ヶ条之事〕
5	天正6.12.27	黒木兵庫頭鎮泰	筑後	「就中豊州衆被取出候者，当城堅固ニ相抱隆信可待付候」〔今度至隆信公ニ(蒲池)鎮並以取合申入候〕
6	天正7.1.21	(大津山)民部太輔資冬	肥後	
7	天正7.1.24	草野右衛門督鎮永	筑後	「万一従豊州当国再来催可有之時，方角立柄雖有如何体之事，鎮永事，無二心隆信為一致，忠義心懸不可有別儀事」
8	天正7.2.1	(嶋原)純饒	肥前	
9	天正7.2.19	城越前守親賢	肥後	
10	天正7.3.19	三池式部太夫親基	筑後	
11	天正7.4.4	小代八郎次郎親泰	肥後	
12	天正7.4.11	坂東寺成就院法印信応	筑後	
13	天正7.4.	紀親祐	肥後	〔拙者事，従最前城親賢同前ニ無別心申談候〕
14	天正7.5.21	鐘江長門守実続	筑後	
15	天正7.6.5	豊饒大蔵少輔鎮連	筑後	
16	天正7.6.吉日	有馬十郎鎮純	肥前	「至豊州鎮純身命之限可為隔心事」
17	天正7.9.26	(高良山)良寛・(宝生院)鎮興	筑後	
18	天正7.9.27	高良山座主麟圭・日証房良巳	筑後	
19	天正7.11.3	蒲池志摩守鑑広・蒲池兵庫頭鎮運	筑後	「一豊州江可致手切事，付，向後申入間敷事，一豊州陣ニ可被召懸刻，可致馳走事」
20	天正7.11.10	内空閑右馬太夫鎮照	肥後	〔今度悴進退之事，小代宗禅・宗虎以取成一着候〕

註：典拠の略記は，「永野」＝堀本一繁「翻刻「永野御書キ物抜書」」(『戦国の九州と武雄』武雄市図2010年)，「龍造寺」＝『佐賀県史料集成』古文書編3巻所収「龍造寺家文書」とする。

池鎮並(37)、十一月晦日には鷹尾城の田尻鑑種の叔父宗達(38)、それぞれから「豊州」と「手切」したうえは、今後龍造寺側に相談なく「豊州」に味方しない旨などを記した起請文が龍造寺氏に提出されている。大友氏による巻き返しの可能性があるなか、耳川大敗後のわずか三ヶ月ほどの期間に、筑前の秋月氏・原田氏、筑後の柳川蒲池氏・田尻氏・黒木氏・草野氏・三池氏、肥前の草野氏・嶋原氏、肥後の大津山氏・城氏・小代氏といった有明海沿岸部の筑後・肥後の主要な国人がほぼ龍造寺氏と盟約を結んだのである。この龍造寺氏の急激な勢力拡大には、日常的な彼ら国人間におけるネットワークが利用されたことが指摘できる。有明海沿岸の筑後・肥後の国人が日常的な相互交流関係を形成していたことは、田尻氏を事例とした鈴木敦子氏、松原勝也氏の成果がある(39)。表3によれば、肥前草野氏は原田了栄（No.4）、筑後黒木氏は蒲池鎮並（No.5）、肥後の紀親祐は城親賢（No.13）、肥後内空閑氏は小代氏（No.20）が仲介者となり龍造寺氏に起請文を提出している。

そして龍造寺氏と通じた最初の国人が秋月種実と蒲池鎮並であったことは注目される。秋月の動向は後述するが、十二月九日付の大友義統書状では、「龍造寺山城守（隆信）令二現形一、少々相鮥之由候、雖下不レ可レ有二差儀一候上、蒲池民部少輔（鎮並）以下之者共申組之由候」と、龍造寺隆信と軍事行動を共にする者として蒲池鎮並が明確に認識されている(40)。次にあげる龍造寺隆信書状写は、多久の領主である実弟長信に宛てたものである(41)。

史料5　「多久家有之候御書物写一」一一号（『佐賀県史料集成』古文書編一〇巻三一四頁）

①頃豊州衆、至二日向表一着陣候処、薩摩衆罷出候て、豊州陣切崩悉敗軍候、豊州宗徒衆、無レ残届之由申候、彼段非二不実一候、為二御存知一候、②就レ其近日筑後表可二相働一覚悟候、陣立覚悟ニ而可レ有二御待一候、日限等、従レ是又々可二申入一候、此度ハ他国働候条、人数等御馳走肝要候、③又蒲池鎮並我等同意候、其外筑後国衆二三人も同意之衆候、是又為二御存知一候、恐々謹言、

山城守

（龍造寺）長述まいる

申給へ　隆信（龍造寺）

日付に欠けるが、傍線部①の大友勢の大敗が「彼段非㆓不実㆒候」と、その情報が確実となった段階で、傍線部②にて「近日」筑後へ軍事行動を起こすのでその準備をしておくことを求めていることから、大敗が確実となり筑後に出兵する直前に出されたものである。重要なのは、蒲池鎮並が龍造寺に「同意」しており、また「筑後国衆二三人も同意之衆」がいると述べる傍線部③である。龍造寺氏の挙兵当初から蒲池鎮並は味方しており、鎮並が周辺国人を巻き込む形で龍造寺氏の迅速な筑後進出を手助けしたのである。[42]

では、大友氏はどのように対応したのであろうか。表4は、大友氏から味方国人への所領預置（約束）文言を含んだ文書の一覧である。[43]龍造寺氏の筑後進出が明確になったと同時に、大友氏も恩賞給付の約束付感状を発給するなど、味方国人の引き止めに必死であった。なかでも大友氏が重視したのが、豊後国境に近い生葉郡問注所氏（№14・22・23）と八女郡五条氏（№2・21）、そして筑後屈指の有力国人上妻郡の蒲池鑑広であった。また、この頃、大友氏に従った国人同士が「今度奉㆑対㆓豊州御屋形様（大友義統）㆒、不㆑奉㆑存㆓別儀㆒」、「奉㆑対㆓豊州㆒、尽未来際不㆑可㆑存㆓別儀㆒之事」という大友氏への忠節を前提に、相互の入魂関係を築くことを起請文で誓約していることは注目される。[44]大友方に留まるか、龍造寺方に寝返るか、筑後国人たちは他者の動向に疑心暗鬼が生じていたのである。

さて、表4では、蒲池鑑広に対する厚遇ぶりは群を抜いている。天正六年十二月十三日に鑑広に「五百町分」（№1）、そして「親類中」分に四〇町が給与される（№3）。さらには翌年二月二十八日に「代官職」として「江上村御役職」が与えられている（№9）。この「五百町分」は、浦上宗鉄書状（№9）に「鎮並（蒲池）一跡」とあるように、すでに龍造寺方となった柳川蒲池鎮並の所領を闕所として与えるという意味であろう。詳細は第4節にて検討するが、大友氏が蒲池鑑広をかなり頼りにしていたことは指摘できよう。

一方で、天正七年一月には、大友氏は龍造寺方となった柳川蒲池氏の寝返り工作も肥後の国人鹿子木氏を通じて行おうとしていた。

史料6　「鹿子木文書」一一号（『熊本県史料』中世篇〈以下『熊本』〉一巻三一頁）

今度龍造寺山城守（隆信）至二筑後表一令二現形一候之処、彼国上下之者共隆信以二同意一、逆心之企不レ及二是非一候、就レ中蒲池民部少輔（鎮並）事、数代之忠貞、①殊更宗雪（蒲池鑑盛）戦死忠儀無二比類一候之条、鎮並貞心連続之覚悟、不レ可レ有二他事一存候処、覚外之振舞、前代未聞之儀候、②雖レ然彼家之儀令二撫育一、順路之奉公無二別儀一様申付度候之条、五郎三郎（蒲池鎮並息）事、舜三（鹿子木）好深重之間、以二調達一被二引取一、懇忠之心懸於二顕然一者、彼一跡之事、無二残所一申間、鎮並事彼人々覚候条、

国	典　　　拠
筑後	「広大蒲池」18号『柳川』3—p.6
筑後	『五条家文書』182号
筑後	「広大蒲池」27号『柳川』3—p.8
肥後	「大津山」2号『柳川』5（前編）—p.67
筑後	「小代」76号『熊本』1—p.181
筑後	「筑後小河」『増編大』24—171
筑後	「北里」6号『熊本』1—p.500
筑後	「立花家旧臣中村」1号『柳川』5（前編）—p.304
筑後	「広大蒲池」30号『柳川』3—p.9
筑後	「高三潴家」3号『福岡市史』1—p.866
筑後	「三原」19号『小郡市史』p.65
筑後	大倉氏採集文書
筑後	「旧柳川藩領内三潴郡地理歴史考」『柳川』2—p.250
筑後	「問注所」『久留米市史』p.587
筑後	「佐田家」90号『柳川』5（前編）—p.263
筑後	「隈」1-8号『久留米市史』p.203
筑後	「大友家文書録」『増編大』24—256
肥後	「大津」3号『大津町史』p.330
筑後	「大友家文書録」1700号『大分』33—p.26
筑後	「星野家」5号『佐賀』28—p.294
筑後	『五条家文書』183号
筑後	「問注所」『久留米市史』p.589
筑後	問註所文書
筑前	「大友家文書録」『増編大』24—279
豊前	「大友家文書録」1705号『大分』33—p.29

『久留米市史』第7巻資料編　古代中世とする。

註所文書＝同写真帳（請求記号6171.91-39）に拠った。

表４　耳川大敗後の大友氏による所領預置（約束）一覧

No.	文　書　名	年　月　日	受　　給	預置所領，闕所地
1	田原紹忍書状	（天正６）12.13	蒲池勘解由使	於其国五百町分
2	大友義統書状	（天正６）12.13	五条	於其国中弐百町分
3	田原紹忍書状	（天正６）12.18	蒲池勘解由使	加御直恩五百四十町分
4	大友義統書状	（天正７）１.15	大津山進士兵衛尉	於其国中五拾町分
5	大友義統書状写	（天正７）１.20	小代宮内太輔入道	於筑後国五拾町分
6	大友義統書状	（天正７）１.28	小河中務少輔	於其国中三拾町分
7	大友義統書状	（天正７）２.16	北里左馬入道	於彼国中五拾町分
8	大友義統書状写	（天正７）２.18	蒲池右馬助	於国拾五町分
9	浦上宗鉄書状	（天正７ヵ）２.28	（蒲池）鑑広	江上村御役職
10	大友義統書状	（天正７）３.５	高三瀦次郎	於其国三十町分
11	大友義統書状	（天正７）３.12	三原山城守	於其国百町分
12	大友義統書状写	（天正７）３.12	麦生安芸守	於其国拾町分
13	大友義統ヵ書状写	（天正７ヵ）４.５	酒見太郎	蒲池民部少輔跡，田尻中務入道跡
14	大友義統袖判所領預置坪付	天正７.５.28	問注所七郎	高良山領
15	大友義統袖判所領預置坪付	天正７.６.18	新田掃部助	草野右衛門督跡
16	大友義統袖判所領預置坪付	天正７.６.18	隈孫次郎	高良山領，蒲池民部少輔跡
17	大友義統袖判所領預置坪付写	天正７.６.26	高良山大祝	高良山領
18	大友義統袖判所領預置坪付	天正７.６.28	大津越前守	小代跡
19	大友義統袖判所領預置坪付写	天正７.７.13	麦生兵部大輔	高良山領
20	大友義統袖判所領預置坪付	天正７.７.17	星野弾正忠	高良山領
21	大友義統書状	（天正７）７.27	五条	（黒木兵庫頭）鎮連居屋敷六町分
22	大友義統袖判所領預置坪付	天正７.７.27	町野与兵衛尉	高良山領，豊饒大蔵跡
23	大友義統袖判所領預置坪付	天正７.８.３	問注所七郎	黒木兵庫頭跡
24	大友義統袖判所領預置坪付写	天正７.９.６	羽野勘七郎	毛利兵部少輔跡
25	大友義統袖判所領預置坪付写	天正７.９.23	堤安芸守	麻生弾正忠跡

註１：刊本の略記は，『小郡市史』=『小郡市史』 第５巻資料編 中世・近世・近代，『久留米市史』=

註２：№12の大倉氏採集文書＝東京大学史料編纂所所蔵謄写本（請求記号2071.91-26-2），№23の問

註３：預け置かれる闕所地は，闕所者の所領すべてではなく，その一部である。

註４：豊後国内の事例，本領安堵・相続安堵の事例は除いた。

永々不レ可二許容一候、被レ得二其意一、急速可レ被二申調一事肝要候、委細猶志賀安房入道《（道輝）》可レ申候、恐々謹言、

正月十九日《（天正七年）》　　義統（花押）

鹿子木民部《（舜三）》入道殿

蒲池鎮並の父宗雪は耳川で戦死した（傍線部①）。そうした「数代之忠貞」のある鎮並が龍造寺方となったことを「前代未聞之儀」と非難する。傍線部②では、蒲池家が再び大友氏へ「順路之奉公」ができるように申し付けたいので、鎮並の息「五郎三郎」と「好深重」な鹿子木舜三が「五郎三郎」に調略を行い味方に引き寄せ、大友氏への「懇忠」が明らかならば鎮並の所領を全て与えることを伝える。龍造寺氏の勢力拡大が国人間の日常的なネットワークを利用して行われたように、大友氏の国人引き止め工作もそれを利用する形で行われていたのである。

二月に入ると、二月三日付の吉弘太郎宛大友義統書状には「殊方々為レ可レ加二下知一、出張之内意候」[45]、翌四日付の問注所刑部少輔宛大友円斎書状には「因レ茲出勢之儀無二油断一申催、義統《（大友）》発足可レ為二急速一之条」[46]と、当主義統出陣の意向を示している。しかし、実現には至らない。四月には、それまでの漠然とした面積表記の所領預置約束から、具体的な闕所地が記されるようになる（表4）。龍造寺隆信の急激な勢力拡大の勢いは止めようがなく、筑後国人は雪崩を打って寝返っていた。龍造寺氏と国人との従属関係の形成過程は検討課題であろうが、龍造寺氏と国人との間で行われていた水面下の交渉の動きを、大友氏が明確に離反と把握できたのがこの頃なのであろう。離反の動きは肥後でも起こっていた。鹿子木彦三郎は、四月十六日に敵方となった城親賢の「隈本」を攻撃した軍労を大友義統に賞されている[47]。五月六日付の大友義統書状では、「城越前守《（親賢）》誅伐之儀」の下知を加えたことが肥後国人に伝達されている[48]。

耳川大敗の混乱は、筑後以外にも広がっていた。その中心にいたのは、大敗直後の十一月二十五日に龍造寺隆信に起請文を提出していた筑前夜須郡古処山城の秋月種実である。次節では、秋月の動向を中心に筑前・豊前の状況を検討してみよう。

3　秋月種実の蜂起と筑前・豊前の混乱状況

秋月種実の蜂起は、天正六年十二月初めには確認できる。[49] 筑前と豊前の国境にある彦山では、大友氏に敵対した秋月勢により十二月四日夜に館が焼かれた。[50] 同日に種実は、「手之者」が「御宝殿」に放火したことを太宰府天満宮満盛院に詫びている。[51] 十二月二十五日には、筑後生葉郡問注所氏の長岩城に攻め寄せた「秋月・星野太郎以下」が撃退されている。[52] 翌年一月には、種実は筑紫鎮恒とともに大友家臣高橋紹運の筑前岩屋城を攻めるが、敗退している。[53]

大友氏に反旗を翻すと同時に、種実は毛利氏にも通じた。毛利方の石見国人益田藤兼が天正七年正月五日に種実に宛てた書状には「雖下近年不二申通一候上、依二案外之成立一、芸州御一味之由候条、令レ啓候」とあり、種実の方から「芸州御一味」を申し出たのである。[54] また同書状には、「就レ中杉重良事、我等別申談候、先年之以二筋目一、御入魂肝要存候」と、大内氏の豊前守護代の家柄であり、かつて豊前京都郡の松山城番であった杉重良への協力を求めている。また、天正七年二月二日に秋月氏重臣が宗像氏重臣に提出した起請文では、大友氏に叛き毛利氏に通じた旨を伝え、宗像氏にも毛利方となることを求めている。[55] このほか、先に攻撃した彦山とは和平を結び、座主舜有が迎えていた大友宗麟の三男「三位」との養子関係を解消させ、実子竹千代を新たな養子とした。[56] 豊前規矩郡小倉城の高橋宗仙（鑑種）には子（弟という説も）元種を養子に送り込み、京都郡馬岳城の長野氏には弟種信が養子に入ったとする説もある。[57] 種実は毛利方一味となり、高橋氏等との姻戚関係を最大限に利用し、彼らと連携しながら勢力の拡大を図って動いていた。[58]

こうした豊前の混乱情報は大友氏の元にももたらされた。天正七年一月十一日には、国東の所領に帰宅した田原宗亀から「豊前表火急之注進」が知らされている。[59] 一月十三日には、国東半島北部に浮かぶ「姫島表」に「賊船」が出没したのを「姫島寄合中」が撃退している。[60] 大友義統は、豊前方面への備えとして、耳川大敗の総指揮官であった田原紹忍が城督を務める豊前宇佐郡の妙見岳城(61)を始め、国東郡の吉弘統運(「屋山要害(62)」)、田原宗亀(「鞍懸要害(63)」)に普請を命じ、領国北部の防衛を固めさせた。

二月二十八日には、大友方と反大友方の国人とが交戦している。

史料7　「入江文書」『宗麟』五巻一七三五号

①至二蓑嶋一宗亀(田原)人数被二差渡一、杉重良被二申合一、前廿八於二大橋表一、被レ得二勝利一之由承候、各軍労之次第、不レ及レ申候、②然処高橋(宗仙)・長野(助守)申組、右嶋依二取詰一、毎日遂二防戦一、敵数百人討果候刻、宗亀家中無二余儀一衆戦死之様其聞候、寔忠儀高名無二比類一候、雖レ然遠聞難レ計候之条、然与之到来承度存候、縦一旦右之姿候共、弓箭之慣不レ珍候之間、不レ及二仰天一候、③爰許出勢之事、義統(大友)堅申付之由候、弥不レ可レ有二油断一之段可二申進一候、④万一蓑嶋表無二仕合一候者、秋月(種実)事、還而宗亀江入魂之儀茂、可レ有レ之候歟、其故者、種実無思慮深重候共、宗亀於レ及二気仕一者、種実為二内儀一者、可レ有二歎息一候哉、⑤調略以下茂以二折目一成就候事、不レ新候之条、不レ被二差置一、其御心懸専一候、将又今度行付而、ヶ条幷方々書状、具令二承知一候、於二様体一者、委細従二義統一申遣之由候、同愚老内存之旨、詫广(磨)佐渡守帰宅之砌申達候間、不レ及二口能一候、猶期二来信一省略候、恐々謹言、

(天正七年)三月七日　　円斎(大友義鎮)(朱印)

田原常陸入道(宗亀)殿

前述した毛利氏により九州に派遣された杉重良は、間もなく毛利氏に「敵心」し、豊前仲津郡蓑嶋に渡海した(64)。二月二十八日に、重良は田原宗亀とともに近隣の「大橋表」にて交戦している(傍線部①)。敵は豊前国人の高橋氏と長野氏であった。「大橋表」に攻め寄せた大友勢は、高橋・長野勢と交戦した結果、「蓑嶋」に撤退し、そこで「防戦」し敵味方共に多大な犠牲がでたようである(傍線部②)(65)。大友円斎は、当主義統が「出勢」を命じたことを伝えるが(傍線部③)、実現には至らない(66)。傍線部④では、万一蓑嶋で敗戦した場合、秋月種実が宗亀に対して「入魂之儀」、

すなわち離反交渉をしてくる可能性を指摘し、種実が無思慮であっても宗亀が気遣いに及んだならば、種実の「内儀」として「歎息」するような事態を懸念している。種実の妻は宗亀の娘であった[67]。また、こうした両者の縁戚関係を考慮し、機会をみて種実に調略を行うことを求めている（傍線部⑤）[68]。結局、蓑嶋での合戦では、宗亀は敗退し、杉重良は高橋勢に討ち取られたらしい。

さて、蓑嶋合戦以外は、それほど大きな動きのなかった豊前方面であるが、四月二十四日に高橋宗仙が急死している[69]。しかし、毛利氏による豊前国人の調略は止まらない。豊前田川郡と筑前鞍手郡の境目に位置した大友氏の鷹取城将毛利鎮真が毛利方に通じた[70]。鎮真は、三月二十二日付大友義統書状によれば、大友方として「毛利兵部少輔（鎮真）以二同城一」防戦したことが確認できるが[71]、六月一日付の鎮真書状写では、高橋家中より鎮真の持城のうち一ヶ所を「宿城」として借り受けたいとの申し入れがあったが交渉に難渋しており、その調停を毛利家臣内藤隆春に申し入れている[72]。また、毛利方に提出された九月二十八日付長野助守覚には、「城井鎮房被レ申レ表之事」とあり、築城郡の城井鎮房が長野氏を介して毛利氏に通じたことが確認できる[73]。

なお、秋月蜂起の影響として見逃せないのが、豊後国境に位置した日田郡の動揺である。乏しい日田氏関係の史料であるが、この時期に集中してみられる[74]。天正七年二月二十三日に日田六郎親永に宛てた大友円斎書状では、「旧冬以来其堺乱忩候」ところを、親永が「御貞心之覚悟」を明確にしたことを賞し[75]、七月三日付大友義統書状では日田右馬頭に「（豊前国）田河郡之内弁城六拾町分」を給与している[76]。八月十七日には日田郡大肥庄に秋月勢が攻撃してきたり[77]、反対に十月二十八日には一万田統賢の軍勢が秋月領の筑前上座郡杷木郷に出撃したり[78]、国境付近は緊張状態が続いていた。十二月八日付の日田親永宛大友円斎書状によれば、大友氏の求めに応じて親永が大友義統に起請文を提出した忠節が賞されている[79]。しかし、翌八年閏三月二十日付の大友円斎書状では、「日田親永退出絶二言語一候」と、親永が日田郡を「退出」している[80]。秋月方の脅威にさらされ続けた日田郡の不安定な状況がうかがえる。

以上のように、豊前では高橋・長野・城井、筑前では秋月・宗像・原田といった有力国人が軒並み離反した。[81]彼らは、毛利氏・龍造寺氏の一味となり、また互いに連携しながら、それぞれが独自の行動を取り始めていた。耳川大敗による戦国大名大友氏の威信の低下は顕著にあらわれていた。

4　豊後勢の筑後出兵と蒲池鑑広の離反

第2節では龍造寺隆信の筑後進出を検討した。本節では、大友方の抵抗と反撃について検討したい。大友氏が最も期待した筑後国人が山下城の蒲池鑑広である。天正七年四月八日には龍造寺勢が「蒲池勘解由(鑑広)使要害」を攻撃しており、共に籠城していた周辺国人の協力を得てなんとか防戦に成功するが、「依二無勢一不二持支一之由」という注進が上妻郡の国人上妻越前守からなされている。[82]この時期の筑後の状況と大友氏の対応がよくわかるのが、次にあげる蒲池鑑広に宛てた大友氏年寄朽網宗歴書状である(①〜⑧は筆者による)。

史料8　「広島大学所蔵蒲池文書」一六号(『柳川』五頁)

⑧尚々、其表御調略被二差急一成立候者、御出勢者猶以程近可二罷成一候、為二御存知一候矣、
①以二ケ条一鎮胤(星野カ)同前蒙レ仰候之趣、銘々令二承知一、不レ残二心底一至二両人一申述候、
②一鎮(蒲池)並進退之儀、無二御油断一被二仰拵一之由、最肝要存候、其身之事者無二別儀一候へ共、家来之裁判候、三人就
レ中両人就二不覚悟一不調之段、さて〳〵不レ及二是非一儀候、数度如二申候一、第一ニ者宗雪(蒲池鑑盛)被レ立二御用一候之事徒罷
成候、第二者隆信(龍造寺)家中一篇之可レ為二振舞一事、乍二余所一口惜存候、第三者隆信殊外飛過たる拵候、首尾候者、
並(鎮並)事者名利二なから不レ可レ有二残所一候、能々以二御得心一、御才覚肝要存候、
③一鎮(草野)永進退之儀、具承知候、是者　上意之趣共候間、一分に不レ及二御返事一候、何様遂二　上聞一、自レ是可レ申候、

④一田尻宗達事、以二密々一入魂候哉、我等江茂去春両度書状到来候、一篇之手違者、其身恥にて社候へ、於レ被レ改二先非一者可レ致二引付一候、万一並(鎮並)拵不二成立一候者、彼儀専ニ被二召撈一可レ然候、

⑤一肥後其外境目之衆、当城ヲ第一ニ被二見申一之由候、最候、外ニ此ニ御出勢者、可レ為二近々一候、併自今以後、如何体之変化も候する事者不レ存候、

⑥一黒木表陣所之事、得二其意一候、御意同前ニ存候而、道造仕候、様体ハ小林紀伊守方へ申候、

⑦一秋月(種実)事、更不二事行一候、就レ夫筑紫(鎮恒)事、道雪(戸次)迄申遣致二故実一候、于レ今無二到来一候、可レ然成立候哉と存あたる事共候、但如何之珍儀候者、自レ是可二申入一候、恐々謹言、

六月(天正七年ヵ)廿一日　宗歴(朽網)(花押)

鑑広(蒲池)参御返人々申給へ

冒頭の①から、この宗歴書状は大友方の筑後生葉郡の星野鎮胤と蒲池鑑広からの「ヶ条」を受けての返信であることがわかる。②では、龍造寺方の柳川蒲池鎮並の「進退之儀」、すなわち鎮並の寝返り交渉を指示しており、鎮並本人は支障がないが、鎮並家臣のうち二、三人が「不覚悟」のため交渉は不調に終わったようである。同様に、③では草野鎮永、④では田尻宗達についても調略が行われている。草野氏との交渉は、「上意之趣」があるので、鑑広の一存で返事はしないようにと指示する。田尻氏については、当主鑑種の叔父宗達と鑑広が「以二密々一入魂」であり、かつ宗達は龍造寺方に転じた後にも大友氏に「両度書状」を送っていたことがわかる。⑤では、鑑広の山下城の去就は、「肥後其外境目之衆」にとっても重要な関心事であり、当主義統の「御出勢」が「近々」であることを告げる。⑥では、「黒木表陣所」の「道造」をしたとあることから、鑑広の隣領黒木領に在陣した大友勢もいたようである。⑦では筑前秋月氏との関係修復の見込みがないこと、筑紫鎮恒については、立花城の戸次道雪まで申し遣わしており、返事は届いていないが交渉は成立しそうな心当たりがあると述べる。最後に追而書の⑧では、敵方国人の調略が速やか

に成立したならば、大友義統の「御出勢」が程近く実現するだろうことを告げる。龍造寺方となった国人に対して、大友方では複数の交渉ルートを通じて調略を行っていたのである。また相手国人も、大友方からの交渉に応じていることは注目される。

　実際の豊後勢の出兵については、七月五日付の玖珠郡平井河内入道宛大友義統書状写には「当時於二其表一各在陣候処、毎事被二添心一之由祝着候、近々可レ為二陣易一之条、弥馳走肝要候、然者至二朽網《宗歴》三河入道一申旨候、可レ被レ得二其意一候」とある。[83] 軍勢の玖珠郡在陣への協力を謝し、近々の「陣易」の予定を告げている。軍勢は朽網宗歴に率いられていたようである。同じく玖珠郡野上右京亮宛の七月十七日付大友義統書状では、「去春以来朽網《宗歴》三河入道在陣候之処、方々調略付而、宗歴書状等被レ認、別而辛労之由」が賞されている。[84] 天正七年の春以来、宗歴が在陣していたことがわかる。また、先の史料8のような「調略」のための宗歴書状は、野上右京亮が認めていたのである。具体的な豊後勢の筑後出兵は、八月三十日付の五条氏宛大友義統書状では、「就二黒木表行之儀一、表陣衆近々越山之段、加二下知一候」ことを告げている。[85] 蒲池鑑広に対しても、義統は九月六日付の書状で「黒木表之行、任二御入魂之旨一、加二下知一候」と述べる。[86] 豊後勢の出兵先は、龍造寺方となった黒木領であった。

　五条氏に宛てた九月二十二日付の大友氏年寄志賀道輝書状によれば、「於二黒木表一一城被二取付一、御馳走之由候」、「龍造寺《隆信》事、既於二鑑広《蒲池》城下一于レ今令二在陣一候」と、五条氏が黒木氏包囲戦のための「一城」を築いたことを賞し、また蒲池鑑広の山下城下に在陣した龍造寺勢への対応を指示している。[87] 豊後勢の動向ははっきりしないが、同日に臼杵左馬助に宛てた大友義統書状写は、「今度筑後表在陣之儀申候処、臼杵民部少輔以二同心一、自二最前一別而馳走辛労感入候」と、筑後出陣の馳走を賞している。[88]

　さらに九月二十三日付で蒲池鑑広に宛てた大友義統側近浦上宗鉄書状は、「将又御両殿様《大友義統・宗麟》御同前ニ被レ成二御発足一候、急速之御事候、先以黒木表へハ、紹鉄《田北》・道雲《志賀》不日被二差立一候」と、大友義統・宗麟の「御両殿様」の「御発足」

がなされ、「黒木表」には田北紹鉄・志賀道雲が先発することを伝える。[89] もっとも、九月二十八日付の大友円斎書状写には「為レ可レ加二下知一、義統（大友）急度令二出張一候間、愚老事（大友宗麟）茂雖二隠居之儀候一、以二同陣一種々与可二差寄一覚悟候」とあるように、義統・宗麟の出陣は予告止まりであった。[90] さて、この浦上宗鉄書状では、もう一つ重要なことが報告されている。それは、「御息兵庫頭方（蒲池鎮運）御縁重之儀、可レ被二仰談一之由　御内々候」と、鑑広の息鎮運の「御縁重之儀」を大友氏が認めたことである。書状中には相手が記されていないが、「御料人様十五歳かと存候」とあることから、相手は宗麟の娘だったと考えられる。大友宗麟・義統の頃の大友氏の婚姻関係は、豊後国内の有力国人が縁組先であることが多いことに鑑みると、[91] 蒲池氏は破格の扱いを受けたといえる。

筑後に出兵した豊後勢の動きははっきりしないが、九月二十四日付大友義統書状に「今度朽網三河入道（宗歴）以二在陣一」[92]、十月十四日付大友義統書状に「今度両筑之悪党為二退治一、諸勢出張之儀申候」[93] とあることから、朽網宗歴を中心とする軍勢派遣は事実のようである。しかし、十一月には状況が一変する。

史料9　『五条家文書』一八五号

①今度黒木表行之儀申談候半、表陣之衆打入候、②就レ夫蒲池志摩守（鑑広）改二心底一之由候、無二余儀一存候、③鑑広於二忠儀一者、不レ可レ有二忘却一候、然者其堺被レ及二気仕一候哉、当山之儀者、従二前々一無二之覚悟、不レ振二他事一候之条、弥以可レ被レ励二御粉骨一事頼存候、仍刀一腰進レ之候、委細成大寺中含候、恐々謹言、

（天正七年）十一月十一日　義統（大友）（花押）

五条殿（鎮定）

まず「黒木表行」の「申談」が途中であるにもかかわらず、豊後勢の「打入」（撤退）を告げている（傍線部①）。そして蒲池鑑広が「改二心底一」、すなわち龍造寺へ寝返ったという衝撃の事実を伝える（傍線部②）。[94] ただし、鑑広の忠儀については忘却することはない、とその寝返りを庇う素振りをみせる（傍線部③）。豊後勢の筑後からの撤退につい

ては、十一月二十四日付の肥後相良氏宛大友義統書状では、「無二比類一高山之条、寒天時分、依二難凌一人馬如レ此候、曽而不レ可レ有二御気仕一候、其上彼陣所、隔二大河一、所々発向不レ輙之由候」と、筑後の地形・気候を撤退の言い訳にしている[95]。ここで重要になるのは、豊後勢撤退と蒲池離反の関係である。

蒲池鑑広・鎮運父子が龍造寺隆信・鎮賢に起請文を提出したのは、天正七年十一月三日であった（表3、No.19）。離反の事情を物語るのが、筑後に在陣していた大友氏年寄一万田宗慶が鑑広に宛てた十二月三日付の書状である[96]。そこには、「預二御一通一之趣、内々遂二上聞一候之処、折々之御忠儀、無二尽期一候之条、至二表陣一　御下知雖二数ヶ度相及候一、此節　御弓箭不二成立一候之事、無二是非一被二　思召一之由、上意候、尤可レ被レ成二　御書一候へ共、対レ広(鑑広)余二被レ失二　御面目一候之条、従二我等所一能々可二申達一之由　上意候」と、鑑広から送られた「御一通」を大友義統に披露したところ、義統は鑑広のこれまでの忠儀に報いるため、筑後在陣の豊後勢に何度も下知をしたけれども、後詰が成功しなかったことを詫びる。おそらく鑑広の「御一通」には、止むを得ず龍造寺氏に降る経緯が認められていたのであろう。そして本来なら義統自身が「御書」を出すべきであるが、鑑広に対して余りに面目を失ってしまったので、一万田宗慶が代わりに返書を認めた事情が述べられている。さらに追而書では、「御心底不二相替一之由承候」と、龍造寺に降ったが、鑑広の大友氏への忠節に変わりがない旨は承知したとある。鑑広の離反理由は、豊後勢の後詰が来ない状況下、自力で龍造寺勢に抗することができなかったことによる。

肥後の国人合志氏について検討した大山智美氏は、耳川大敗後、大友氏からの軍事指揮官・援軍の派遣のない状態で、大友方の国人たちが龍造寺・島津に与した反大友方の国人と独自に戦わざるをえなかったことを指摘する[97]。このような味方国人に援軍を送れなかった義統は、自らの無力さを「面目を失う」と恥じたのである。豊後勢の撤退と鑑広離反のどちらが先だったのか、検討すべき余地はあろう。大友氏との縁組を成立させたばかりの鑑広には、それから一ヶ月もたたない間に離反する気配は感じられない。ただ鑑広とともに籠城した酒見太郎・高三潴次郎は、十月一日・二日付の大友義統感状で「旧冬以来聢在城」した軍労を賞されている。[98]鑑広は龍造寺隆信の蜂起以来、龍造寺勢の襲来に備えた緊張状態にあり、九月末には龍造寺勢に城を包囲されていた。いずれにせよ、大友勢の後詰を得られない鑑広には、現実的には龍造寺氏に降るしか道はなかったのである。[99]

筑後では、耳川大敗直後に豊後国境付近の国人を除く大半の国人が大友氏を離反し龍造寺方となった。大友氏は、味方国人へ感状を発給し忠貞を労い、また恩賞給付の約束をしたが、現実的な支援とはならなかった。具体的な支援としては、豊後国境に近い五条氏・問注所氏には、金銭・鉄砲の玉薬などの物資を援助している。[100]そして本節で検討した南郡衆を主力とする豊後勢の九月末から十月にかけての筑後出兵であるが、実際は豊後国境付近の在陣にとどまったようである。[101]耳川合戦による将兵の損失、豊後に備えの軍勢を残さざるを得ない状況では、豊後勢の後詰には限界があった。そして従属国人に対する影響として大きいと思われるのが、当主の不出陣である。もともと当主自ら出陣することが珍しい大名であるが、[102]耳川大敗後の混乱状況下でも大友義統の腰は重く、義統が国境を越えることはついになかった。当主不在の豊後勢では、失った国人への求心力を取り戻すことはなおさら難しかったであろう。現地国人の協力が得られない状況では、豊後勢単独での後詰は最早困難となっていたのである。

おわりに

耳川大敗後の大友領国では、大敗直後に蜂起した龍造寺隆信と秋月種実の動向に周辺国人が巻き込まれる形で、離反は瞬く間に広がりをみせた。一方、豊後国内では、大敗直後に田原宗亀が所領に無断帰宅したのを除けば、大きな混乱状況には発展していない。重臣田原親貫・田北紹鉄の謀叛は天正八年の蜂起である。大敗後も、天正十四年の豊薩戦争まで大友氏は豊後一国を保持している。豊後国外における国人離反の雪崩現象には、大友氏が現地における恒常的支配機構を設置していなかったことが影響している。[103] 豊後国外の地域支配の拠点として残ったのは、豊前では田原紹忍の妙見岳城、筑前では戸次道雪の立花城と高橋紹運の岩屋・宝満城といった豊後出身者が城督をつとめる地域だけであった。[104] とくに豊後勢の後詰が望めない筑前では、道雪と紹運は孤軍奮闘を強いられた。[105]

耳川後最大の政治・軍事情勢の変化は、龍造寺氏の戦国大名化であろう。永禄年間における筑前・豊前国人の反大友の動きは、毛利氏と結びつき引き起こされていた。それが耳川後には龍造寺氏・島津氏と結びつく構図となったのである。しかし、島津氏に大敗したとはいえ、大友氏に従属することを選択した国人もいた。天正八年閏三月十一日付の大友義統書状によれば、蒲池鎮並は筑後国人の三池鎮実と肥後国人の合志親為が仲介者となり、龍造寺氏と断交し再び大友氏に帰参している。[106] 天正十・十一年に居城に籠城した際に、龍造寺・大友・島津の三大名と同時に従属交渉を行った筑後の田尻氏のような例もある。[107] こうした国人の動きからは、大敗後の大友氏も国人たちにとっては依然として戦国大名であったことが指摘できる。また、国人の家も決して一枚岩ではなく、一族・家臣のなかには、当主が従った大名とは別の大名と結びついた者もいた。例えば、三池氏の場合、龍造寺氏に起請文を提出した「親基」(表3、No.10)と大友方に留まった「鎮実」がいた。[108] 筑後星野氏の場合も、大友方の「星野上野介」と秋月方の「星野中務・同伯耆」にわかれている。[109] 国人の帰属状況は流動的だったのである。

大敗後の大友氏は、積極的に国外出兵し、味方国人の後詰を行うことは困難になっていた。従属国人の離反は、豊後勢の後詰が期待できない状況下、自領を守るための決断であった。ただし状況次第では、大友氏にも巻き返しの可能性は残されていた。天正十二年三月に龍造寺隆信は島津勢に敗れ戦死する。その直後に行われた豊後勢の筑後進出は、一定の成功をみせている。大敗後の大友氏の影響力が完全になくなったわけではない。国人の動向は、それぞれの利害と彼らを取り巻く政治・軍事情勢の変化とが複雑に絡み合って動いていたのである。情勢は短期間でも複雑に推移しており、耳川大敗と大友領国の「瓦解」「崩壊」とをストレートに結びつけることには慎重でありたい。そして、国人が簡単に大友氏から離反したのには、大友氏と国人との従属・統制関係の形成過程とその緩い関係のあり方に原因があると考える。本章では、耳川大敗後の大友領国の一年間を検討したが、これ以降の動向、またそもそもの戦国大名大友氏と従属国人との関係のあり方については課題としたい。

(1) 当時の史料では、合戦場所は「日州高城」と記されている。しかし、一般的には「耳川合戦」として知られているので、本章では「耳川合戦」を使用する。
(2) 木村忠夫「耳川合戦と大友政権」(同編『九州大名の研究』吉川弘文館、一九八三年、初出一九七二年)一九一頁、橋本操六「松尾城主土持親成の苦悩」(『宮崎県史しおり』史料編中世二、一九九四年)。なお、本章では、書名・論文名の副題は省略している。
(3) 「日向記所収伊東文書」三〇五号(『日向古文書集成』名著出版、一九七三年、四六六頁)、「平林文書」二─一三号(『西国武士団関係史料集』〈以下『西国』〉二九巻二九頁)。
(4) 渡辺澄夫「大友宗麟とキリスト教的理想国」(同『増訂 豊後大友氏の研究』第一法規出版、一九八二年、初出一九八〇年)二四九頁。
(5) 外山幹夫『大名領国形成過程の研究』(雄山閣出版、一九八三年)四三〇頁。
(6) 堀本一繁「龍造寺氏の戦国大名化と大友氏肥前支配の消長」(『日本歴史』五九八号、一九九八年)。
(7) 出兵の目的については、前注(4)渡辺論文、橋本操六「大友氏の日向侵攻とその目的」(『大分県地方史』一二八号、一九八七年)。合戦の経過と敗戦後の大友氏については、『大分の歴史』第四巻(大分合同新聞社、一九七八年、渡辺澄夫氏執筆)二一四～二三九頁、『大分県史』中世篇Ⅲ(一九八七年、渡辺澄夫氏執筆)一七四～二〇九頁、『宮崎県史』通史編 中世(一九九八年、長田弘通氏執筆)九三七～九四六頁、竹本弘文『大友宗麟』(大分県教育委員会、一九九五年)九九～一二一頁、が詳細である。島津側の最新の成果では、新名一仁『島津四兄弟の九州統一戦』(星海社、二〇一七年)六二～七九頁、がある。より広域的な視点からの研究には、山本浩樹『西国の戦国合戦』(吉川弘文館、二〇〇七年)二四二～二五八頁、同「戦国期西日本における境域と戦争」(『史学研究』二八五号、二〇一四年)がある。

(8) 前注(2)木村論文。

(9) 大敗直後の混乱の様子は、一五七九年十二月十日付フランシスコ・カリオンの一五七九年度・日本年報(松田毅一監訳『十六・七世紀イエズス会日本報告集』三期五巻〈以下『報告集』〉、同朋舎出版、一九九二年)一四四・一五〇〜一五三頁、松田毅一・川崎桃太訳『フロイス日本史』(以下『日本史』)七巻(中央公論社、一九七八年)四四・四六章に詳しい。

(10) 『日本史』四七章二四五頁。

(11) 大塚主「天正六年高城戦に於ける南郡衆の動向」(『大分県地方史』一一六号、一九八四年)。南郡衆については、渡辺澄夫「島津軍侵入と豊後南郡衆の内応」(前注(4)渡辺著書、初出一九七五年)に詳しい。

(12) 『鹿児島県史料』旧記雑録後編一、五五八頁、一〇二七・一〇二八号、同六三〇頁、一〇七四号。なお、耳川合戦の従軍者については、拙稿「戦国大名大友氏の軍事編成と合戦」(鹿毛敏夫編『大内と大友』勉誠出版、二〇一三年)八五頁を参照。

(13) 「蠣瀬文書」上—一〇号(『大分』八巻三二一頁)。

(14) 「大友家文書録」一七四七号(『大分』三三巻五二頁)、同二一三四号(同二七〇頁)。

(15) 傍線部①と同文の内容は、(天正六年)十一月二十八日付大友義統書状(「米多比文書」一一号『西国』一九巻一八頁)でも確認できる。

(16) 前注(6)堀本論文二五頁。

(17) 東京大学史料編纂所所蔵写真帳「問註所文書」(請求記号6171.91-39)。

(18) (天正六年)十一月二十八日付吉川元春書状(「牛尾家文書」『新鳥取県史』資料編 古代中世一 古文書編下—二六一頁、一一四五号)には、「下口之儀、薩摩衆と豊州衆と、於二日向一被二取相一、豊州陣切崩、歴々討捕之由其聞候」とある。

(19) 「小田原文書」三号(『大分』一〇巻一六頁)。

(20) 有川宜博「山口県文書館所蔵「譜録」にみえる九州関係新出文書の紹介」(『北九州市立自然史・歴史博物館研究報告』B類歴史九号、二〇一二年)三二一号。

(21) 「荒巻文書」(『大分県先哲叢書　大友宗麟資料集』〈以下『宗麟』〉五巻一七二九号)、「田原文書」(『宗麟』五巻一七三一号)。

(22) 前注(2)木村論文。所領に無断帰宅した田原宗亀は、以降、権力中枢における活動は確認できない。また、木付宗虎の活動は、(天正七年)十二月二十四日付大友円斎書状(「佐田文書」『宗麟』五巻一七四一号)を最後にみえなくなる。

(23) 前注(9)一五七九年度日本年報(一五八～一六〇頁)。一五七九年、フランシスコ・カリオン書簡(『報告集』一七四～一七六頁)。『日本史』五一章二九二～二九四頁。

(24) 「荒巻文書」(『宗麟』五巻一七二九号)。

(25) 「田原文書」(『宗麟』五巻一七三一号)。

(26) 『大日本古文書　家わけ十六ノ二　島津家文書』一一一一号。この時期の足利義昭の動向については、伊集守道「天正期島津氏の領国拡大と足利義昭の関係」(新名一仁編『薩摩島津氏』戎光祥出版、二〇一四年、初出二〇一〇年)を参照。

(27) 『大日本古文書　家わけ十六ノ三　島津家文書』一四二三号。

(28) 『鹿児島県史料』旧記雑録後編一、五五九頁、一〇三三号。

(29) 『大日本古文書　家わけ十六ノ四　島津家文書』一六五四号。

(30) 『鹿児島県史料』旧記雑録後編一、六三八頁、一〇九五号。

(31) 大友・島津の和平交渉については、藤木久志「豊臣九州停戦令と国分」(同『豊臣平和令と戦国社会』東京大学出版会、一九八五年、初出一九八〇年)、前注(7)『大分県史』中世篇Ⅲ、二三七～二三九頁(橋本操六氏執筆)に詳細である。

(32) 藤野保「竜造寺領国の形成過程と国人領主の動向」(『九州文化史研究所紀要』二二号、一九七七年)、川副義敦『戦国の肥前と龍造寺隆信』(宮帯出版社、二〇一八年)。

(33) 前注(6)堀本論文の(註八四)、大城美知信・田渕義樹『蒲池氏と田尻氏』(柳川市、二〇〇八年)九一頁。

(34) 前注(6)堀本論文の(註八六)、二九頁。

(35) 龍造寺氏の起請文に関する研究には、松田博光「戦国末期の起請文に関する一考察」(『黎明館調査研究報告』一五集、二〇〇二年)がある。

(36) 起請文の提出に先立って、天正七年正月二十日付で、麟圭は龍造寺隆信・鎮賢より「高良山座主職」を安堵されている（「高良山座主文書」二二一号『久留米市史』七巻七八頁）。また（天正七年）卯月晦日付相良氏重臣宛の龍造寺隆信書状には「就下従二義陽一蒙レ仰一儀上、各御連署之趣、具披見候」とあり、これ以前の段階で相良義陽より龍造寺氏に対して何らかの申入れがあったことがわかる（『大日本古文書　家わけ五ノ二　相良家文書』六〇〇号）。

(37) 蒲池氏の動向は、前注（33）『蒲池氏と田尻氏』八七〜一〇三、一〇八〜一三九頁に詳細である。本章では、その成果を十分に参考にした。

(38) 堀本一繁「偽りの起請文」（『日本歴史』六七七号、二〇〇四年）。田尻氏の動向は、前注（33）『蒲池氏と田尻氏』二二四〜二四七頁を参照。

(39) 鈴木敦子「筑後・肥後の国人領主間における友好と交流」（同『日本中世社会の流通構造』校倉書房、二〇〇〇年）、松原勝也「戦国期における筑後国田尻氏の動向と大友氏」（『史学研究』二四一号、二〇〇三年）。

(40) 「風浪宮所蔵文書」（『柳川』三二四頁）。

(41) 龍造寺長信については、中村知裕「龍造寺氏の肥前西部侵攻と龍造寺長信」（『古文書研究』八三号、二〇一七年）を挙げておく。

(42) 「刀衆先代帳」によれば、耳川合戦時に「星野殿、高良山座主、城井殿、宝珠山殿以上四百人余虜候而、従二薩州一被レ送也」とある（川添昭二・廣渡正利編校訂『彦山編年史料　古代中世篇』文献出版、一九八六年、三〇二頁）。「日州御発足日々記」（『鹿児島県史料』旧記雑録後編一、五八一頁、一〇四二号）などの島津側の史料にも、高良山座主と星野氏が合戦前に島津氏と和議を結び、戦後無事に送還されたことがみえる。龍造寺氏の迅速な動きの背景には、彼ら国人たち独自の行動があったことも予想される。

(43) 筑後の状況は、『小郡市史』第二巻　通史編　中世・近世・近代（二〇〇三年、堀本一繁氏執筆）一九二〜一九五頁を参照。

(44) 天正六年十二月十日付の五条鎮定宛安武宗信起請文（村田正志・黒川高明校訂『史料纂集〔古文書編〕五条家文書』〈以下『五条家文書』〉三一九号、続群書類従完成会、一九七五年）、天正六年十二月二十三日付の五条鎮定宛蒲池鑑広起請文（同三二〇号）。

(45) 「吉弘文書」（『増補訂正編年大友史料』〈以下『増編大』〉二四巻一七七号）。

(46) 「問註所文書」（『宗麟』五巻一七三四号）。

(47)(天正七年)卯月二十二日付大友義統書状(「鹿子木文書」一四号『熊本』一巻三三頁)。

(48)「諸家文書纂九十所収鳥居文書」(『増編大』二三巻三二七号)。

(49)秋月の動向は、前注(7)山本論文、『飯塚市史』上巻(二〇一六年、岡松仁氏執筆)六八九〜六九四頁に詳しい。

(50)「刀衆先代帳」(前注(42)『彦山編年史料 古代中世篇』三〇二頁)。

(51)(天正六年)十二月四日付秋月種実書状(「満盛院文書」『大宰府・太宰府天満宮史料』一五巻四一五頁)。

(52)(天正七年)正月三日付大友義統書状(「問注所文書」三七号『西国』三二巻四九頁)。

(53)天正七年正月十八日付高橋紹運書状写(「大友家文書録」一六七九号『大分』三三巻一六頁)。なお、筑紫氏の動向は、堀本一繁「肥前勝尾城主筑紫氏に関する基礎的考察」(『勝尾城下町遺跡』鳥栖市教育委員会、二〇〇三年、初出一九九七年)を参照。

(54)「巻七九杉」三〇号(『萩藩閥閲録』二巻七八二頁)。

(55)「宗像神社文書」(『宗像市史』史料編第二巻七三〇頁)。なお、龍造寺隆信・鎮賢からは天正七年七月三日付で宗像氏貞に起請文が提出されている(「宗像神社文書」同七三二頁)。

(56)「刀衆為前代記之」(前注(42)『彦山編年史料 古代中世篇』三〇四頁)。

(57)前注(7)山本論文一五頁。

(58)高橋氏・長野氏と毛利氏との関係は、(天正七年)二月七日付の内藤主水允宛高橋宗仙書状写(「九九ノ二内藤」六七号『萩藩閥閲録』三巻一六五頁)、(天正七年)二月二十一日付の長野助守宛吉見正頼書状(「神代長野文書」『増編大』二一巻七三号)から確認できる。

(59)(天正七年)正月十一日付大友氏年寄連署状写(「田原文書」『宗麟』五巻一七三一号)。豊前の情勢については、『犀川町誌』(一九九四年、竹本弘文氏執筆)二一八〜二三二頁、有川宜博「その後の長野氏」(『長野城』北九州市教育委員会、二〇〇〇年)、同「豊前時代の高橋元種とその花押」(『北九州市立自然史・歴史博物館研究報告』B類歴史五号、二〇〇八年)が詳細である。

(60)(天正七年)正月二十六日付大友義統書状(「田原文書」一八号『西国』三六巻二九頁)。

(61)(天正七年)正月二十日付大友義統書状(「香下文書」二号『大分』八巻九六頁)、(天正七年)三月二十七日付大友義統書状(「豊田文書」八号『西国』七巻一六頁）。

(62)（天正七年）二月三日付大友義統書状（「吉弘文書」『増編大』二四巻一七七号）。

(63)（天正七年）二月二十三日付大友義統書状（「入江文書」『増編大』二四巻一八九号）。

(64) 天正七年正月十八日付毛利輝元書状写（「巻七九杉」二九号『萩藩閥閲録』二巻七八一頁）。杉重良の動向については、山本浩樹「戦国大名毛利氏とその戦争」（村井良介編『安芸毛利氏』岩田書院、二〇一五年、初出二〇〇〇年）三二七～三三〇頁を参照。

(65)（天正七年）五月六日付の長野三河守宛毛利輝元書状には、「去月廿八日、至二于其地一、従二蓑嶋一相動之処、被レ及二防戦一、宗徒之者数多被レ討之由」とある（「神代長野文書」『増編大』二二巻一五三号）。

(66) 三月十一日付の狭間刑部太輔宛大友義統書状には、「為二豊筑閉目一急度出張候」、「龍翔寺可二在陣一之条、宿誘之儀、別而馳走可レ為二祝着一候」と、「龍翔寺」（大分県由布市）に義統が在陣するための「宿誘」が命じられている（「狭間文書」七号『大分』二六巻一〇三頁）。本書状に据えられた義統四型花押は天正三～七年頃に使用されていた（福川一徳「戦国期大友氏の花押・印章編年考」拙編『豊後大友氏』戎光祥出版、二〇一四年、初出一九八九年）。この期間に義統が「豊筑閉目」に出陣する可能性があったのは、天正七年が最も蓋然性が高いと考える。この時期の当主義統の出陣に向けての行動は重視してよいだろう。

(67) 桑田和明「フロイス『日本史』にみる戸次道雪と秋月種実」（同『戦国時代の筑前国宗像氏』花乱社、二〇一六年、初出二〇〇九年）八八頁。

(68)（天正七年）三月二十日付の田原宗亀宛大友円斎書状では、「秋月表之儀被二聞合一、重々承可二申談一之旨、口上申候」と、宗亀に秋月の状況を探らせている（「入江文書」『宗麟』五巻一七三六号）。

(69)（天正七年）五月九日付毛利輝元書状写（「巻四四信常」一一号『萩藩閥閲録』二巻一五八頁）。

(70) 毛利鎮真は、永禄年間には大友氏の蔵方役人をつとめていた（鹿毛敏夫「戦国大名大友氏の蔵経営」同『戦国大名の外交と都市・流通』思文閣出版、二〇〇六年、初出一九九八年）。

(71)「羽野文書」一二号（『大分』一三巻三九八頁）。

(72)「巻九九ノ二内藤」六四号（『萩藩閥閲録』三巻一六一頁）。

(73)「神代長野文書」(『増編大』二四巻二九九号)。
(74)日田氏については、『日田市史』(一九九〇年、橋本操六氏執筆)第Ⅱ編第二章を参照。
(75)「財津文書」(『宗麟』五巻一七四七号)。
(76)「財津文書」(『増編大』二五巻一七三号)。なお、(天正七年)五月十一日付の右馬頭宛大友円斎書状は、「官途祝儀」が贈られたことに対する礼状であるが、この頃日田親永は「右馬頭」の官途名を名乗ることを許されている(「財津文書」三号『新修 福岡市史』資料編 中世一巻〈以下『福岡市史』〉四六頁)。
(77)「石松文書」二号(『大分』一三巻三八六頁)。
(78)「大友家文書録」一七〇八号(『大分』三三巻三一頁)。
(79)「財津文書」四号(『福岡市史』四六頁)。
(80)「問註所文書」(『宗麟』五巻一七五八号)。
(81)天正七年八月十四日には立花城の戸次勢と原田勢が筑前早良郡生松原で交戦している(「改正原田記附録」『増編大』二六巻五一三号)。
(82)(天正七年)卯月十七日付大友義統書状(「上妻文書」二五号『福岡市史』七九九頁)。
(83)「平井系図」二一号(甲斐素純「豊後清原一族の末裔達」『大分県地方史』二〇七号、二〇〇九年)。
(84)「野上文書」二三号(『大分』一三巻二九五頁)。
(85)『五条家文書』一八四号。
(86)「蒲池文書」一一号(『熊本』五巻二〇五頁)。
(87)『五条家文書』二八〇号。
(88)「堀文書」五号(『西国』二五巻一一頁)。
(89)「広島大学所蔵蒲池文書」三一号(『柳川』一〇頁)。
(90)「小田部文書」(『宗麟』五巻一七三八号)。

(91) 窪田頌「戦国期大友氏の加判衆と国衆」（『日本史研究』六六八号、二〇一八年）一四頁。

(92) 「甲斐文書」一号（『大分』一三巻二二四頁）、「大久保文書」一五号（『大分』三五巻二二五頁）。

(93) 「魚返文書」四号（『西国』一三巻三四頁）、東京大学史料編纂所所蔵写真帳「野上文書」（請求記号 6171.95-74）。

(94) 蒲池鑑広は、（天正七年）六月二十四日付の大友義統官途状（「広島大学所蔵蒲池文書」四八号『柳川』一五頁）で「勘解由使」から「志摩守」への改称を認められている。

(95) 『大日本古文書　家わけ五ノ二　相良家文書』六〇九号。

(96) 「広島大学所蔵蒲池文書」四一号（『柳川』一三頁）。

(97) 大山智美「戦国期国衆の存在形態」（『熊本史学』八九・九〇・九一合併号、二〇〇八年）六九〜七一頁。

(98) （天正七年）十月一日付大友義統書状（「風浪宮所蔵文書」『柳川』三三二頁）。（天正七年）十月二日付大友義統書状（「高三潴家文書」四号『福岡市史』八六六頁）。

(99) 豊後勢の撤退が、大友義統の指示なのか、南郡衆の判断なのかは不明である。

(100) （天正七年）十一月二十四日付大友義統書状（『五条家文書』一八八号）、（天正七年）十一月十九日付大友義統書状（「問注所文書」三六号『西国』三二巻四八頁）、（天正七年カ）十一月二十八日付大友義統書状写（「河原氏蔵古文書写」『西国』三三巻三一頁）。

(101) （天正七年）十二月三日付の一万田宗慶書状（「広島大学所蔵蒲池文書」四一号『柳川』一三頁）には「就下中陣被二打入一儀上、至二易・連・拶一者無二入魂一候事、其隠有間敷候哉」と、「易」（志賀道易）・「連」（戸次鎮連）・「拶」（一万田宗拶）が筑後に出兵していたことが推測できる。また、（天正八年）二月十六日付で筑前立花城の戸次道雪が志賀道輝・朽網宗歴などの南郡衆一三名に宛てた書状（「立花家文書」『増編大』二四巻四〇六号）には「旧冬従二生葉（筑後国）表一、各被レ引二御空太刀一候以来」とあることから、筑後出兵の主力は南郡衆であったと考える。

(102) 前注（12）拙稿。

(103) 戦国大名大友氏の支配機構には、年寄が国単位でつとめ主に担当国との間の取次役を担った「方分」と、権力中枢から臨時的に命令を帯びて派遣される「検使」があった（拙稿「戦国大名大友氏の「方分」について」『大分県地方史』一八八号、二〇〇三年、

同「戦国大名大友氏の検使の活動と領国支配」『古文書研究』六六号、二〇〇八年)。

(104) 城督の存在形態については、木村忠夫「田原紹忍の軍事力(一)〜(三)」(『九州史学』二七・二九・三二号、一九六四・六五年)をあげておく。

(105) 筑前支配の重要拠点であった怡土郡好士岳城の木付鑑実は、天正七年九月には下城している(川添昭二・福岡古文書を読む会校訂『豊前覚書』文献出版、一九八〇年、二八頁)。また、小田部氏が拠った早良郡安楽平城も、龍造寺勢の攻撃により天正八年七月に落城した(〈天正八年〉七月二十五日付大友義統書状写「改正原田記附録」『増編大』二五巻一八八号)。

(106) 「筑後三池文書」八号(『三池氏の古文書』大牟田市歴史資料館、一九九三年、四〇頁)。

(107) 津江聡実「天正期における筑後田尻氏と戦国大名の関係」(『九州史学』一六六号、二〇一四年)。

(108) 前注(106)史料。

(109) (天正九年)八月二十二日付大友円斎書状(「問註所文書」『宗麟』五巻一八〇四号)。

〔付記〕 本研究は、JSPS科研費(JP一六K一六九〇七)の助成を受けたものである。

第2部

〈大敗〉と「旧勢力」

大内義隆の「雲州敗軍」とその影響

山田　貴司

はじめに

戦国時代の中国地方でみられた主要な政治・軍事的対立軸のひとつに、大内氏と尼子氏の対立があろう。(1) 永正年間の末にそのきざしをみせはじめた両氏は、大永年間に入り干戈を交えることとなり、一時的な停戦状態をへた後、天文十(一五四一)年に安芸の吉田郡山城(現広島県安芸高田市)で、同十二年に出雲の月山富田城(現島根県安来市)で大規模な軍事衝突を起こした。このうち、本章で取り上げる後者の合戦は、出雲まで長駆遠征した大内勢の「大敗」に終わり、戦時中に生じた家臣団の内部対立や、戦後に進んだ大内義隆の「文人的傾向」が、八年後に起きた陶隆房の乱のきっかけになったとする見解も提示されるものである。(2) いうまでもなく、義隆滅亡に端を発する大内氏の衰退は、尼子氏のみならず、安芸の毛利氏や豊後の大友氏の台頭とリンクする西国の戦国史の分岐点である。その背景を探る意味でも、出雲出兵の「大敗」、史料上でいうところの「雲州敗軍」は(「大徳寺文書」『大日本古文書　家わけ第一七』三二〇三号文書)、桶狭間合戦や長篠合戦ほど有名ではないにしても、重要な合戦と考えられる。

ただし、そうした注目すべき画期性を有し、義隆の伝記等では必ず触れられる合戦でありながら、戦いに至った経緯や「大敗」の実態、その影響について、綿密に検討を加えた研究は意外なほど目に留まらない。しかも、近年刊行された自治体史を除くと、(3) 後世の編纂物等の情報を混同しつつ叙述され、語られているのである。(4) 「勝ち組」となった毛利氏のもとで成立した軍記物の類は、最終的には打倒の対象となった大内氏の「雲州敗軍」を、どれほど正確に描写しているのであろうか。そのようなことも考えると、良質な史料をもとに事態の推移を追った表1のごとき整理にもとづき、まずは基本的な事実関係の確認から研究を進めていく必要があろう。

そこで、本章では、東京大学史料編纂所の一般共同研究を通じて蒐集しえた良質な史料を中心に、出雲出兵が企画され、進められた政治的な背景、出兵の経緯と目的、陣中の様相、そして「大敗」の実態を検証する。そのうえで、「雲州敗軍」が大内領国へ与えた影響についても展望するとしたい。

出典(数字は刊本の掲載番号等)
『毛利家文書』286
贈村山家返章『尼子』539
譜録　福井十郎兵衛信之『尼子』543
二宮俊実覚書『尼子』1916
二宮俊実覚書『尼子』1916
物部神社文書『新修島根』508頁
閥閲録52　井上源三郎『尼子』553
天理大学附属天理図書館吉田文庫蔵文書『山口市史』551
古志文書『広島県史Ⅳ』4
閥閲録46　大庭源大夫『尼子』567
三沢文書『尼子』557
閥閲録68　三隅勘右衛門『尼子』558
二宮俊実覚書『尼子』1916
二宮俊実覚書『尼子』1916
二宮恒夫什書『吉川家文書別集』326など
「因幡志」唯蔵人所持文書『尼子』569など
厳島野坂文書『広島県史Ⅱ』18
厳島野坂文書『広島県史Ⅱ』21
日御碕神社文書『新修島根』310頁
贈村山家返章『尼子』566
長州萩町引頭某所蔵文書『松江市史』941
岩瀬文庫所蔵文書『尼子』574など
二宮俊実覚書『尼子』1916
譜録　中原治兵衛良定『松江市史』937

表1　一次史料にみえる出雲出兵中の大内勢のおもな動向

No.	典　拠	発給年月日等	示される大内勢の動向
1	毛利元就郡山籠城日記	天文10．2．16	毛利元就，大内義隆が近日中に(厳島から)渡海し，「雲州可有乱入催半候」と伝える。
2	志道通良書状写	(天文10)11．22	大内義隆が近日出雲へ進発するが，「大利」たるべき間，安心せよと伝える。
3	毛利元就書状写	(天文11)1．19	毛利元就，「雲州表出張」につき，臨時人足の徴用を指示。
4	二宮俊実覚書	天文11．2頃	「雲州国衆」が多賀美作守高永へ「種々就申」き，「雲州入」が決定。2月に新庄西禅寺へ(先手がヵ)陣替あり。内藤勢，杉勢も同前に陣替あり。
5	二宮俊実覚書	天文11．3頃	3月に「出羽二山」へ陣替あり。その翌日，大内義隆が西禅寺へ陣替。陶勢は都賀へ陣替し，山に陣を敷く。
6	大内義隆寄進状	天文11．4．2	大内義隆，石見一宮物部神社へ太刀・神馬を寄進。
7	毛利元就感状写	天文11．4．28	4月21日に毛利勢，「高表」で尼子勢と合戦。
8	神道相承抄	天文11．4．22	吉田兼右，安芸三入郷で「奉備神膳次第」「奉幣次第」「神供呪文」等を大内義隆に伝授。
9	大内義隆書状	(天文11ヵ)5．4	大内義隆，出雲の古志左京亮へ「本訴地」を管轄するよう通知。大内方へ与し，所領回復を狙う動き。
10	大内義隆感状写	天文11．8．24	6月7日，杉伯耆守の軍勢が赤穴城で合戦。
11	相良武任書状	(天文11)7．1	相良武任，出雲国衆と思われる神西氏，宍道氏，尼子氏(誠久ヵ)，佐波氏等の給分について報じる。彼らはこれ以前に大内方へ転向した面々ヵ。
12	大内氏奉行人連署書状写	(天文11)7．17	大内義隆，石見国衆三隅氏に対し，出雲出兵のために石見邇摩郡へ町野隆風を派遣したと報じる。
13	二宮俊実覚書	天文11．7．18	毛利元就，都賀の東に着陣。
14	二宮俊実覚書	天文11．7．23	大内勢と毛利勢，赤穴城を包囲。
15	吉川興経感状	天文11．7．28	7月27日，吉川勢の一員として二宮俊実が赤穴城攻めに参加。吉川興経より感状を与えられる。
16	尼子晴久書状写など	天文11．8．28	7月27日，大内勢が赤穴城を総攻撃。赤穴勢の証言によると，数百人を討ち取ったという。ただ，城主の赤穴光清が思いがけず討死し，城は陥落。以後，出雲の人々はことごとく大内勢になびいたという。
17	大内義隆寄進状	天文11．8．1	大内義隆，厳島神社へ太刀・神馬を寄進。
18	大内義隆寄進状	天文11．8．21	大内義隆，厳島神社へ太刀・神馬を寄進。
19	大内義隆寄進状	天文11．8．21	大内義隆，日御碕神社へ太刀・神馬を寄進。
20	井上元吉書状写	天文11．8．23	毛利家臣の井上元吉，伊勢御師の村山四郎大夫へ「雲州国之儀，大内殿多分被任御存分候」ことを伝える。
21	大内義隆感状	天文11．10．2	9月3日，大内勢(水軍衆)が出雲鯛浦で合戦。
22	大内義隆感状	(天文11)10．2	9月5日，大内勢(水軍衆)が出雲大根島で合戦。
23	二宮俊実覚書	天文11．9頃	大内勢，「ゆき」(由来)へ陣替。9月中旬まで陣場で休息。
24	大内義隆書状写	天文11．9．17	大内義隆，末次中原又次郎が「現形祝儀」として太刀を贈ってきたことに対し，お礼を述べる。

出典（数字は刊本の掲載番号等）
吉川家文書『尼子』576
『出雲鰐淵寺文書』147など
防府天満宮文書『山口市史』563
二宮俊実覚書『尼子』1916
二宮俊実覚書『尼子』1916
粕屋・宗像・筑後・鞍手古文書写『宗像市史　史料編第二巻 中世Ⅱ』307
朝山文書　東京大学史料編纂所写真帳
『山内首藤家文書』209
厳島野坂文書『広島県史Ⅱ』22
閥閲録121　周布吉兵衛『尼子』584
二宮俊実覚書『尼子』1916
厳島野坂文書『広島県史Ⅱ』23
『出雲鰐淵寺文書』148
天理大学附属天理図書館吉田文庫蔵文書『山口市史』551
房顕覚書『広島県史Ⅲ』
閥閲録19　児玉四郎兵衛『尼子』588など
揖夜神社文書『松江市史』946
閥閲録121　周布吉兵衛『尼子』592
小野家文書『松江市史』947
厳島野坂文書『広島県史Ⅱ』24
毛利家文書『尼子』600など

1　出雲出兵の背景とその経緯

大内・尼子両氏の対立

まずは先行研究に学びつつ、大内義隆が出雲出兵を企画するに至った政治的背景を整理しておこう。(5)

(1)対立の発端

冒頭で述べたように、大内氏と尼子氏は永正年間の末に対立のきざしをみせはじめ、大永三(一五二三)年以降は安芸・石見両国を舞台に交戦状態となった。大内義興の在京中、永正十二(一五一五)年に生じた武田元繁の大内氏従属下からの離脱をきっかけに、尼子方へ転じる安芸国衆が続発したためであろう。大永三年六月に、安芸東西条の拠点鏡山城(現広島県東広島市)を尼子勢に攻略された義興は、劣勢を挽回すべく執拗に安芸へ出兵し続け、大永年間の後半には、国衆の多くをふたたび服属させていく。義興が死去した享禄元(一五二八)年を境に、紛争は停戦へ向かった

No.	典　拠	発給年月日等	示される大内勢の動向
25	尼子晴久書状	天文11.10.6	出雲山佐村の地下人，尼子勢に味方して忠儀を尽くし，諸役を免除される。
26	大内氏奉行人連署奉書	天文11.10.13	出雲国内の寺領の件につき，鰐淵寺から訴訟。大内義隆，当知行地については安堵，不知行地については，「当給主紕繆之時」は還補すると裁許。
27	防府天満宮十月会諸役差文	天文11.10.16	大内義隆，出雲神西郡に在陣中のため，防府天満宮十月会に右田弥四郎弟を代官として遣わす。
28	二宮俊実覚書	天文11.10下旬	この間に出雲国衆，多賀高永を奏者に大内義隆のもとへ出頭。大内勢，三刀屋の峰山に陣を取る。
29	二宮俊実覚書	天文11.11上旬	11月はじめ，大内勢は高津馬場へ陣替。数日逗留の後，嵐をさけて馬潟の正久寺へ陣替。その他，軍勢の一部は大庭・出雲郷に，毛利勢は白潟に，熊谷勢は八重垣に，吉川勢は平原に着陣し，越年。
30	黒川隆尚感状写	(天文12) 1.13	前年の12月27日，出雲平田庄で，狼藉する大内氏御家人が誅伐される。
31	林八幡宮祭礼次第幷大内氏奉行人連署裏書	天文12.1.10	出雲朝山の林八幡宮から提出されたとおぼしき祭礼注文に，大内氏奉行人４名が裏花押。
32	大内義隆加冠状	天文12.1.11	陣中で加冠。山内少輔四郎に隆通の名乗りを与える。
33	大内義隆寄進状	天文12.1.19	大内義隆，厳島神社へ太刀・神馬を寄進。
34	室町幕府奉行人連署奉書写	天文12.1.26	室町幕府，大内義隆と相談して尼子晴久を退治するよう命じる奉行人奉書を発給。
35	二宮俊実覚書	天文12.2中旬	大内義隆，「宍道のうねぢ」に陣取った後，２月中旬に経羅木山へ陣を移す。陶勢は「経塚」に陣を取る。
36	大内義隆寄進状	天文12.2.13	大内義隆，厳島神社へ太刀・神馬を寄進。
37	貫隆仲打渡状	天文12.2.17	大内氏奉行人の貫隆仲，「御料所内」に所在する鰐淵寺の「経田」を打ち渡す。
38	神道相承抄	天文12.2.19	吉田兼右，大内義隆に「神馬大事三ヶ条」を伝授。
39	房顕覚書	天文12.2.28	大内勢，月山富田城から５～６町ほどの「星坂」に陣を移す。尼子勢との小競り合いあり。
40	毛利元就・隆元連署感状写など	天文12.3.18	３月14日，月山富田城の「菅谷口」「鐘尾寺口」「大手虎口」で大内勢と尼子勢が合戦。
41	大内義隆寄進状	天文12.3.27	大内義隆，揖屋神社へ太刀・神馬を寄進。
42	大内義隆書状写	(天文12) 4.2	尼子晴久の討伐を命じた天文12年正月26日付室町幕府奉行人連署奉書が到来。大内義隆，周布左近将監へすぐにこれを転送。
43	大内義隆袖判安堵状	天文12.4.6	大内義隆，出雲国衆の大野慶成が当知行する出雲国内の所領を安堵。
44	大内義隆寄進状	天文12.4.8	大内義隆，厳島神社へ太刀・神馬を寄進。
45	毛利元就・隆元連署感状写など	天文12.4.12	月山富田城の「塩谷口」で大内・尼子両勢が合戦。

ようだが、この間にみせた尼子勢の「大胆な軍事行動」は「備芸石諸領主に強い印象を残した可能性」を有するものとされ、[6] これ以後、大内・尼子両氏の関係は中国地方の主要な対立軸となり、周辺の地域権力を巻き込みつつ、展開していくこととなる。

(2)将軍足利義晴の上洛要請と大内・尼子両氏

ただし、大内・尼子両氏は、間断なく対立し続けていたわけではない。互いを取り巻く内外の事情により、関係には変化が生じている。たとえば、大永年間を通じて継続した安芸・石見での抗争は、先述のごとく享禄元年を画期に小康状態へと転じた。義興の死去と子息義隆の家督相続、享禄三年に勃発した尼子氏の内紛(塩冶興久の乱)が、その背景であろう。そして、天文年間に入ると、北部九州を舞台に大友氏と抗争しはじめた大内氏は目を西へ向け、伯耆・美作・播磨侵攻を企てる尼子氏は、東へ目を向けていくのである。

なお、最近の研究では、天文六年から同八年にかけて、大内・尼子両氏が緊張関係を緩和させ、それぞれ上洛する

出典(数字は刊本の掲載番号等)
二宮俊実覚書『尼子』1916
二宮俊実覚書『尼子』1916
二宮俊実覚書『尼子』1916
二宮俊実覚書『尼子』1916など
毛利家文書『尼子』609など
譜録　中島九郎兵衛忠与
毛利家文書『尼子』612
譜録　山田五左衛門直賢『尼子』627
阿川家文書『尼子』639
佐田律子氏所蔵文書『西国武士団関係史料集27』48
篠目村天満宮八幡宮所持証文写『防長寺社由来3』649頁
房顕覚書『広島県史Ⅲ』など
恵良文書『松江市史』990
閥閲録121　周布吉兵衛『閥閲録3』173
大賀家所蔵文書『石見の戦国武将』展図録76
宍戸家文書『山口県史3』4など
今仁恕子文書『大分県史料2』21

『出雲尼子史料集』の,『新修島根』は『新修
史』は『広島県史　古代中世資料編』の,
市史　史料編4　中世Ⅱ』の,『山口県史』は
文書』の,『閥閲録』は『萩藩閥閲録』の略

尼子史料集』の文書番号を表記するようにし

No.	典　　拠	発給年月日等	示される大内勢の動向
46	二宮俊実覚書	天文12．4．30	大内方に与し，多賀高永とともに「八幡」に在陣していた出雲の「中郡拾三人之国衆」の大半が，尼子方の調略により月山富田城へ入城する。
47	二宮俊実覚書	天文12．5．1	出雲国衆の離脱により，大内勢の「御陣之さはき」が停止。
48	二宮俊実覚書	天文12．5．2	大内勢と尼子勢の間で矢あわせあり。
49	二宮俊実覚書など	天文12．5．7	この日の「七ツ時分」より，大内勢が撤退開始。大内義隆・晴持父子は揖屋から船で帰国。ただし，晴持搭乗の船は「ウマカタノ津」で転覆し，晴持は死去。陶勢は陸路を帰国。大内勢は以後「六日之間昼夜」「敵陣」を「切通」すこととなり，数度の合戦に遭遇する。
50	毛利元就・隆元連署感状写など	天文12．5．12	5月7日，大内勢の撤退にあたり，さっそく「陣山尾首」で尼子勢と合戦。
51	大内義隆感状写	天文15．4．10	5月7日，出雲で黒瀬右京進が杉隆宣と「一所」に討死。
52	毛利元就・隆元連署感状写	天文12．5．12	5月8日，出雲古志後浜に尼子方「伏勢」あり，合戦。
53	大内義隆感状写	天文12．6．6	5月8日，出雲津田で山田範秀が討死。
54	大内義隆感状	天文12．7．3	5月8日，出雲朝山郷で大内勢と尼子勢の合戦あり。
55	大内義隆感状写	天文12．7．3	5月8日，出雲湯浜で大内勢と尼子勢の合戦。中山重生とその郎従田中彦次郎が討死。
56	大内義隆感状写	天文12．7．13	5月8日，出雲能義郡で弘中又四郎が討死。
57	房顕覚書など	（天文12．5．9）	出雲「八幡」「材木」で小早川正平主従が切腹。
58	大内義隆感状	天文17．4．28	5月9日，出雲宍道で恵良盛綱が討死。
59	大内義隆書状写	（天文12）5．13	大内義隆，撤退後はじめての文書発給。周布左近将監に所領の代所を防長で用意と通知。
60	大内晴英安堵状	天文21．7．11	5月19日，大内義隆，石見三隅湊の大賀氏に津々浦々の通航を免許。
61	大内義隆書状など	（天文12）6．6	5月25日，大内義隆が周防山口へ帰国。安芸東西条代官の新規派遣を約諾。
62	大内義隆官途推挙状	天文12．5．29	大内義隆，今仁五郎に官途推挙状を発給。右衛門尉の官途を与える。「敷奏」文言の初見。

註1：出典のうち，『毛利家文書』は『大日本古文書　家わけ第八 毛利家文書』の，『尼子』は
島根県史　史料篇1 古代・中世』の，『山口市史』は『山口市史　史料編 中世』の，『広島県
『吉川家文書別集』は『大日本古文書　家わけ第九　吉川家文書別集』の，『松江市史』は『松江
『山口県史　史料編 中世』の，『山内首藤家文書』は『大日本古文書　家わけ第一五 山内首藤家
記である。なお，これらの略記は，後掲の表2にも適用する。
註2：複数の刊本に掲載される史料については，読者が出典にあたりやすいよう，なるべく『出雲
た。

可能性があったことも指摘されている(7)。天文元(一五三二)年にはじまった大内・大友両氏の抗争を停戦に導いた将軍足利義晴が、同六年より両氏に上洛を要請すると、翌年にかけて義隆は上洛計画を具体化しはじめるが、尼子経久はというと、ほぼ同時期に播磨侵攻を本格化していた。川岡勉が指摘するように、かかる動向は、将軍義晴の上洛要請に応じたものとみなしてよい。そして、天文七年八月二十九日付で因幡国衆三上経実が室町幕府内談衆の大館常興へ「尼子ハ大内方所縁事相定候、年内ハはや無余日間、来春可致参洛にて候」と書き送ったことや(『大館常興日記』〈増補続史料大成〉天文七年九月八日条)、同九年四月二十日以前に備後の渋川義隆が本願寺の証如へ「尼子事、大内ト令致参会、同時ニ可上洛由沙汰候、又可及執相とも申候、無正儀之旨」を伝えていたことを勘案すると(『天文御日記』〈真宗史料集成〉同日条)(8)、場合によっては大内・尼子両氏が同時に上洛し、共同する場面が生じたかもしれないのである。

(3)安芸をめぐる大内・尼子両氏の対立再燃

ただし、実際のところ、大内・尼子両氏の上洛はいずれも実現することはなかった。天文八年に尼子勢が安芸へ進出したことで、対立がふたたび深まったためである。天文四年から同六年にかけて安芸国衆平賀弘保と子息興貞の間で内紛が起こり、後者が尼子方へ寝返るという事態に発展していたこと、同じ頃より安芸・備後で尼子氏が影響力を拡大し、毛利氏との関係を悪化させていたこと、尼子氏が安芸武田氏を軍事支援していたことなどが、その背景とみられる。先ほど、同時に上洛するか、「執相」(武力行使)に及ぶか、天文九年前半段階の大内・尼子両氏の関係は行末を読みがたい局面に至っていたと述べる渋川義隆の証言を紹介したが、けっきょく事態は後者の形で推移することになったわけだ。

こういった事情により、大内・尼子両氏はふたたび軍事衝突を繰り返していく。そのひとつが、天文十年正月に起こった吉田郡山城の戦いであった。この戦いで毛利・大内連合軍に敗北した尼子勢は、安芸から全面的に撤退。勝利した大内勢は、尼子方と通じていた厳島神主家や武田氏を滅ぼし、同年半ばには安芸を平定することとなる[9]。

出雲出兵の経緯

こうした関係の推移をへて、企画されたのが、尼子氏の本国出雲への出兵であった。吉田郡山城の戦いの直後、その様子を綴った「毛利元就郡山籠城日記」(表1、№1)に「近日大内義隆有渡海、雲州可有乱入催半候」と記されているように、出雲出兵のアイデアは、これ以前に芽生えていたらしい。そして、(天文十〈一五四一〉年)十一月二十二日付志道通良書状写(表1、№2)に記された「近日至雲州坊州屋形御進発候、弥可為大利候間、可御心安候」という一文を踏まえると、この年の後半には具体化しはじめていたとみられる。

(1)出雲出兵の構想とその軍勢規模

それでは、どうして大内義隆は出雲出兵を構想するに至ったのであろう。良質な史料の中に手がかりを探すと、天文年間から吉川氏に仕えていた二宮俊実が記した『二宮俊実覚書』の証言が目にとまる[10]。この史料は、出雲出兵から数十年をへて執筆されたがゆえの齟齬や、立場上の知りえた情報の限界性はあるものの、実際に従軍した人物の回顧録として、たいへん貴重なものである。

その『二宮俊実覚書』(表1、№4)をみると、出雲出兵は「雲州国衆」が「多賀美作方へ種々就申、雲州入ニ御儀定」したのだ、と記されている。ここに登場する「多賀美作」とは、もともと尼子氏に仕えていた家臣で、享禄年間に起こった尼子氏の内紛、塩冶興久の乱のおりに亡命し、流浪の時期をへて大内氏に身を寄せた多賀高永であろう[11]。そうであれば、仕官後は筑前三笠郡代を務め、領国支配の一端を担う立場に抜擢されており、新参者ながら義隆の信頼厚い人物であったと考えられる。すなわち、出雲に地縁・血縁を持ち、大内氏の領国支配の一翼を担っていた亡命者の存在が、「雲衆国衆」の不満の受け皿となり、出雲出兵の構想のカギを握ったというわけだ。さらには、同時期に進められていた但馬山名氏の因幡侵攻や、[12]天文十年末の尼子経久の死去が、構想具体化の追い風になったと推測される。

こうして出雲出兵は、領国内外の諸氏へ発動された。安芸の毛利領では、(天文十一年)正月十九日付で「就雲州表出張、臨時人足之事」が申し付けられている(表1、No.3)。この頃には、各地で出兵準備が進められていたものとおぼしい。先兵は、天文十一年二月に「新庄西禅寺」(現広島県北広島町)へ着陣したという(表1、No.4)。

ところで、出雲出兵には、いったいどれほどの軍勢が参加したのであろう。軍記物『雲陽軍実記』は「四万五千余騎」が月山富田城に押し寄せたと記しているけれど、[13]根拠はよくわからない。良質な史料から大内勢の復元を試みると、兵数は不明ながら、陶隆房・内藤興盛などの守護代クラスの重臣、周防・長門・豊前・筑前の大内家臣、備後・安芸・石見の国衆、「降参」「現形」してきた出雲国衆、大友氏から援軍として派遣された筑後国衆といった人々が確認された(表1)。着陣(出陣)の時期にはばらつきもあったようだが、[14]大内領国とその影響下にあった諸勢力は軒なみ動員されている。かなりの大軍であったことに、間違いはなさそうである。

(2)出兵経緯とその時期区分

出兵経緯については、蒐集した一次史料と『二宮俊実覚書』、そして厳島神社の神官の記録『房顕覚書』(『広島県史古代中世資料編Ⅲ』)などを駆使することで、軍記物等に頼らずとも、ある程度は復元可能である。次頁の図1は、そうして判明した経緯を落とし込んだもの。あわせてご覧いただきたい。

合戦の状況から判断すると、一年数ヶ月に及んだ出雲出兵は、大きく三つの時期にわけることができる。その最初は、天文十年中に構想が持ち上がり、やがて具体化した後、翌年六月から七月にかけて赤穴城(現島根県飯南町)を攻略し(表1、No.16)、月山富田城に向け漸進していった時期である。状況を地図に落し込んでみると、奥出雲から北東部へ向かった主力の軍勢と(同、No.23・28・29・35)、石見邇摩郡へ派遣され(同、No.12)、そこから出雲西部へ入った

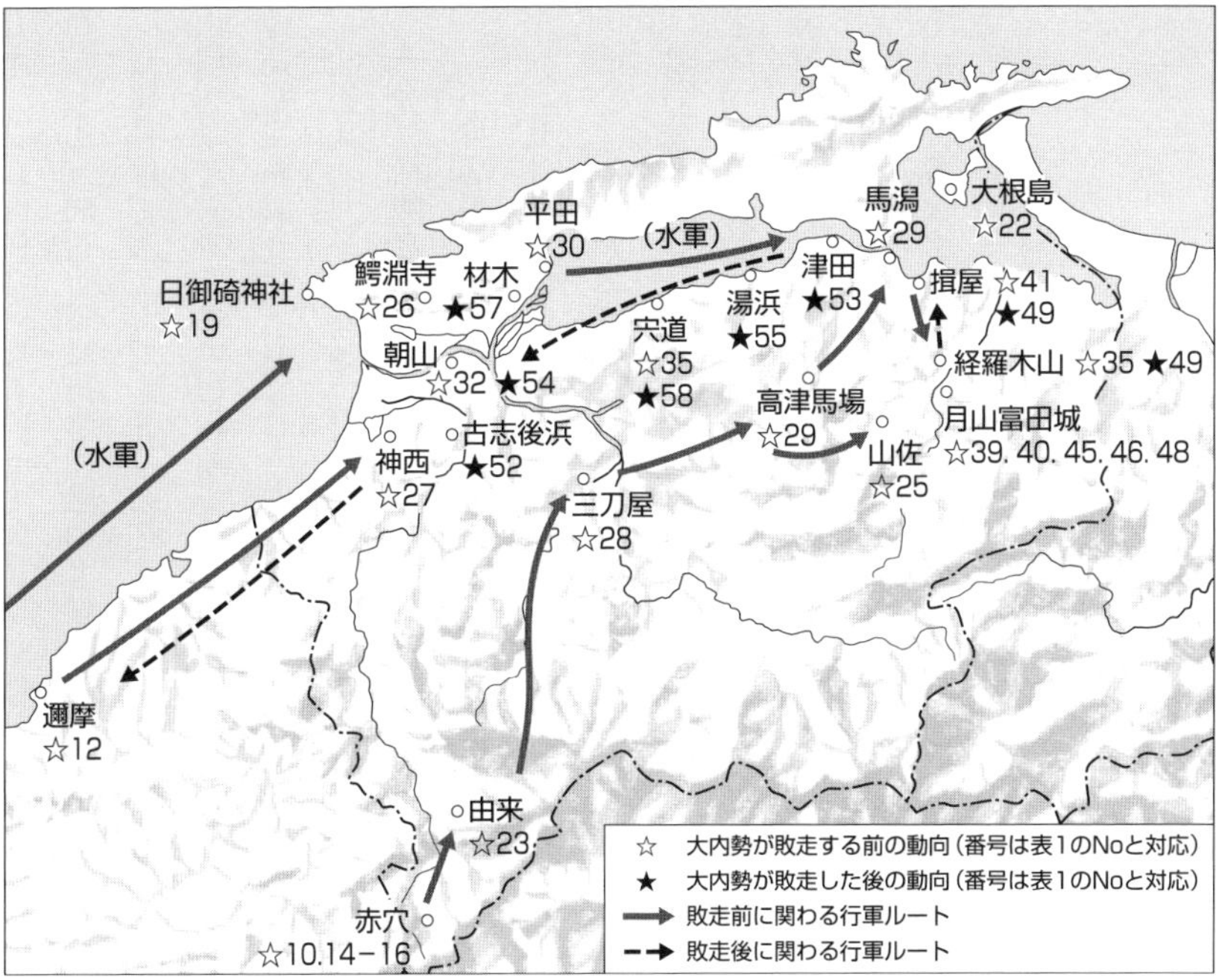

図1　出雲出兵時における大内勢の動向　※なお，出雲平野における斐伊川の河道については，長谷川博史「中世都市杵築の発展と地域社会」(『史学研究』220号，1998年)を参考にした。

とおぼしき軍勢(石見国衆の軍勢も、ここに含まれよう)、石見沖の日本海から宍道湖、中海へ進んだとおぼしき水軍衆の動きが想定される(同、No.21・22・30)。なお、現在は宍道湖へ流れこむ斐伊川だが、当時は出雲平野で東西へ分岐し、宍道湖と日本海へ両流していた(図1)[15]。おそらく水軍衆は、日本海へそそぐ斐伊川西流の河口から川をさかのぼり、分岐以降は東流を下って宍道湖へ到達したのではないだろうか(むろん、外海から島根半島をまわり込み、美保関をへて中海に入った可能性もあるが、そうした動きを示唆する史料は管見に入らない)。

二期目は、内海の沿岸にかまえた駐留地を離れ、天文十二年二月中に経羅木山(京羅木山とも、現島根県松江市・安来市)へ着陣し、眼下にみえる月山富田城攻略に向けた動きがみられた時期である。具体的には、同年三月十四日に月山富田城北側の「菅谷口」と「鐘尾寺口」、西側正面の「大手虎口」で(表1、No.40)、同四月十二日に南側の「塩谷口」で大規模な合戦が行なわれた（同、№45）。しかし、攻城戦の成果ははかばかしくなかったらしく、同三十日に出雲国衆の大量離脱が発生（同、№46）。大内勢は、一転して厳しい戦況に立たされてしまう。

三期目は、天文十二年五月七日に出雲出兵の中断が決定され（表1、№49）、撤退がはじまり、同二十五日に義隆が山口へたどり着くまでの時期である（同、№61）。大友氏からの援軍三原氏へ宛てた義隆書状（史料1）に、その様子を確認してみよう（「三原文書」『小郡市史　第五巻　資料編　中世・近世・近代』家わけ文書一五号文書）。

史料1　※文中の傍線は筆者註。以下の引用史料も同様。

今度帰陣之時、被成無二覚悟、昼夜六日之間、敵陣被切通候、数度合戦、武□（勇）之至、名挙無比類候、対当家忠儀、
不可忘申候、猶重而従是可申之間、閣筆候也、恐々謹言、
五月廿九日　義隆（花押）
三原和泉守殿

注目すべきは、史料1傍線部である。義隆いわく、出雲出兵の中断を決定した天文十二年五月七日から「昼夜六日之間」は、「敵陣被切通」ての撤退になった、というのだ。図1をみると、たしかに大内勢の戦死者は同七日から同九日の間に、経羅木山から石見方面に向かって点々と生じている。そして、義隆が文書発給を再開できたのは、撤退から七日目の同十三日のことであった（表1、№59）。すなわち、狭義的には、このわずか六日間の撤退戦こそが、多くの死傷者を出した出雲出兵「大敗」、「雲州敗軍」そのものなのである。

2　長期に及んだ出雲出兵、その戦陣の様相

大内義隆の政治・外交・文化的活動

ところで、関連史料をながめていると、長期に及んだ出雲出兵の陣中では、戦闘以外にもさまざまな活動が行なわれていた様子がみてとれる。いうまでもなく、四六時中戦っていたわけではないのだ。それでは、この間に陣中では、あるいは戦場では、どういったことが起こっていた(行なわれていた)のであろう。本節では、出雲出兵の実態を解明する切り口のひとつとして、その様相にスポットをあてたい。まずは、出兵の最中に垣間みられた大内義隆の政治・外交・文化的活動についてみてみよう。

(1)領国支配にかかわる実務、政治的判断

出雲へ向けて出陣し、敗走するまでの間に、義隆は領国支配や主従関係の形成・維持にかかわる行為として、安堵、宛行、寄進、裁許、官途・偏諱授与等を実施している。境界領域の城番衆など、「開陣」まで訴訟を控えざるをえなかった人々もいたようだが(有川宜博「史料紹介　萩原文書」『北九州市立歴史博物館研究紀要』四号、一九九六年、〈分藤文書〉六九号文書)、実際には、さまざまな案件が義隆のもとへ持ち込まれていたのだ。一例として、陣中で発給されたとおぼしき文書を掲げよう(「志賀海神社文書」『新修　福岡市史　資料編　中世一』四号文書)。

史料2

大府宣　大宰府庁官人等

補下　宗益蔵主

可任早庁宣、管筑前国那珂郡志賀社宮司坊職事

右、以件宗益蔵主所補彼職也、早応奉祈宝祚延長国家安全者、在庁官人等宜承知、依宣行之、以宣、

天文十一年六月廿八日

大弐多々良朝臣（花押）

史料2は、戦場から遠く離れた筑前の志賀海神社（現福岡県福岡市）の宮司補任を通知する「大府宣」。日付をみる限り、出雲出兵の緒戦、赤穴城攻略の最中に発給されたものである。戦場付近の現地支配のみならず、留守中の領国に関する政治的判断や文書発給が陣中で行なわれた事例は、文明十（一四七八）年に実施された筑前・豊前回復のための出兵時や（大内政弘の側近相良正任の陣中日記『正任記』〈『山口県史　史料編　中世一』〉により、同年十月について詳細が判明）、大永年間に進められた大内義興の安芸出兵のおりにも確認されるが（たとえば、厳島在陣中に、氏寺興隆寺の大祭修二月会の大頭役勤仕にあたっての徳政措置を制定〈「興隆寺文書」『山口県史　史料編　中世三』四〇号文書〉）、義隆の場合は敵の領国へみずから乗り込んでの侵攻の途上だけに、いささか異例ぶりがきわだつ。そして、それらの行為の実務を担う奉行人の従軍も確認される[16]。すなわち、義隆は出雲出兵が長期化することを見越し、領国支配をある程度フォローできる体制を整え、戦地に赴いたのであろう。

（2）畿内の諸勢力とのやり取り

また、この間には、京都の寺社や室町幕府関係者をはじめとする畿内諸勢力とのやり取りもみてとれた。寺社関係では、京都の大徳寺塔頭龍翔寺に関する交渉が頻発する。荒廃していた南浦紹明の塔所龍翔寺を塔頭として再興するにあたり、大徳寺の玉堂宗条が、寺領長門河内包光名（現山口県下関市）の回復を義隆に働きかけたのである。やり取りは天文十（一五四一）年から同十二年にかけて進められ、その経緯と思惑は髙鳥廉の研究に詳しい[17]。

そうした推移の中で、重要な点は、両者の交渉が出雲出兵の最中に進められていた事実である。両者の意を含んだ使者や文書、贈答品が、京都―山口間のみならず、出雲の陣中との間でも往来していたと考えられるのである。

史料3

一、新年頭□□、至祝々々、仍去年九初六・十月廿九両芳翰・同十一初四・十二廿九両度一見了也、自当寺進物至雲州直達之旨、歓祝、白法泉寺堺着之儀衆望候、次就康首座之儀、閣下尊札之旨、武任〔相良〕示諭之間、至于当春、雖令調儀、巨細以宗伍入道被演説、不拘如意輪院之由、大仙老堅固之条、非疎意之趣、及返命、尚付正法寺臨公記室両口談者也、恐惶不宣、

三月五日

拝覆龍谷　杉宗長〔興重〕

和尚丈室　龍崎右衛門尉〔隆輔〕　両所へ書状案文

たとえば、史料3は、龍翔寺再興の実務を担った大徳寺の天啓宗歅が、山口広厳寺へ下向していた玉堂宗条の法嗣龍谷宗登と、出雲出兵に従軍していた大内氏奉行人へ送った書状の案（「大徳寺文書」二二七七―三号文書）。興味深いのは、大内サイドが発給した「去年九初六・十月廿九両芳翰」により、大徳寺が義隆へ贈った「進物」が「雲州」へ「直達」されたことを知った天啓宗歅が、「歓祝」の旨を記した傍線部である。この一文より、月山富田城へ向けて進軍する大内勢の陣中に、「進物」がダイレクトに届けられていた様子がうかがえよう。

幕府関係者とのやり取りでは、天文十六年に実現する遣明船派遣に向けた勘合の獲得工作が注目される。この当時、西国の諸勢力の間で「遣明船派遣熱」が高まる中、義隆はその妨害にやっきになっており、橋本雄によると、その一環として実施されたのが「有効な勘合の独占」であった[18]。すなわち、細川京兆家とならぶ実力者の六角定頼を介して幕府に残っていた弘治勘合を獲得し、手もとにあった正徳勘合の残部とともに中国・明へ持ち込み、「最新の「嘉靖勘合」に更新して貰」うことで、諸勢力が有する弘治勘合の無効化を図ったのである。そして、そのための勘合の獲得工作は、やはり出雲出兵中に進められていた。かかる動きは天文十一年の前半、出雲に向けて出陣する頃までにスタートしていたとおぼしく（『蜷川親俊日記』〈続史料大成〉同年六月八日条）、翌年二月には決着をみている（「狩野亨

吉氏所蔵文書」『戦国遺文　佐々木六角氏編』五二五号文書）。

なお、同時期に義隆は、遣明船に搭載する瑪瑙の調達を本願寺に依頼していた（『天文御日記』天文十二年二月十四日条）。右の勘合獲得工作も勘案すると、天文十六年度の遣明船派遣の準備は、出雲出兵と同時並行で進められていたと考えられる。

また、義隆は、尼子氏を討伐対象に認定するよう幕府に働きかけてもいた（表1、№34・42）。史料4をご覧いただきたい（「萩藩閥閲録　巻一二一　周布吉兵衛」『萩藩閥閲録　第三巻』一七一号文書）。

史料4　※文中の割書については〈　〉で示した。以下の引用史料も同様。

「拝見〈天文十二　四ノ二〉」

尼子民部少輔事、被加退治之条、早相談大内大宰大弐、可被致其動之由被仰出也、仍執達如件、

天文十二

正月廿六日　〔飯尾〕堯連　判

〔飯尾〕貞広　判

周布左近将監殿

史料4は、義隆を通じて石見国衆の周布氏へ送付された幕府奉行人連署奉書。「尼子民部少輔」が「退治」の対象となっていることに加え、天文十二年正月二十六日という発給年月日が注目されよう。なぜなら、これ以前に（具体的には、おそらく出雲出兵がスタートした後の天文十一年中に）、義隆から幕府へ尼子氏を討伐対象とするよう働きかけがあったことが示唆されるからである。そして、包紙上書に記されているように、この奉書が京都から義隆経由で周布氏のもとに届いたのは、月山富田城攻めの最中、四月二日のことであった。

ちなみに、尼子氏を討伐対象に認定した頃、幕府関係者は大内勢の出雲平定を見込み、それに対応すべく動きはじ

めていた。「雲州　御料所幷諸奉公衆知行方之事」が大内氏在京雑掌の正法寺と六角氏関係者の間で話題になっていたことや(「小早川家文書」『大日本古文書　家わけ第一一』一五〇号文書)[19]、相国寺塔頭領であったとおぼしき出雲能義郡宇賀荘(現島根県安来市)代官職を大舘晴光が望み、鹿苑院主梅叔法霖に申し入れていたことは、その証左である(『鹿苑日録』〈続群書類従完成会〉天文十二年二月二十八日・同三月二日条)。

これらの事例を踏まえると、出雲出兵の途上にもかかわらず、義隆はさまざまな事柄を畿内の諸勢力とやり取りしていた。陣中においても、領国内外をみすえた政治的な活動がみられたわけである。

しかも、出雲出兵の間には、義隆の文化的活動も確認される。天文十一年四月から同十三年十二月にかけて大内領国に滞在した吉田兼右より、義隆は神道の秘説をたびたび伝授されているのだ(表1、No.8・38)[20]。その最初は、天文十一年四月二十二日に安芸三入郷(現広島県広島市)で行なわれた伝授。周防山口へ下向する途中、義隆のもとを訪れた兼右は、尼子氏調伏を祈禱するとともに、「神供呪文」等を彼に伝えた。これ以後、兼右が陣中を再訪した様子はみられないが、伝授は手紙のやり取りで進められていく。たとえば、(天文十二年)三月二十四日付の兼右宛義隆書状では、「奉幣数之事」等の不審が尋ねられている(『天理図書館叢書　第二八輯　吉田文庫神道書目録』口絵図版六)。月山富田城攻略のまっ最中のやり取りである。義隆というと、「雲州敗軍」後に文化的活動に入れ込んだと思われがちだが[21]、そういった側面は、出雲出兵の頃にはすでに生じていたのである。

出雲支配に向け、打ち出された方向性

陣中で起こっていたこととして、次に、出雲支配に向けた動きに注目したい。そもそも大内義隆は、出雲出兵のゴールをどこに設定していたのであろう。出雲の領国化なのか、尼子氏の服従なのか[22]。はたまた、国衆の要請に応えただけなのか。素朴ながらも重要なこの疑問は、これまで正面から検討されてこなかったが、史料上では出雲支配に向

けた方向性、きざしを、いくつか確認することができる。

（1）出雲国衆の「降参」とその処遇

最初に押さえたいのは、出雲国衆の問題である。出兵の進捗にともない、出雲国衆は大内方へ次々と「降参」していった。尼子方の赤穴久清は、そうした状況を「以赤穴一城落居、一国悉降参」と証言する（「中川四郎氏所蔵文書」『出雲尼子史料集』六七八号文書、後掲史料6傍線部①）。また、『二宮俊実覚書』によると、大内氏と出雲国衆の間を取り持ったのは亡命者の多賀高永だったという（表1、No.4・28）。

それでは、「降参」してきた彼らを義隆はどう処遇したのであろう。詳細はよくわからないが、数少ない手がかりである史料5をみてみよう（「三沢文書」『出雲尼子史料集』五五七号文書）。

史料5

御書、路次頂戴仕候、

一、神西御扶助事、未相定、可奉伺覚悟候、

一、完道〔宍道〕・尼子両人給事者、大概申伏、自香〔香積寺〕・国〔国清寺〕両寺可令勘渡之由申候、従今月可令下行候、

一、佐波給事者、乗福領塩田・小中両所相定分候、

一、邇摩衆下行事者、彼知行可相詰之由、隆満〔陶〕・宗長〔杉〕申渡候、未詰来候間、不相定候、

一、出助御対面事、已前奉伺時、来三日ト被仰出候間、其通申渡候、存其旨候、此由可預御披露候、恐々謹言、

七月朔日　武〔相良武任〕（花押）

この文書は、出雲出兵の序盤にあたる天文十一（一五四二）年七月に、大内氏の財務関係を担当していた相良武任が書き上げたもの。一条目から二条目にかけては、「神西」「完道〔宍道〕」「尼子」といった出雲の人々の名字がみえ、続いて大内氏が付与する「御扶助」「給」の状況が記される[23]。二条目をみる限り、それらの「給」は、山口にあった大内氏

の菩提寺香積寺・国清寺から、すなわち、大内領国に所在する権益から支出されるという。いわゆる寺社領の「半済」なのか、「浮米」等なのか、その形態はわからないけれど、義隆は「降伏」してきた人々に「給」を与えるつもりであった。当面の経営と活動を経済的に支援しつつ、大内勢の尖兵にせんと考えていたのであろう。

また、月山富田城攻略の最中に、義隆は出雲秋鹿郡の国衆大野慶成の所領を安堵している(表1、No.43)。いまのところ類似の史料は確認されないが、この事例をみる限り、「降伏」してきた人々は、同様に当知行をひとまず安堵されたのではないだろうか。そうでなければ、多くの国衆がいったんは大内勢に与した理由は説明できまい。推測を重ねるが、いまはそのように考えておきたい。

(2)出雲国内の寺社領・公家領との関係

出雲支配に向けた動きとして、寺社領や公家領の問題も取り上げておこう。義隆は、これらを保護・回復する姿勢を打ち出していたのである。

たとえば、本陣が由来(現島根県飯南町)まで到達したとおぼしき天文十一年十月頃に、有力寺院の鰐淵寺から「出雲国内当寺領所々当知行分事」の「寺訴」を受けた義隆は、同十三日付で安堵の「御判」を遣わすとともに、「不知行分」については「当給主紕繆之時、可有御還補之」と伝えた。「不知行」の原因が寺領を預かる「当給主」の「紕繆」であれば、返還するというのだ。実際に義隆は、同日付で「近年不知行」という「恒松保・阿井・三所・塩冶郷内大津村弐町・高岡村弐町・荻原村壱町・霊山寺別当職等事」を安堵しており、寺領の保護・回復に配慮を示している(「鰐淵寺文書」『出雲鰐淵寺文書』〈法蔵館〉一四五~一四七号文書)。

公家領については、朝廷で衣装調達を家職とし、内蔵寮頭を世襲した山科家領の事例が知られる。深谷幸治の研究によると、同家は南北朝時代以前に「遥勘郷」等の杵築大社領一二郷の領家職の一部を獲得し、「十二郷の半分程度」を実質的な管理下に置いていた。ただ、文明年間には「守護被官」三沢氏等に「押領」され、年貢収取がままならなくなり、佐波氏や多久氏、三沢氏を代官に起用してその維持を図ったものの、明応三(一四九四)年に生じた「遥勘郷」関係文書の三沢氏への売却と、富・千家両郷の年貢を担保とした借銭契約をきっかけに、不知行となっていた[24]。ところが、『言継卿記』(続群書類従完成会)永禄十(一五六七)年十月十五日条に掲載された「手日記」は、そういう状況にあった山科家領「出雲国杵築社領十二ヶ所半分之事」を、「先年大内都督」が「返渡」すと述べた、と伝えるのである。むろん、ここでいう「先年」とは、出雲へ攻め込んでいた天文十一・十二年のことであろう。

これらの事例を勘案すると、出雲出兵にあたり、義隆が国内の寺社領・公家領の保護・回復を方針のひとつにしていたことは、間違いないと考えられる。

国衆たちの離脱とその要因

陣中で起こっていたこととして、最後に、国衆たちの離脱問題に触れておきたい。出兵以来、右記のごとき活動をともないつつ、大内勢は月山富田城へ接近し、天文十二(一五四三)年三月から同四月にかけてその攻略にあたった。しかし、四月三十日に出雲国衆の大半が大内勢から離脱(表1、No.46)。安芸の吉川興経や備後の山名理興も尼子勢へ与した(「閥閲録差出原本　国重又右衛門」『山口市史　史料編　中世』五七二号文書、後掲史料7傍線部②、「譜録渡辺三郎左衛門直」『出雲尼子史料集』一八九五号文書)。その結果、大内勢は撤退を余儀なくされる。

それでは、月山富田城を目前に、なぜ彼らは裏切ったのであろう。この点について、先行研究は、出兵の長期化や兵站補給の問題を要因に掲げる[25]。ただ、それらの見解は、いずれも一般論に留まっている。これまでの検討も踏まえ、改めてその要因を考えてみたい。

要因のひとつは、月山富田城攻撃の実態にあろう。同城をめぐる大規模な攻城戦は、天文十二年三月十四日と四月十二日に実施された「菅谷口」「鐘尾寺口」「大手虎口」「塩谷口」等での二度(表1、No.40・45)。いずれも、虎口付近で行なわれた激戦であったようだ。ただ、けっきょく城内への侵入には成功せず、攻防は長期化の様相を呈していく。すなわち、そういった戦いぶりが、国衆たちの目に、思いのほか手を焼いているように映っていた可能性は指摘できよう。

ふたつ目の要因は、出雲国衆に対する尼子方の調略である。『二宮俊実覚書』に「彼衆ヲ従要害くりわられ」とあるように、月山富田城から「彼衆」へ、つまり出雲国衆へ裏切りの働きかけが行なわれていたのである。その実態はよくわからないが、長谷川博史が紹介した「おそらくは当時を知る毛利氏側の人物がやや後年に記し置いた」「覚書」によると、「多賀美作守隆長」が調略により尼子晴久に「腹をきらせ」、娘婿の尼子誠久（尼子経久の次男国久の長男）を「尼子家督」に据えようとしているとの「雑説」を聞き、「仰天」した誠久は、野心なき旨を周知すべく籠城の面々を召し寄せ、晴久の前で神水を飲み、城内を落ち着かせたうえ、大内勢に与する出雲国衆に「廻文をめくらし調略」したという(26)。史料の性格を勘案すると、さらなる裏づけが欲しいところだが、尼子方からも調略の手が伸びていたであろうことは想像に難くない。そして、大内勢に手づまり感が生じていた中での調略となれば、それが功を奏する環境は、十分に整っていたように思われる。

三つ目の要因は、義隆が打ち出していた寺社領・公家領を保護し、回復させようという方針の影響である。先ほどみた鰐淵寺領や山科家領の「不知行分」問題を思い出していただきたい。鰐淵寺の「寺訴」に対し、義隆は「当給主紕繆」であれば「不知行分」を「還補」すると明言し、山科家領については「返渡」すと述べていた。それでは、「紕繆」を犯し、寺社領・公家領を「不知行」に追い込んだ「当給主」とは、どういった人々であろう。山科家領の場合、現地代官に起用されながら未進を繰り返したのは、佐波氏や多久氏。文明年間以来、山科家領を侵食し続け、最終的に支配権を掌中に収めたのは三沢氏であった(27)。

すなわち、出雲が平定され、義隆のかかる方針が貫徹されてしまうと、彼らはかえって権益を失うことになりかねない。そうすると、寺社領・公家領の保護・回復を目指す姿勢が、出雲国衆の離脱を後押ししたとも考えられるのである。

3 「雲州敗軍」の実態とその影響

同時代史料にみえる「雲州敗軍」の実態

このような要因で天文十二(一五四三)年四月三十日に発生した国衆たちの大量離脱により、出雲出兵は中断され、大内勢は敗走することとなった。ただ、関係史料を網羅したうえで「雲州敗軍」の実態に切り込んだ先行研究はみあたらず、その影響についても検討の余地が残されている。最後に本節では、これらの問題について考えてみたい。

(1)大内勢の戦死者

まずは、大内勢の戦死者についてみてみよう。表1のNo.49〜58をみると、戦死者の記録は天文十二年五月七日から同九日にかけて多くなり、地域的には、経羅木山から西に向かって、さらには宍道湖沿岸に広がりをみせていく(図1)。このことは、出雲出兵の中断後、撤退する大内勢が尼子勢の追い打ちを受けていたこと、奥出雲を通った往路とは異なり、「敵陣」を「切通」すような敗走状況から一刻も早く脱すべく、最寄りの安全地帯・石見を海路ないし陸路で目指したことを示している。

それでは、この撤退戦のおり、大内勢はどれほどの戦死者を出したのであろう。いまのところ具体的な数字は確認しえていないけれど、尼子方として赤穴城の攻防から月山富田城の籠城戦、大内勢の追撃戦まで戦った赤穴久清の証言(史料6)が、ひとつの手がかりとなる(「中川四郎氏所蔵文書」『出雲尼子史料集』六七八号文書)。

史料6

(〇前略)就于大内義隆与之尼子晴久取合、既天文十一年壬寅赤穴瀬戸要害大内居陣候、七月廿七日総攻候之処、敵数百人討取令理運候最中、光清運極歟、蒙鏃討死候、(〇中略)、①左候間、以赤穴一城落居、一国悉降参于大内方候之間、富田一城尼子取籠候、同久清・盛清従最前籠城仕候、大内乗勝至于富田取陣候、②同十二年癸卯五月七日、大内敗軍、数千人討取、或沈海河、或忍山林、餓死者不知数、於是佐波泉山切取、満五郎居置候、久清来島賀田城相抱砌、詮清・定清於筑前令生涯畢、赤穴家督之儀、与次郎之弟満五郎盛清相定候、為以後状、如件、

天文十三年〈甲辰〉九月三日　久清(花押)

赤穴満五郎殿

注目されるのは、「大内敗軍」について触れた史料6傍線部②である。これによると、追撃のおりにであろう、尼子勢は「数千人」を「討取」った。大内勢の中には、海や川に沈んだ者や、山林に逃げ込んで餓死する者も多かったという。尼子方の人物の見解だけに、多少の割り引きは必要かもしれないが、大内勢に多数の戦死者が出ていたことに間違いはなさそうだ。また、敗走時の混乱ぶりは、陣中で伝授された神道の秘説を「雲州敗北之時」に義隆が「紛失」していた事実からもうかがうことができる(「天理大学附属天理図書館吉田文庫蔵文書」『山口市史　史料編　中世』五五一号文書)。すなわち、かかる状況ゆえに、出雲出兵は「大敗」に終わったとみなされてきたのである。

ちなみに、具体的には、大内勢のどういった人物が戦死したのであろう。関連史料から戦死者名を拾うと、次頁の表2のように整理された。この中には、義隆の後継者と目されていた大内晴持、安芸東西条代官の杉隆宣、安芸国衆の小早川正平の名前がみえる。出雲国衆を取り次ぐ立場にあったという多賀高永は、白鹿城(現島根県松江市)で「切腹」したと伝わる(「毛利家文庫　遠用物」中世四六号文書、山口県文書館所蔵)。当主が討たれた桶狭間の戦いや、有力武将が軒なみ倒れた長篠合戦ほどではないにせよ、戦死者には有力な人物が少なからず含まれていた。

表2　敗走時における大内勢の戦死者

戦死者名	戦死日	戦死場所	立　　場	出　　典
大内晴持	5月7日	出雲郷・馬潟付近	大内義隆嫡子	二宮俊実覚書『尼子』1916など
細川是久	5月7日	同上	大内氏の客分ヵ	房顕覚書『広島県史Ⅲ』
右田弥四郎	5月7日	同上	周防の大内家臣	同上
福島源三郎	5月7日	同上	大内家臣	同上，譜録　福島九郎右衛門知久
杉隆宣	5月7日		安芸東西条代官	譜録　中島九郎兵衛忠与
黒瀬右京進	5月7日		安芸鏡山城衆	同上
山田範秀	5月8日	津田	大内家臣	譜録　山田五左衛門直賢『尼子』627
中山重生	5月8日	湯浜	豊前宇佐郡衆	佐田律子氏所蔵文書『西国武士団関係史料集27』48
田中彦次郎	5月8日	湯浜	中山重生の郎従	同上
弘中又四郎	5月8日	能義郡内	大内家臣弘中兵庫允の子息	篠目村八幡宮天満宮所持証文写『防長寺社由来3』648頁
小早川正平	5月9日	材木	沼田小早川氏の当主	房顕覚書『広島県史Ⅲ』など
真田大蔵丞	5月9日	材木	小早川正平の配下	岩国徴古館所蔵文書(藩中諸家古文書纂)『広島県史Ⅴ』11
乃美ヵ内蔵助	5月9日ヵ	材木ヵ	小早川正平の配下	閥閲録14　乃美仁左衛門『閥閲録1』20
恵良盛綱	5月9日	宍道	豊前宇佐郡衆	恵良文書『松江市史』990
長崎元康			周防の大内家臣	譜録　長崎首令高亮
小笠原長次			石見小笠原氏の一族	森木家文書『尼子』652
多賀高永		白鹿城	出雲国衆，尼子旧臣	山口県文書館所蔵「毛利家文庫　遠用物」中世46

(2)「雲州敗軍」に対する大内氏の評価と事後の対応

撤退時に追撃を受け、「大敗」を喫した大内氏は、その事実をどのように受け止め、評価し、次のアクションを起こしていったのであろう。軍記物『大内義隆記』(群書類従第二一輯)は、「軍兵アマタ死シケレト、サセル人ニアラサレハ」と記し、「大敗」の影響を大きくみていないようだが、それは真実なのであろうか。

まずは、毛利元就の嫡子隆元の証言に注目しよう。次に掲げた史料7は、出雲出兵に従軍した彼が、帰国直後にしたためた毛利家臣国重源四郎宛書状の写である(「閥閲録差出原本　国重又右衛門」『山口市史　史料編　中世』五七二号文書)。

史料7

御状具披見申候、如仰今度者令同道、無恙罷退候、目出候、仍①屋形御弓矢之儀、弥被指捨間敷候、於備芸是非共可被切返由候、

山口之事者、以之外けに〳〵敷被相催由候、豊筑之勢、悉以山口に被相留候、直ニ出張候へとの下知にて候、隆〔陶〕房不日ニ至佐東面被罷上候、当国衆弥堅固候間、可御心安候、②吉川一人敵仕計候、是又可輒候、御推量之前ニ候、

（〇中略）、恐々謹言、

六月十二日　隆元　御判

国重源四郎殿

史料7傍線部①に示された隆元の見立てによると、義隆は必ずしも戦意を失っていない。備後・安芸方面での巻き返しが期されていたといい、山口はもっともらしく整えられ、同所に駐留していた豊前・筑前の軍勢は、すぐに出陣を命じられた。帰国したばかりの重臣陶隆房は、まもなく安芸佐東郡へ派遣されるという。つまり、多くの将兵を失いはしたものの、山口には無傷の豊前・筑前の軍勢が残されており、帰国直後より義隆は、尼子勢の反撃に対応する一手を打ち出していた。

もうひとつ、先ほど触れた龍翔寺の寺領回復の件に関わっていた山口在住の禅僧龍谷宗登の書状に注目しよう。「大敗」の約半年後に龍谷宗登が「龍翔寺侍衣禅師」へ送った（天文十二年カ）十一月十一日付書状をみると、彼は当時の状況について、「雲州敗軍以後、防・長・豊・築・芸・石、分国中静謐、与昔日不別、可御心安候、来年者又可有進発之調半候」と伝えている（「大徳寺文書」三二〇三号文書）。すなわち、出雲出兵に敗れた後も大内氏の「分国中」は「静謐」であり、しかも、来年ふたたび「進発」する準備を進めている、というのである。実際には、石見東部で小競り合いが生じ（「久利家文書」『出雲尼子史料集』六五九号文書など）、備後では、寝返った山名理興との間で神辺城（現広島県福山市）をめぐる攻防が続いた。(28) ただ、そういった境界領域の動向を除くと、大内領国に大きな紛争の種は、たしかに当面みられないのである。

これらの文面と事後の対応をみる限り、再出兵こそ実現しなかったものの、「大敗」後も大内勢は、巻き返しが可

能な状況にあったと思われる。先述した軍記物『大内義隆記』の記述は、あながち間違いとはいえなさそうである。多くの戦死者を出したものの、「雲州敗軍」は、尼子勢の反撃に対応しつつ備後まで平定し、最終的に史上最大版図を実現していく義隆の軍事に、深刻な影響を与えなかった。現時点では、そのように考えてよいと思う。

領国支配及び朝廷・室町幕府との関係にみられた影響

ただし、「雲州敗軍」の影響は、軍事面に留まるとは限らない。領国支配や家臣団との関係、そして朝廷・室町幕府との関係に影響を与えた可能性も考えられよう。

この点について、これまでの通説は、「雲州敗軍」の影響を大内義隆の政治的意欲の減退、家臣団における武断派と文治派、あるいは重臣と側近の対立にみいだし、それが最終的に陶隆房の乱に結びついたと理解する。[29]「雲州敗軍」後に義隆が戦陣へ赴いた様子がみられないこと、天文十四(一五四五)年五月に側近相良武任が出奔していること、やがて隆房が反乱の準備を着々と進めていくにもかかわらず、なんら有効な対抗策を打ち出していないことが、その証左とされる。

通説が想定してきた流れはたしかに理解しやすく、とりわけ和田秀作による経緯の整理は説得的である。ただ、重臣・側近間の対立と「雲州敗軍」の直接的な因果関係は、良質な史料ではなかなか確認しえない。また、そうした対立構図は、大内義興の時代から存在する構造的問題とも指摘される。[30]したがって、思わぬ「大敗」により、それがさらに先鋭化した可能性を認めるところまでが、当面は妥当な評価のように思われる。

むしろ、良質な史料から読み取れるのは、朝廷や公家、そして室町幕府との関係への影響である。前者との親近性が高まる一方、後者との間には若干の距離間がみてとれるのだ。

朝廷との関係を取り上げると、まずは、義隆が家臣や従属する国衆へ官途を与える際に発給していた官途推挙状の変化が注目される。[31]「雲州敗軍」の後、山口に戻って五日目に発給された史料8をご覧いただきたい(「今仁恕子文書」『大分県史料二』二一号文書。なお、同書は発給年を「天正十二年」と記すが、正しくは「天文十二年」である)。

史料8

右衛門尉所望之事、可令挙敷奏之状、如件、

天文十二年五月二十九日 (花押)

今仁五郎殿

ここでクローズアップしたいのは、文中の「可令挙敷奏」という文言である。というのも、史料8以前の官途推挙状には、ここに「可令挙京都」と記されていたからだ。つまり、「雲州敗軍」直後に文言が変えられたわけであり、そこには義隆なりの思惑が込められていたとみられる。

それでは、どうして義隆は官途推挙状の文言を変更したのであろう。上嶋康裕によると、そもそも「敷奏」とは、「天皇に意見を奏上する伝奏」を指す名詞。武家の任官を取り仕切った幕府を示すのか、往古より官位の叙任を担ってきた朝廷を示すのか、あいまいな表現だった「京都」文言に比して、明らかに後者を意識するものであった。すなわち、帰国直後に開始された「敷奏」文言の使用には、もともと強かった朝廷との親近性と、[32]そこへアクセスできる政治的立場をことさら誇示する意図が込められていたのであり、義隆としては、そのことを材料に、「大敗」した自己の権力の正統性と健在ぶりをアピールしたかったものと考えられる。

そういう意味では、戦後に進んだ義隆の官位昇進も注目すべき事象である。義隆は天文十三年に侍従、同十四年に正三位に昇進し、最終的には従二位兵部卿までのぼった。「雲州敗軍」後に従三位の将軍足利義晴を追い抜き、武家社会のトップに立ったのだ。[33]「大敗」後も尼子氏との対立が続いていた状況を踏まえると、とくに天文十三年、同十四年の昇進などは、これまた自己の権力の健在ぶりを内外に示すための戦略とみなすことができよう。

その一方、幕府との関係に目を転じると、天文十二年から同十四年にかけて、幕府が義隆に尼子氏との和睦を打診していたことが知られる。仲介役を担ったのは、公家の二条尹房や柳原資定であった[34]。ところが、義隆はこれを拒絶する。天文年間初頭の大友氏との紛争にあたり、優勢ながら素直に幕府の調停に従ったケースとは[35]、まったく異なる判断を下したのである。これに加え、先述した官位昇進のおり、義隆が将軍義晴の官位との兼ね合いをはばかった様子が見受けられないことを併せて考えると、この間に幕府とは、いささか距離を感じさせる場面が続いていたように思われる。とくだん対立している様子はないのだが、親近性を増す朝廷との関係とは、対極的な様相をみせているのである。

なお、かかる関係の推移には、月山富田城を目前にしていた天文十二年四月二日に、尼子討伐を命じる幕府奉行人連署奉書(史料4)が届き、これを諸将に転送しながら(表1、No.42)、戦局を好転させられず、まもなく「大敗」したことが影響しているように思われる。こういった顚末がある以上、幕府との関係を材料に健在ぶりをアピールすることに、義隆はためらいを感じていたのではないだろうか。そういう意味では、朝廷との親近性を利用するという戦略は、消去法的に選ばれたとみなすこともできよう。

エスカレートする朝廷との親近性

「雲州敗軍」を受け、大内義隆は自己の権力とその健在ぶりをアピールするために、朝廷との親近性を誇示する方針を選択した。ただし、そうした戦略性は徐々に後景へと退き、やがては親近性ばかりがエスカレートしていったように思われる。ちょうどこの頃に文化的活動への傾倒や[36]、下向公家の増加が見受けられるのだ。ここでは、とくに後者について検討を加えたい。

次頁に掲げた表3は、義隆の治世に大内領国へ下向した公家や地下官人の人名・時期等をまとめたものである。こ

表3　大内義隆期に大内領国へ下向してきた公家・地下官人

No.	名　前	下向(出発)時期	下向後の動向	下向の要因	出　典
1	三条西公条	享禄3.11		故義興の「一回転経」供養	実隆公記
2	小槻伊治	享禄5.7 天文14.4 天文16	天文12.12上洛 天文14.12上洛 天文20.8死去	義隆側室の娘の出産 相良氏叙任の勅使	言継卿記 御湯殿上日記 相良家文書 策彦和尚再渡集
3	万里小路秀房	天文2.10		義隆正室の父	言継卿記
4	賀茂在康	天文3.5以前		大内領国に所在する所領関係 文明年間以来の関係	歴名土代
5	転法輪三条公頼	天文3.11 天文18.11	天文5.6上洛 天文20.8死去	大内領国に所在する荘園関係 南北朝期以来の関係	厳助大僧正記 御湯殿上日記 言継卿記 公卿補任
6	吉田兼右	天文4.春ヵ (計画のみヵ) 天文11.4	天文13.12上洛	義隆への御礼 尼子氏との紛争祈禱 神道秘説の伝授	兼右卿記 神道相承抄 房顕覚書 御湯殿上日記
7	広橋兼秀	天文5.6 天文14.6 天文17.6	天文5.12上洛 天文19.6上洛	即位御剣下賜の勅使 娘は義隆側室	御湯殿上日記 公卿補任 言継卿記
8	持明院基規	天文6.正 天文11以前 天文14.9 天文18.11	天文7.11上洛 天文12.12上洛 天文17.9上洛 天文20.9死去		言継卿記 御湯殿上日記 公卿補任
9	万里小路惟房	天文6.正		義隆正室の兄弟	言継卿記 御湯殿上日記
10	一条房通	天文12.12	天文13.2土佐へ下向	京都と土佐の往来の間に厳島逗留，大内家臣と接触	房顕覚書
11	二条尹房	天文13	天文20.8死去	尼子氏との和平仲介	房顕覚書 公卿補任 御湯殿上日記
12	烏丸光康	天文13.9	天文14.4上洛	阿蘇氏叙任の勅使	言継卿記
13	柳原資定	天文14.3 天文19.正	天文18.秋上洛 陶隆房の乱後も山口に滞在	学問教授のためヵ 尼子氏との和睦仲介	言継卿記 公卿補任 天文御日記 証如上人書札案
14	清原業賢	天文14.4		小槻伊治の義兄弟 学問教授のためヵ	言継卿記
15	二条良豊	天文16.8以前ヵ	天文20.9死去	二条尹房に随行ヵ	歴名土代 御湯殿上日記
16	東坊城長淳	天文16.11	天文17.3大宰府に赴く途中で死去	大宰府安楽寺の訪問	公卿補任 言継卿記
17	岡崎氏久		天文20.8死去	二条尹房に随行ヵ	歴名土代
18	冷泉範遠		天文20.9死去		歴名土代
19	水無瀬親世		義隆死後に落髪		公卿補任

註：本表の作成にあたっては，前掲註(20)米原論文及び富田正弘「戦国期の公家衆」(『立命館文学』509号，1988年)等を参照した。

れによると、義隆の家督相続から「雲州敗軍」までの一五年間に下向した人数はのべ一〇人。ところが、それから滅亡までの九年間には、のべ一七人が下向している。「大敗」したにもかかわらず、増えているのだ。人数面だけでの安易な判断は禁物だが、かかる状況は、朝廷との親近性を誇示して「大敗」を糊塗しようという狙いが招いた結果とみることも可能であろう。

また、「雲州敗軍」後に大きな問題となり、朝廷との親近性、下向公家・地下官人との関係に拍車をかけたとおぼしいのが、義隆の後継者問題である。敗走時に嫡子晴持を喪った義隆は、新たな後継者を模索せざるをえなくなり、姉妹が嫁いでいた大友義鑑の子息晴英との養子縁組をいったんは決定した。おそらく、天文十三(一五四四)年中のことと思われる。

ところが、事態は意外な方向へシフトする。天文十四年に、実子義尊が生まれたのだ。その結果、晴英との養子縁組は取りやめとなり(「相良家文書」『大日本古文書　家わけ第五』三七八号文書)、義尊が後継者と目されていく。

じつは、そうして義尊が後継者になったことは、義隆とその周囲に少なからぬ影響を与えた。義尊の母親は、下向地下官人の小槻伊治の娘おさい。義隆の正室万里小路惟房の娘に上臈として仕える間に寵を受け、やがて広橋兼秀の養女として継室に迎えられた女性であった。そして、実父伊治は、官務を世襲する大宮官務家の当主で、経済的に困窮して周防山口に長逗留し、義隆の側に仕えた人物。養父兼秀は、武家伝奏を務めた広橋家の当主で、たびたび周防山口へ下向しては、幕府や朝廷とのパイプ役を担っていた(37)。すなわち、こうした関係のもとに生まれ、育てられた義尊の存在が、義隆と下向公家・地下官人をつなぐ紐帯になり、両者の親密さをより深化させたと考えられるのである。

これらのことが重なった結果、「雲州敗軍」後に採用された朝廷との親近性を活用する方針は、加速度的に促進されていったとおぼしい。いささか飛躍した見通しを述べるならば、先行研究のいう義隆の「貴族主義」とは(38)、過剰に促進され、当初の戦略的な狙いから逸脱してしまった朝廷との親近性の終着点ということができよう。したがって、もし仮に、義隆の行き過ぎた公家化や「貴族主義」的な振舞いに滅亡の一因が求められるのであれば、きっかけを生み出した「雲州敗軍」もまた、その遠因のひとつに数えられることになる。

ただ、実際のところ、義隆滅亡の要因は複合的と思われ、右の問題に留まるものではあるまい。別途に慎重な検討が必要なことはいうまでもなく、このあたりの因果関係の解明は、引き続き重要な検討課題である。

おわりに

本章では、企画の政治的な背景、出兵の経緯と目的、陣中の様相、そして「雲州敗軍」の実態と影響を論点に、大内義隆の出雲出兵について検証してきた。先行研究の屋上屋を重ねた部分も少なくなかったが、良質な史料にもとづいて大内勢の動向と、義隆の動静を整理しなおしたことにより、合戦の全体像をより精緻に示すことはできたように思う。最後に内容を簡単にまとめ、擱筆するとしたい。

第1節では、出雲出兵が企画された背景と経緯を取り上げた。大永年間から安芸や石見で抗争しはじめた大内・尼子両氏は、享禄年間から天文年間初頭にかけて、大内氏の代替わりや尼子氏の内紛により休戦状態となり、将軍足利義晴の上洛要請にともなう大内・大友両氏の紛争、尼子氏の播磨出兵等をへて、一時はともに上洛するという話もあったものの、安芸国衆の帰属や動静をめぐり、ふたたび対立。天文九(一五四〇)年以降、大規模な軍事衝突を繰り返していた。その最初が吉田郡山城の戦いであり、次いで起こったのが、大内勢の出雲出兵であった。

出雲出兵の構想は、吉田郡山城合戦の直後には義隆の中に芽生えており、その背景として、出雲国衆の要請、そして、それを取り次ぐ尼子旧臣多賀高永の存在が指摘された。出兵には、大内領国とその影響下にあった諸勢力が軒並み参加。奥出雲から北上するルート、石見西部から東進するルート、水軍衆の三手にわかれ、天文十一年前半から翌年五月にかけての長期戦に臨んだ。しかし、天文十二年三月にスタートした月山富田城攻略は、出雲国衆の離反により二ヶ月あまりで中断。撤退時に追撃を受けた大内勢は、多くの戦死者を出すこととなった。じつは、この数日間の撤退戦こそが、「雲州敗軍」そのものであった。

第2節では、陣中の様相に注目した。出兵が長期に及んだこともあり、陣中では、領国支配に関する実務や政治的判断、京都周辺の関係者とのやり取りなど、軍事に並行して領国内外をみすえた政治的活動が進められていた。また、「降伏」してきた出雲国衆の処遇が進められる一方、寺社領・公家領については保護・回復方針が採られるなど、出雲支配に向けた方向性が打ち出されつつあった。

しかし、出雲出兵の最終局面では、先述のように出雲国衆が離脱するという事態が生じた。その背景には、攻め手の苦戦や尼子方の寝返り工作に加え、寺社領・公家領の保護・回復方針の影響が指摘された。それらを「不知行」に追い込んでいた国衆やそれに連なる人々にとって、この方針は、権益の喪失に繋がりかねないものだったからである。

第3節では、「雲州敗軍」と称された「大敗」の実態とその影響について検証した。前者については、撤退に転じた大内勢がわずか数日の間に多くの戦死者を出していたこと、その中には嫡子晴持、安芸東西条代官杉隆宣、安芸国衆小早川正平などの有力者も含まれており、たしかに「大敗」と評される実態をともなっていたことが指摘された。ただ、「雲州敗軍」後の動静に目を向けると、多くの戦死者を出しながらも、大内勢はすぐ巻き返しに転じうる余力を有していた。山口在住の禅僧は、「雲州敗軍」後も「分国中静謐」と述べており、「大敗」が大内氏の軍事活動に与えた影響は限定的であった。

もっとも、「大敗」の影響は軍事面に留まるものではない。重臣と側近の対立を先鋭化させた可能性が想定され、官途推挙状の文言の変化からは、もともと強かった朝廷との親近性を権力の正統性や健在ぶりのアピールに利用する戦略が、「雲州敗軍」後まもなく採用された事実が判明した。この間に若干の距離間が感じられた幕府との関係とは、対極的な状況が生まれていた。

しかも、下向する公家・地下官人の増加や、小槻伊治の娘を母に持つ嫡子義尊の誕生が、朝廷との親近性を誇示する方針を必要以上に加速させ、当初の戦略を逸脱させていった可能性も指摘された。そして、そのように考えると、晩年にみられた義隆の公家化や、「常軌を超えた」「貴族主義」的な振舞いは、そうした経緯の終着点とみなすこともできそうである。

このように、義隆の出雲出兵、そして「雲州敗軍」の経緯と実態、影響は、軍事的な事柄はもとより、当該期における大内領国の問題、周辺の地域権力との関係、幕府や朝廷との関係なども織り込み、じつに多様な要因で彩られていた。長期にわたった大規模な出兵ゆえの特殊性もあろうが、おそらく戦国時代の合戦は、おおよそこうした連関のもと、営まれていたはずである。

しかし、かかる複眼的な切り口で戦国合戦を分析しようという取り組みは、少なくとも西国エリアについては、いまのところ管見に入らない。拙稿のみならず、本書に収録された諸論文の発表が呼び水となり、より豊かな戦国時代像の描写に繋がればと願うところである。

（1）大内・尼子両氏の関係とその推移については、川岡勉「戦国期の室町幕府と尼子氏」（島根県古代文化センター編・刊行『尼子氏の特質と興亡史に関わる比較研究』二〇一三年）、長谷川博史「十六世紀の日本列島と出雲尼子氏」（『同書』）を参照。

（2）たとえば、福尾猛市郎『大内義隆』（吉川弘文館、一九五九年）など。

（3）たとえば、『山口県史　通史編　中世』（山口県、二〇一二年）第四編第一章「大内義隆と陶隆房」（和田秀作執筆）、『松江市史　通史編2　中世』（松江市、二〇一六年）第三章第四節「尼子氏の強大化と出雲」（川岡勉・長谷川博史執筆）、同第五節「戦国の争乱の激化」（中野賢治・長谷川博史執筆）など。

(4) たとえば、前掲註(2)福尾著書、米原正義『大内義隆 名将が花開かせた山口文化』(戎光祥出版、二〇一四年。初出は一九六七年)など。いずれも優れた伝記だが、軍記物等の二次史料の取り上げ方については批判の余地も残る。

(5) 以下、本項に記した大内・尼子両氏の対立及び中央政局との関係については、前掲註(1)川岡勉論文及び長谷川論文、前掲註(3)『松江市史 通史編2 中世』第三章第四節(川岡・長谷川執筆)、同第五節(中野・長谷川執筆)を参照。

(6) 前掲註(1)長谷川論文。

(7) 前掲註(1)川岡論文。

(8) 備後の渋川氏については、谷口雄太「中世後期における御一家渋川氏の動向」(戦国史研究会編『戦国期政治史論集【西国編】』岩田書院、二〇一七年)を参照。なお、ちょうどこの頃に「尼子氏―大坂本願寺を取り次ぐ役割を果たした」のが、備後渋川氏であった。

(9) 大内氏の安芸平定については、『広島県史 中世 通史Ⅱ』(広島県、一九八四年)第Ⅳ章四「大内・尼子両勢力の争覇」(河村昭一執筆)を参照。

(10) 「二宮恒夫什書」『大日本古文書 家わけ第九 吉川家文書別集』五六一号文書。なお、この史料は『出雲尼子史料集』や米原正義校注『戦国期 中国史料撰』(人物往来社、一九六六年)にも掲載される。解題については、『戦国期 中国史料撰』を参照。

(11) 多賀高永の動向と出自については、佐伯弘次「大内氏の筑前国郡代」(『九州史学』六九号、一九八〇年)、長谷川博史「遠用物所収「覚書」にみる史料の可能性」(『山口県史の窓』三一号、二〇一二年)を参照。なお、長谷川が紹介した「覚書」(「毛利家文庫遠用物」中世四六号文書、山口県文書館所蔵)は、「多賀美作守隆長」が出雲出兵で担った役割について、「義隆雲州乱入之時、召具被仕、大小事被相頼、国中之儀被任彼指南候」と記している。

(12) 前掲註(1)川岡論文。

(13) 勝田勝年校注『尼子・毛利合戦雲陽軍実記』(新人物往来社、一九七八年)。

(14) たとえば、石見の国衆小笠原長徳へ宛てた(天文十二年)二月六日付大内義隆書状(「石見小笠原文書」『出雲尼子史料集』五八五号文書)には、「至富田陣執之間、別而御馳走可為喜悦」とみえ、このタイミングで小笠原勢が着陣(出陣)した様子が示唆される。

(15) 中世後期における斐伊川の流路及び交通体系については、長谷川博史「中世都市杵築の発展と地域社会―十六世紀における西日本海水運の構造転換―」(『史学研究』二二〇号、一九九八年)、同「十六世紀における西日本海域の構造転換」(矢田俊文・工藤清泰編『日本海域歴史大系　第三巻　中世篇』清文堂出版、二〇〇五年)などを参照。

(16) 天文十二年正月十日付で作成・提出された出雲神門郡朝山の林八幡宮の祭礼と料足の覚書に裏花押を据えている杉宗長・龍崎隆輔・貫隆仲・弘中隆兼などは、その代表的存在であろう(「朝山文書」東京大学史料編纂所写真帳)。

(17) 龍翔寺領に係るやり取りについては、髙鳥廉「戦国期における大内氏と大徳寺」(『北大史学』五六号、二〇一六年)を参照。

(18) 「遣明船派遣熱」の高まりと、大内義隆による「有効な勘合の独占」経緯については、橋本雄「「二人の将軍」と外交権の分裂」(同著『中世日本の国際関係―東アジア通交圏と偽使問題―』吉川弘文館、二〇〇五年)を参照。

(19) なお、『大日本古文書』は本文書の発給年を「天文十六年ヵ」と比定するが、小林健彦「大内氏の対京都政策―在京雑掌(僧)を中心として―」(『学習院史学』二八号、一九九〇年)の指摘どおり、天文十二年のものとみなしてよい。

(20) 吉田兼右の西国下向については、前掲註(4)米原著書、米原正義「周防大内氏の文芸」(同著『戦国武士と文芸の研究』桜楓社、一九七六年)、伊藤聡「天文年間における吉田兼右の山口下向をめぐって」(『文学』一三巻五号、二〇一二年)を参照。

(21) たとえば、前掲註(2)福尾著書。

(22) なお、赤穴城攻略直後の八月二十八日付で発給された毛利家臣志道広良書状写(「贈村山家返章」『出雲尼子史料集』五六八号文書)には、「備芸石三ヶ国之事者不及申候、至雲伯両州茂、此比悉以平均被仰付候」と記されており、大内義隆が出雲のみならず伯耆も平定対象としていた可能性を示唆する。

(23) なお、前掲註(11)長谷川論文は、尼子経久の次男国久の子息誠久が、史料5の文中の「尼子」に該当する可能性を指摘する。

(24) 深谷幸治「山科家の出雲所領支配と幕府奉公人」(『古代文化研究』九号、二〇〇一年)。

(25) たとえば、前掲註(3)『松江市史　通史編2　中世』第三章第五節(中野・長谷川執筆)や前掲註(4)米原著書など。

(26) 前掲註(11)長谷川論文。

(27) 前掲註(24)深谷論文。

(28)神辺城の攻防については、前掲註(9)『広島県史　中世　通史Ⅱ』第Ⅳ章四(河村昭一執筆)を参照。
(29)たとえば、前掲註(2)福尾著書、前掲註(3)『山口県史　通史編　中世』第四編第一章(和田秀作執筆)、前掲註(4)米原著書など。
(30)新興家臣の登用・抜擢による当主権力の基盤強化の動きは、大内義興の時代には始まっていたという。詳細については、中司健一「大内氏当主側近層の形成と展開」(鹿毛敏夫編『大内と大友　中世西日本の二大大名』勉誠出版、二〇一三年)を参照。
(31)官途推挙状の推挙文言の変化については、拙稿「室町・戦国期の地域権力と武家官位―大内氏の場合―」(拙著『中世後期武家官位論』戎光祥出版、二〇一五年。初出は二〇〇四年)を参照。また、「敷奏」文言のニュアンスについては、上嶋康裕「書評　山田貴司著『中世後期武家官位論』」(『年報中世史研究』四一号、二〇一六年)、同「「敷奏」に関する一考察―公武統一政権論の再検討―」(『古文書研究』八一号、二〇一六年)を参照。
(32)たとえば、天文年間初頭に勃発した北部九州における大友・少弐両氏との紛争にあたり、大内義隆は筑前守や大宰大弐任官を朝廷に直接働きかけ、自身の政治的立場の正統化を図っていた。その詳細については、拙稿a「大内義隆の大宰大弐任官」(『中世後期武家官位論』、初出は二〇〇六年)を参照。また、大内氏と朝廷・公家との関係については、拙稿b「大内氏と朝廷」(大内氏歴史文化研究会編『大内氏の歴史文化をさぐる(仮)』勉誠出版、二〇一九年刊行予定)を用意している。
(33)大内義隆の官位昇進については、前掲註(31)拙稿を参照。
(34)『房顕覚書』(『広島県史　古代中世資料編Ⅲ』)及び「真継文書」『出雲尼子史料集』七〇八号文書。なお、岡村吉彦『鳥取県史ブックレット4　尼子氏と戦国時代の鳥取』(鳥取県、二〇一〇年)は、後者の文書が示す柳原資定の活動を、但馬山名氏と尼子氏の和平調停とみなす。ただ、文面に記された「和平之儀、二条殿内々雖有御存分」という一文は、『房顕覚書』にみえる「御本所二条殿、天下ヨリノ御事、坊州・雲州ノ和談ニ付而御下向」にリンクすると思われる。そうすると、それを引き継いだとおぼしき資定の動きは、彼の滞在先である周防山口の大内氏と尼子氏の和平に関連したものとみなすべきであろう。
(35)天文年間初頭に勃発した北部九州における大内・大友両氏の紛争と和平については、前掲註(32)拙稿a、拙稿「西国の地域権力と室町幕府―大友氏の対幕府政策(関係)史試論―」(川岡勉編『中世の西国と東国　権力から探る地域的特性』戎光祥出版、二〇一四年)を参照。

(36) 前掲註(2)福尾著書、前掲註(4)米原著書など。

(37) なお、おさいの方の出自及び小槻伊治、広橋兼秀と大内義隆の関係については、前掲註(20)米原論文を参照。

(38) この点について、前掲註(2)福尾著書は、「天皇即位の資を献じ、朝廷の公卿・女房に至るまでしばしば贈物をなして、彼等と交わり、その山口下向を歓迎すると共に、自身も高い官職を拝戴して公卿化し、位従二位に至るごときは他の戦国武将には類例なき貴族趣味」であり、「常軌を超えたもの」と評している。

〔付記〕

本稿は、東京大学史料編纂所の二〇一七年度一般共同研究「関連史料の収集による大内氏の出雲出兵敗北とその影響の研究」による研究成果の一部である。

なお、共同研究の推進及び本稿の執筆にかかる関連史料の調査、現地巡見にあたっては、高屋茂男氏、中司健一氏、長谷川博史氏、和田秀作氏より種々のご高配を賜った。末筆ながら、記して謝意を表したい。

江口合戦
――細川氏・室町幕府将軍の「大敗」とは

田中　信司

はじめに

　応仁の乱勃発により、室町幕府を支えるべき存在であった有力守護大名の在京原則が崩れ、幕府が衰退に向かい、本格的な戦国乱世に突入していくことはよく知られている。ただ、三管領家の一角であった細川氏は、その領国が京都と指呼の位置にある摂津であったことが利となって、他の守護大名家とは異なり京都や幕府に対する影響力を失わなかった。応仁の乱で東軍を率いた細川勝元の子、政元は、明応二(一四九三)年にクーデターを起こし、ときの将軍足利義材を廃し、新将軍に義澄を立てて自勢力下に抱き込み、室町幕府の機構を掌握する形で畿内の支配者としての地位を確立したとされる。(1)

　やがて細川氏には、政元の後継者問題を発端として様々な勢力が乱立し、細川宗家(京兆家)当主の座を巡る内訌に明け暮れることとなる。そして、明応の政変からおよそ半世紀を経た十六世紀中頃の京兆家当主は、政元の孫にあたる晴元に承け継がれていた。この晴元成功の最大要因は、やはり戦争の強さにあった。晴元は、阿波国(阿波も細川一族の分国)の国人から台頭した三好氏に率いられた軍事力を従えて京都周辺を押さえたのである。が、このことは、三好氏内部に何らかの動揺が起こったり、晴元と三好氏との関係が悪化したりするならば、晴元政権がたちまちに不安定となることを意味する。そして、事態は実際にそのような経緯を辿る。

天文十八(一五四九)年五月から六月にかけて、摂津国江口(現在の大阪市東淀川区)を中心とする一帯で戦争が起こった。この戦いの一方の当事者は三好長慶で、当時二十七歳で三好家当主の座にあった。これに対したのが三好宗三(政長)で、長慶から見て、従大叔父(祖父長秀の従兄弟)にあたる。宗三は三好家の庶流ではあるものの、長慶の曽祖父で、三好氏を細川氏有力被官の座に引き上げた三好之長(宗三にとっては伯父)の時代からの重鎮であった。長慶と宗三は、交通・流通の要衝であった河内十七箇所と呼ばれる荘園群を争うなど対立し、天文十七年末ころから十七箇所を舞台に軍事衝突を起こしていた。これが江口合戦に飛び火し、宗三方の城である江口城・柴島城・榎並城を攻め落とした長慶が勝利し、宗三は戦死した。

この戦いは、経緯を大雑把に見れば三好氏の一族内紛争に過ぎないようだが、その結果はときの畿内政局に大きな波紋を広げていく。すなわち、細川晴元が終始宗三を支持した(晴元本人も三宅城に入城)ために、この戦いで晴元被官の主だった者が戦死しただけでなく、晴元自身も京都から没落し、延いては晴元が擁していた将軍足利義輝、前将軍義晴も京都からの脱出を余儀なくされたのである[2]。江口合戦が、畿内戦国史のひとつの画期と目される所以である。

しかし、最近の研究の飛躍的な進展下で、これとはまた違った角度から江口合戦を評価できるようになりつつある。そこで本章では、近ごろの研究成果を踏まえ、あらためて同時代性の高い関係史料をいくつか取り上げて、江口合戦による晴元・将軍の没落が、当時の京都周辺にどう影響したのか(していないのか)を整理してみたい。

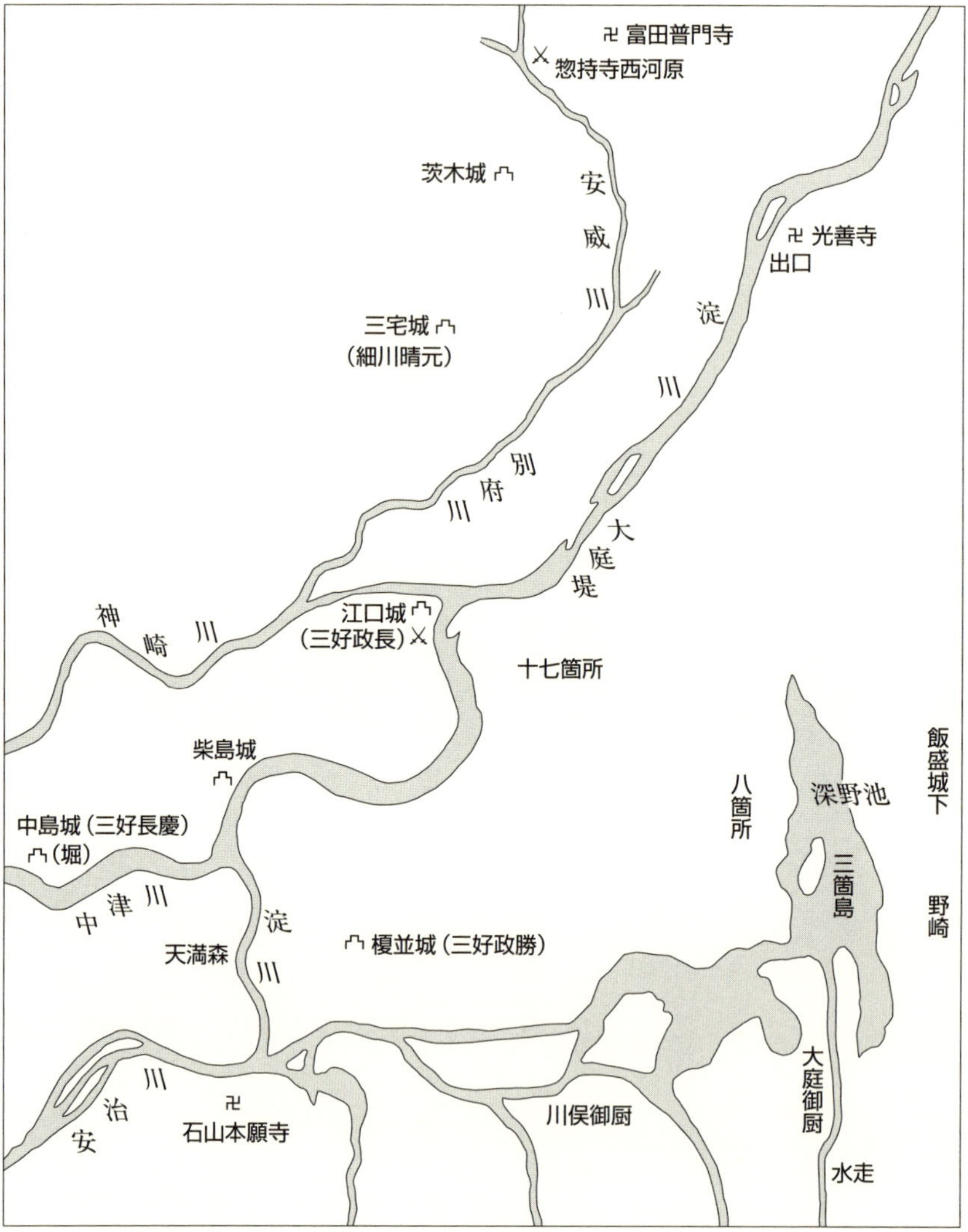

図1　江口合戦要図（今谷明『戦国三好一族』119頁より）

1　江口の戦いを描く先行研究と史料

畿内戦国史研究を踏まえて

研究史を振りかえると、戦国時代の室町幕府や足利将軍、細川氏や三好氏などの諸勢力に対する研究が質量ともに充実してきたのは二〇〇〇年前後以降のことである。それまでは、一九七〇年代後半から八〇年代の今谷明氏の一連の研究が唯一の体系化された畿内戦国史研究というべき状況であり、その業績は現在においても代表的な研究として、なお参照され続けている。そこで、まずは、今谷氏が江口合戦をどう位置づけているか、二点ほど抜き出してみよう。

「この「江口の戦い」は畿内において中世の終末をつげるほどの大事件であり、二十数年間続いた晴元政権は一挙に崩壊する(3)」。

「江口の敗報が京都に達して、天文十八年(一五四九)六月二七日、将軍父子、晴元一行の都落ちとなった。武家だけでなく、義晴の岳父近衛准后、聖護院および三宝院門跡、久我大納言など、在京の主要権門をあげての撤退であり、長慶が、中世的な一つの体制を一時的にせよ壊滅させたことを人々に印象づけた(4)」。

今谷氏は、江口合戦によって細川晴元政権が一挙に崩壊し将軍義輝やその縁者である上級公家衆が没落したことを、畿内における「中世の終末」と評している。まさに、新しい勢力である長慶の前に、旧い勢力である晴元・義輝は「大敗」、「壊滅」したわけである。ところで、今谷氏は戦国期の畿内政局を「京兆専制」という概念で把握しようとした(5)。これは、応仁の乱後の細川氏が、自身の意のままになる無力な将軍・無力な幕府を擁立して京都周辺を細川氏の領国として支配し、その細川氏の下から起こった三好氏が、将軍・幕府すらも必要としない畿内支配を実現し(正確には一時的に実現したに過ぎないのだが)、この過程が近世的な統一政権の形成につながっていく、すなわち、将軍・幕府を専制した細川氏が近世的統一政権形成の先駆となる、という考え方である。今谷氏の説に沿えば、江口合戦は、「幕府を専制しているものの、幕府を擁しているという意味で、より中世的な細川政権」から「幕府を全く必要としない、より近世的な三好政権」に移行する画期として、甚だ重大な意味を持つといえる。

この「京兆専制」論は、その後の諸研究によって相対化が進められているが、その一例として古野貢氏の研究を挙げよう(6)。古野氏によれば、守護職を前提とした一族の連合によって分国を支配する細川氏にとって、その細川一族の核である京兆家が核であるためには、幕府の権威に依存することが必須であるとし、細川氏が幕府を専制し、畿内を領国化した事実はないと断じた。一方、三好氏は、細川氏とははっきり異なり、幕府の影響力を排除することで成立した権力と位置づけた。これによって、今谷氏の研究以上に細川氏と三好氏の間の断絶が明確化されたことになるが、その三好氏権力に移行する契機を、古野氏は江口合戦に置いている(7)。こうしてみると、江口合戦を畿内が中世から近世に移行するターニング・ポイントとして評価する見方は、古野氏によって、より際立たせられたように受け取られる。

そして、古野氏が、細川氏との対比として指摘する三好氏権力の革新性は、三好氏の研究を通じて今谷氏を批判した天野忠幸氏の視点にも継承されているようである。すなわち、幕府を必要としない権力構築を一時的に実現したものの、永禄元(一五五八)年の将軍義輝の京都復帰(幕府の復活)の前に三好氏権力は挫折させられたとする今谷説に対し、天野氏は、将軍義輝復帰後の幕府は三好氏によって統制されていたとし、三好氏権力が幕府の影響力を排した畿内政権であったと論じたのである(8)。天野氏は、今谷氏が細川政権の延長線上で、いわば補足的にしか論じていなかった三好氏権力について、その政権としてのありようを明示して、畿内戦国史の理解を大きく進展させた。その天野氏は、江口合戦を、強行的な国人編成を進める晴元と宗三への反感を持つ国人衆を糾合して挙兵した長慶が、晴元政権を崩壊させ一時的にせよ京都を支配した戦い(9)と評していることから、江口合戦を三好政権成立に向けたひとつの契機と見ているると思われる。つまり、江口合戦が畿内の新時代の幕開けのようなものとして理解するという一点においては、それまでの研究を踏襲しているように見えるのである。要するに、研究の厚みが増す中でも、江口合戦を畿内戦国史の画期とする見方は変わっていないようなのである。

しかし、もっと最近の研究では、古野氏や天野氏の説を批判する向きも起こってきている。たとえば、浜口誠至氏は、古野氏の細川氏権力論の根拠の危うさを指摘し、また、細川晴元政権についても従来の細川氏権力とは全く異質のものとして捉え、将軍との間には十分な信頼関係が構築できていなかった点を指摘している。[10] また、馬部隆弘氏は、天野氏が三好長慶の特質として評価した内衆編成のあり方について、それ以前に細川庶流の玄蕃頭家が用いた方法を三好氏は踏襲したに過ぎない点を明らかにしている。[11] これらの批判から学ぶならば、細川氏のみが畿内に強大な影響力を持ち幕府を代替するほどの存在であると高く評価したり、細川氏と三好氏との間の断絶ばかりを強調したりすることに、疑いの目を向けなければならなくなるはずである。すると、おのずから、江口合戦に与えられている、「中世から近世への画期となる戦い」という印象的な意味づけも曇りが生じることになりはしないだろうか。

ここまで、今谷説を起点に細川氏・三好氏の研究動向に触れてきたが、この一方で、今谷説の相対化は、当該期室町幕府の動向を解明する視点からも進んでいる。すなわち、今谷氏は戦国期の室町幕府を細川氏に専制される無力な存在としたが、依然として活動実態のある独自の政務機構をもっていて、政治動向も細川氏とは異なるものであった点が、設楽薫氏[12]や、山田康弘氏[13]などによって示されたのである。とくに山田氏は、幕府の自立性を明らかにするだけでなく、将軍と諸大名の関係性を分析し、大名が対外的・対内的双方の問題解決のために将軍を利用し、それら大名から幕府が実効性を維持するための支援や将軍が京都を没落する場合の避難場所の提供などの各種援助を受けるといった相互補完関係にあったことを導いた。[14] しかも、山田氏によれば、幕府は原則的に同時に複数の大名とそのような関係を結んでいたとする。[15] これに学ぶならば、江口合戦で細川氏が敗れ去ることが、ほんとうに畿内戦国史における画期となり得るのか、やはり疑問を抱かざるを得ない。

史料を踏まえて

江口合戦を畿内戦国史の画期と見ることへの違和感は、この戦いを物語る史料自体の性格を考えると、より明確になる。『史料総覧』天文十八年六月二十四日の綱文に、江口合戦にて三好宗三が討死した旨が記されており、その典拠となる代表的な史料の一覧が列挙されている。これらの一々を点検していくと、『細川両家記』『足利季世記』『重編応仁記』といった軍記物の分量が極めて大きいことを知らされる。いうまでもなく、史実の発生からしばらく経た後に、少なからず編纂者独自の視点や意図が挿入されながら編纂されがちな軍記物が、必ずしも正確な史実を書き残しているとはいえない。これに関する例として、二〇〇九年に開催された『細川両家記』の史料的価値を再検討するシンポジウムに触れよう。この場で、天野忠幸氏は、『細川両家記』の作者である生嶋宗竹が、江口合戦を細川政権が崩壊し三好政権が成立する画期と見る歴史観を持ち、これが今谷明氏の畿内政治史の叙述に継承されていること、三好家の被官として活動する生嶋氏の者がいること、いくつかある『細川両家記』の写本のひとつの奥書に、その元本の所有者として記されている塩田氏が、三好家の重要な被官であったことを指摘した(16)。これに学ぶならば、江口合戦を三好氏飛躍のきっかけとする『細川両家記』の著述には、三好家を顕彰する狙いが多分に含まれていて、客観的視点に欠けているということになるだろう。延いては、『細川両家記』に依拠した今谷氏の畿内戦国史の概説や、三好政権の論考、これを批判的に継承したその後の諸研究も再検討の余地が生じてくるともいえる(17)。さらに、作者と成立時期が判明している『細川両家記』とひきかえ、それらが不明で、しかも『細川両家記』と内容の重複が少なくない『足利季世記』など、その他の軍記の描写によって形作られてきた「画期としての江口合戦」という理解の仕方には、大いに再検討の余地があるはずである。

ただ、この問題に正面切って取り組んだ研究は、おそらく今のところないと思われる。それは偏に、江口合戦を書き残した一次史料が少なく、そこから知ることのできる情報もごくわずかであることに起因している。たとえば、この時期の畿内を知るのに最重要な一次史料である、山科言継が遺した記録『言継卿記』は、江口合戦のあった天文十八年の部分が欠落して現存していない。そして、これ以外の一次史料を眺めても、以下のような状況なのである。

史料1(18)

ふけ《(武家)》ひんかし《(東)》山まて御のき《(退)》あり、

史料2(19)

ふけさかもと《(坂本)》まて御のきあり、御あんない《(案内)》申さるゝ、新中納言御つかい《(使)》にまいら《(参)》せらるゝ、

史料1・2は、宮廷女官の日誌である。江口合戦の結果、細川晴元と行動を共にしていた将軍義輝が洛中より東山を経て近江国坂本に移動したことが知られるだけで、合戦そのものの記述はない。宮中に暮らす女官が、摂津の地での戦争の模様を詳細に知り得る立場にあるはずがなかったといえばそれまでだが、だとしても情報に乏しい。

史料3(20)

廿四日、江口ノ陣ヨリ宗三、高畠等切テ出候テ、各打死、千人計、河内三好勝利候、江口焼、夕三宅城ヨリ細川殿被レ落候、

史料3は、ときの一向宗門主証如の側近だった僧実従の手による日記である。おそらく記事が書かれた場所は、石山本願寺であったと思われ、そうであるならば戦場とは離れていない。しかし、ここからは合戦の大まかな経緯を知ることしかできない。

史料4(21)

宗三方近日中島の江口に陣取けるか、一昨日〈廿四日未刻〉、私喧嘩を仕出て散々に戦ひけり、然処敵三好方此由を聞付、以二大勢一則時に江口へ切入る、宗三方二千計ありける内、宗三・香西・高畠神九郎此等を初として究竟の衆八百余打死云々、江口ハ即落居と云々、晴元ハ三宅に御座とも申、又ハ小坂へ落させ給ふとも申篇々なり、

榎並にハ未だ人数ある由申す、然雖是も今明の間に可二相迦一の由風聞了、誠ニ自陣闘諍時刻到来也云々、而に今朝ハ又宗三打死之事実説無レ之、未定也、殊に江州衆追々に立ける間、此分ニてハ一途の落居ハ未レ知之由沙汰あり、雖レ然近江衆の分にてハ、不レ可レ有二差事一之間、十の八九ハ武綱御勝手なり云々、実否の事今ハ無二一途一なり、（傍点筆者）

これは、当時大般若経の書写を行っていた奈良興福寺の僧、賢忍房良尊が、写経の奥書に時事や見聞を書き付けたものである。これまでの史料に比べ、宗三の陣営で起こった喧嘩に乗じて長慶が勝利したことや細川晴元の動向、近江衆（六角氏か）の軍勢発向など、合戦の状況を詳しく知ることができる。ただ、宗三方の敗北に多く触れるものの勝った長慶の動向への言及はない。その中で一点注目すべきは、「武綱御勝手」の部分である。「武」の字は原史料では「氏」で、書写や翻刻の過程で誤記されてしまった（「武」と「氏」は崩し字にすると字形が似る）と仮定するならば、「氏綱御勝手」と読める。そうであったとして、この「氏綱」は、細川氏綱を指すと見て相違ない。細川氏綱は、晴元とは別系統の細川一族で晴元と敵対関係にあり、江口合戦の時、長慶は宗三を支持する晴元から離れ、氏綱に鞍替えしていた。このように、江口合戦を長慶の勝利とせず、「氏綱御勝手《かちて》（氏綱の勝利）」と評していた可能性があることを看過すべきではない。

史料5[22]

七月日、公方様、右京兆坂本迄被二引退一事。於二摂州中嶋国嶋一、三好宗三其外馬廻衆数百人打死。江浪城落居。於二京兆一者一身自二三宅一城被二忍落一。三好筑前守一国平儀に切勝。則京上地子銭已下取レ之等事、種々之義在レ之。

これは、醍醐寺理性院の僧厳助が自身の日記を後日抄出して編集した年録の一節である（六月末にあった合戦を「七月」とする齟齬がある）。内容は、三好宗三以下が討ち死にし、政長方が掌握していた江浪（榎並）城の争乱が鎮定したこと、宗三を支援しようとした細川晴元（右京兆）が三宅城より「忍落」したこと、これにともない公方様（義輝）が近江坂本まで退いたことであり、史料4と重なるところが多い。ただ、この史料からは宗三を討った三好筑前守(長慶)が「一国平儀」に勝利し、すぐさま「京上地子銭」の徴収などを行ったことが知られ、長慶の動向を最も詳しく伝える一次史料といえる。

このように、江口合戦を詳しく物語る一次史料は少ない。そして、そのことをして、この戦いが、三好氏とはあまり縁がない同時代人にはそれほど重代深刻な関心事として響かなかったのかもしれないのではないか、という疑問さえも引き起こすかもしれない。しかし、史料4・5に見えるわずかな痕跡を糸口にして、江口合戦が当時の畿内にどのような影響を及ぼしたのか、広げて考えてみることはできそうである。

2 江口合戦後の三好長慶

「一国平儀」

史料5では、三好長慶の勝利を「一国平儀」と表現している。おそらく「一国を平定した」と解して問題ないと思うが、この「一国」が何を意味するか確認するところから始めよう。天野氏によれば、江口合戦発生時点で、長慶は摂津半国(下郡)の守護代だったという。[23] 加えて、戦いの舞台が摂津であることからしても、一国は摂津国を指すと見るのが自然であろう。そうすると、史料5の「京上地子銭」は、「京都に上るための費用を摂津にて徴収した」と読むことができそうである。これに関しては、三好氏と縁戚関係にあった摂津国人の池田氏が、それまでは幕府や細川氏の干渉を受けていたものが、江口合戦後の天文二十(一五五一)年以降、独自性の強い領域支配を展開するようになったことが分かっている。[24] この池田氏の変化には、三好氏の後ろ楯が大いに作用しているに相違なく、江口合戦後の摂津における長慶の影響力の高まりが看取される。これを裏付ける史料がある。

史料6(25)

渡辺千満方本知龍安寺分事、早々指出可二調進一、若於二遅々一者可レ為二曲事一候、委細千満代可二申付一候、謹言、

三好

（天文十九年）後五月廿一日　長慶

渡辺所々散在

名主百姓中

この史料は合戦翌年の天文十九（一五五〇）年の発給とされている。港湾で有名な摂津国渡辺の名主・百姓に対して指出を命じた長慶の書状である。ここで長慶は「もし指出が遅延することがあれば曲事である」との筆致からは、発給者長慶の強い意思がうかがわれる。このころ（細川晴元の支配が行き届いていたころ）の摂津国は細川京兆家の治める上郡・下郡、京兆家庶流の典厩家が治める欠郡に行政区画が分かれており、史料6の舞台である渡辺は欠郡に属していた。長慶の本来的な立場である摂津半国（下郡）守護代の立場のままで欠郡に命令を出すことは原則的になかったはずだが、やはり合戦の結果、細川晴元を没落させた長慶が、摂津一国に影響を与える存在に変わった結果が史料6としてあらわれたと見てよいだろう。

史料7(26)

三郎左衛門尉方借物事、自二方々一申儀候共、既従二御屋形様（細川氏綱）一欠郡中徳政之儀被二仰出一上者、相二除堺一、自余何も可レ行候之間、不レ可レ有二返弁一候、尚以申方候者、為二此方一可二申分一候、恐々謹言、

三好筑前守

（天文十八年）十二月十二日　長慶（花押）

寺町大菊殿

御宿所

史料は江口合戦と同年の天文十八年の年末に発給されている。史料からは、「御屋形様」が摂津欠郡に徳政令を出したことが分かるが、この「御屋形様」は先述した細川氏綱に相違ない。従来、この人物は単に長慶に擁されるだけの存在とされていたが、最近の研究では、氏綱にはある程度の政治活動の実態があったことが明らかとなっている。[27]この史料は、そのような氏綱の活動痕跡を示す事例であるだけでなく、長慶の立場を表しているようにも思う。すなわち、長慶は江口合戦によって晴元政権を崩壊させたかもしれないが、細川一族全体を崩壊させたわけではなく、新たな細川家当主である氏綱の重臣としての位置に自らを置いたのである。長慶は、細川晴元の下で摂津下郡守護代をつとめていたものが、氏綱のもとで摂津一国の守護代として影響力を高めたとするのが、より自然な見方なのではないだろうか。

江口合戦直後の長慶の京都支配

さて、史料5からは「一国平儀」の件のほかに、長慶が京都に入る動きを見せていたことがうかがわれる。一見すると、晴元ともども将軍義輝を京都から追い出した長慶が、将軍を擁さない京都支配を行う端緒となった出来事のように印象づけられる。また、江口合戦の直後から、権益の保障を三好氏に求める京都の公家や寺社（本章では、以下「京都権門」と表記する）が見られ始める。これらの点をどのように見るべきだろうか。

戦国時代の京都権門は、その権益を保障されるために様々な勢力と交渉していたが、その際、彼らは自身の都合に最もいいように交渉相手を適宜取捨選択したことが、すでにいくつかの研究によって明らかにされている。[28]実際、江口合戦の直後には、陰陽家としても知られる土御門有修が関銭徴収の権利安堵を求めて長慶と交渉したことが、次の史料から分かる。

史料8(29)

諸口雑夫料事、土御門治部大夫殿御知行之由候之間、当所務事者、可レ令二其沙汰一、重而者可レ為二
禁裏様次第一候也、謹言、

天文十八　　　三好
六月廿八日　　長慶（花押）
商売人中

土御門家が三好方に働きかけない限りは、このような文書の発給はなされないだろう。そして、これによって、おそらく土御門家の権益は守られたはずなのだが、史料最後の「禁裏様次第候也」の文言がとても気になる。なぜなら、「三好方としては土御門氏が関銭を徴収することに異論はないが、最終的には朝廷の判断が尊重される」という認識を長慶が持っているように読むことができ、長慶自身の強い意思や主体性が希薄といえるからである。どこか他人任せのようなここでの対応ぶりは、史料6に見られる摂津国内での姿と対照的である。また、実際この案件は、史料8の直後七月十一日に、再度三好方から関所の下級役人に向けて徴収を行わないように指示があったり(30)、この直後に一転して土御門家への納入が長慶により命じられたりしている(31)。さらに、この年十月の長慶書状では、土御門家の知行について「家の儀に候の様体、無案内の儀に候（貴方の家のことについてはよく分からない）」と表明されてもいるのである(32)。この一連の史料から見える一貫性のない指示からは、江口合戦直後の段階では、京都における三好氏の意思決定の仕組みが十分に成り立っていなかったことを推測させる。

史料9(33)

急度申候、仍紫野龍翔寺領、下三栖在レ之由候、宗三（三好）時も彼寺領之儀者、無二別儀一候処、唯今始而被レ申事、迷惑
之由候、宗三存知之刻、於無二相違一者、今以可レ為二同前一候、可レ被レ成二其意一候、恐々謹言、

筑前守

（天文十八年）八月十八日　　長慶（花押）

加成（友綱）将監殿

進之候

史料から読み取られるように、紫野龍翔寺（大徳寺）が京都下三栖に持っていた所領は、かつては三好宗三の奔走によって大徳寺方に安堵されたものであった(34)。江口合戦での宗三の死から約一か月後、大徳寺は即座に、長慶に対してあらためて権益安堵を要請したことが分かるが、そこでの長慶の対応は、「唯今始めて申さるる事、迷惑の由に候（当方に今初めて安堵の要求を申し出てこられても困る）」というものであったと解釈できる。下三栖の件は、とくに長慶にとっては最大の敵であった宗三が関わっていたこともあるのかもしれないが、土御門家の権益に対応した際と同じく、長慶方の処理能力の不十分さがあったと考えられる。

ただ、これらの二件は、江口合戦後ほんとうに間もなくのことであるから、たとえ長慶が京都に進出し支配する意図があったとしても、実際の処理に未熟なところが多々あったであろうことは、あるいは当然なのかもしれない。では、江口合戦からしばらく経た時点ではどのようであったか確認してみよう。

史料10(35)

下京三条之内鹿王院領地子銭事、号㆓仁木殿分㆒芳松軒違乱処、従㆓寺家㆒芥河（清正）方へ注進候、然処美作方（芥川清正）ニ被㆓申付㆒、鹿王院領違乱無㆑之由、放状被㆑出候、然処寄㆓事左右㆒、百姓等拘置之由、不㆑可㆑然候、彼御寺之儀者筑前守（三好長慶）寺奉行之儀候、早々任㆓当知行之旨㆒、可㆑有㆓寺納㆒候、恐々謹言、

（天文十九年）正月廿日　　三好日向守

長縁（花押）

当院
　百姓中

江口合戦から約半年後、長慶の一族で重臣中の重臣である三好長逸（別名長縁）の発給文書で、下京三条の百姓中に対して、鹿王院に地子銭を納入するように命令がなされた。先ほどの史料8・9などと比べても三好方の強い意思が感じられることから、合戦直後と比べて京都の政治案件を長慶が処理する仕組みが整っていたことが推測される。ただ、そのことよりも注目すべきは、長逸が長慶を「寺奉行」と呼んでいる点である。つまり、長慶がこの案件を処理する権限は、「寺奉行」という地位に拠っているのである。実際、史料10が発給された時期近辺の長慶の関与がはっきりしている政治案件は、京都の有力寺院の権益安堵に関わるものが多い(36)。

この、「寺奉行」の実態は具体的に分からないが、史料10に近い時代の「寺奉行」の語の使用例として、近江六角氏が制定した「六角氏式目」があり、そこには「諸寺庵方、寺奉行幷びに取次として、非分の儀申し懸くと雖も、承引有るべからざる事(37)」とある。おそらく当時の大名の支配機構の中には、寺院統制や寺院の訴訟に係る案件を専門に担当する寺奉行が置かれていて、大名と諸勢力を取り結ぶ取次と併記される程度の地位だったと思われる。ともあれ、長慶がそのような立場で京都の寺社勢力の権益保障を行っていた点からは、長慶が新たな主君である氏綱のもとで官僚的職務を遂行していたことを汲み取るべきであり、これを「長慶による京都支配」と評価するのは適切でない。いっぽうで、長慶が当時の畿内で最大の軍事力を持ち、それにすがって幾人かの京都権門が長慶との接触を模索したことは事実であるが、長慶自身の自己認識と実際の権限はこのようなものであったと考えておきたい(38)。

山科言継の率分返還交渉から分かること①

直前で述べたことの繰り返しになるが、江口合戦後の三好長慶は、晴元に代わって事実上の細川宗家当主の座についた（江口合戦から三年後の天文二十一〈一五五二〉年に氏綱は右京大夫〈右京兆〉に任じられる）[39]氏綱のもとで、摂津一国の守護代をつとめるのと同時に、京都においては寺奉行として寺社関連の案件処理を担当していた（そう考えると、江口合戦で没落したのは細川晴元であって、細川氏権力は新当主氏綱のもとで再始動したのであり、細川氏権力が直ちに消滅したわけではない）。ただ、当時随一の軍事力を誇る長慶に接触する京都権門は多かった。本項ではそれにまつわる一例を紹介しよう。

取り上げるのは山科言継である。先述の通り言継は、第一級の史料である『言継卿記』を遺したのみならず、江口合戦の直後から、言継が内蔵頭として利益を享受していた率分役所（関所の通行料徴収権）の権益を、細川国慶（氏綱とともに反晴元派であった細川一族。天文十六〈一五四七〉年に戦死）[40]被官から長慶被官に転じていた今村慶満に押領され、その返還を求めて様々な交渉を行っていたのである。

言継が長慶に最初の接触をしたのは、天文十八年八月二十七日だったと思われる。江口合戦から二か月後、長慶が土御門家領や大徳寺領の案件への不案内ぶりを暴露させていた時期と重なる。この時、言継は以下二通の書状を長慶に送っている。

史料11[41]

今度者被レ属二本意一大慶察申候、其砌則以使者申候処、早御下向之由申罷帰条候、于レ今遅々慮外候、如何様御在京之時分可二参申一候、仍表二祝儀一計太刀壱腰進候、旁期二面謁之時一候、謹言、

（天文十八年）八月廿七日　言継

三好筑前守殿

史料12[42]

禁裏御料所内蔵寮領陸路河上四方八口率分役所之事、自二往古一于今為二直務一無二相違一之処、今村紀伊守（慶満）不レ及二子

細一、此方下代追立押領之条、四郎殿(細川藤賢)江申候処、則雖レ被レ成二下知一候、尚以不レ能二承引一。至二于今一押領候条、急度被二申付一停三止違乱一候者、可レ為二祝着一候也、謹言、

(天文十八年)八月廿七日　　言継

三好筑前守殿

史料11を見ると、江口合戦が長慶の「本意に属した(勝利)」ことを、太刀を進上するなどして誉めそやし、長慶との対面を熱望する有様がよく伝わってくる。言継は、長慶を権益回復のために重視していたことは間違いないようだが、史料12を見てみると、言継はそれ以前に「四郎殿」に今村の押領を訴えて、即座に今村の押領を停止させる下知をもらっていたことが分かる。この「四郎殿」は細川藤賢(この時は和匡)のことで、氏綱の弟で、氏綱と行動を共にしていた人物である。ここでの藤賢は、氏綱と言継を取り次ぐ役として「成下知」に関与した(つまり言継は氏綱と交渉した)のか、藤賢自身が公家の所領問題を独自に裁定する権限を持っていたのかはっきりしない。[43]が、いずれにしろ言継が権益回復のために最良の交渉相手として認めたのは、長慶ではなかったのである。「もしも」を述べる野暮をあえてするならば、もしも、言継が最初の藤賢との接触で、即座に押領停止の下知を得て、今村がそれを順守していたならば、言継は長慶に史料11・12を送って長慶におもねるようなことはなかったかもしれないのである。ただ、実際は、藤賢からの命令では今村の押領は終わらず、言継は長慶と交渉することとしたのであった。この経緯を踏まえれば、言継が長慶と交渉した理由は、長慶が江口合戦直後の京都を支配する存在であったから、というよりも、長慶が押領をしている今村の直属の主君だったから、とするほうが実態に即しているのではないだろうか。

こうして言継は長慶に交渉先を切り替え、史料11・12の直後に今度は長慶から今村に押領の停止が命じられたようである。[44]言継の苦労が報われたかに見えたが、実際は今村が押領を止めた事実はなく、言継は今後さらに数年をかけて権益回復に奔走することとなる。ここで今村が長慶の命令に応じなかった理由ははっきりしないが、先述のように

今村はもともとからの長慶被官ではなかったことや、被官の財産を奪うことになるこのような案件の解決を断行する意思が長慶には希薄だったことなどが想像される。[45]言継は期待して交渉した三好氏の体たらくにさぞ失望したことであろう。そして、江口合戦後に三好被官による京都権門の既得権侵害がしばしば見られるようになる中で、[46]三好氏に向けられる期待外れの思いは、言継だけが抱くものではなかったはずである。

さて、言継はこの後天文十九年・二十年に入っても、率分回復のため数度にわたって三好方との交渉を持った。[47]しかし、これが実を結んだ事実が日記に記されることはなかった。ただ、天文二十一年になると、この状況が変化する。すなわち、天文二十一年三月、言継は飯尾盛就という人物と数度に亘って接触しているのである。[48]この飯尾氏は室町幕府右筆方奉行人を代々担う家で、盛就も幕府奉行人の一員だった。さらに、同年八月には、将軍義輝の乳母である左衛門督局とも交渉している。[49]このことは、江口合戦後に細川晴元と一緒に没落し、壊滅状態だったと評される室町幕府にあらためて注目することの必要性を示唆している。

小括

幕府への言及は次節に譲り、まずは本節の内容をまとめよう。江口合戦を詳しく物語る一次史料は少ない中で、合戦後の状況証拠を並べて理解できそうなことは以下の諸点である。一点目は、細川晴元の下で摂津下郡守護代をつとめていた三好長慶は、主君を晴元から氏綱に替えて晴元を倒し、氏綱のもとで摂津一国を支配する立場に拡大した。ただ、「氏綱のもとで」という限りにおいて、長慶は摂津一国の守護代とするのが自然なようである。二点目は、摂津守護代であるのと同時に京都においても存在感を高めた長慶は、それが強大な軍事力を背景にしていることも手伝って権益保障を希求する京都権門の期待を集めたが、その立場は、あくまで氏綱の下で寺院関連の案件を処理する寺奉行の職権を超えるものではなく、その処理能力も京都権門を十分に満足させるものではなかった。この二点を踏まえると、江口合戦後の長慶を即座に「京都の支配者」とすることには慎重であるべきであるとともに、江口合戦の結果、細川京兆家は、氏綱のもとで新たな船出をしたと見なせるであろう。であるならば、江口合戦で崩壊したのは細川晴元とそれに連なる勢力であったとするべきで、細川家の全体が崩壊してしまったとする評価にはずれが生じてくる。そしてこのことは、細川氏とともに没落したという江口合戦後の室町幕府についても再検討が必要であることを訴えている。

3　江口合戦後の室町幕府

山科言継の率分返還交渉から分かること②

率分の返還にあたって、三好方の処置の限界を知ったであろう山科言継は、天文二十一年ころから交渉相手を、江口合戦で没落したとされる幕府方の飯尾盛就や左衛門督局に替えた。そして、言継は飯尾との交渉の結果、山科家の率分当知行を認定する幕府奉行人奉書を獲得している(50)。また、左衛門督局との交渉の結果、先の奉行人奉書と同内容の将軍義輝御内書も獲得している(51)。三好氏の対応とは対照的なこの事例からは、幕府のほうが京都権門の権益保障に積極的で、彼らの要望に応えるのに堪える存在であったのとともに、江口合戦後においても幕府発給文書の効力は健在だった(と少なくとも京都権門に認識されていた)ことが導かれる。加えて、言継が交渉相手を変えた天文二十一年の初春という時期に注目すると、天文十八年の江口合戦後長く京都を離れていた将軍義輝が、三好方との折衝の結果、同年の一月末に京都に戻っている。つまり、言継は、将軍義輝が京都に復帰したのを契機に交渉相手を幕府に変更し、三好氏との交渉よりは実りある結果を出したことになる(ただ、三好方の対応が悪く、今村の押領はこの後も続く)。このことからしても、江口合戦を経た後においても京都を支配すべきは将軍だと京都権門は認識し、三好氏は将軍不在の京都を、いわば暫定的に、しかも細川氏綱の麾下の立場として統治に関わる者と認識していたとするのが、より適当といえるのではないだろうか。

実際、一次史料を確認すると、この言継の事例の他にも、天文二十一年はじめに京都に戻ってから、三好氏との不和によって再度義輝が京都を追われる天文二十二年の八月に至るまでの約二年間、幕府は相応の政治活動を行っている。この期間に発給されたことが確認できる幕府奉行人奉書はおよそ六〇通もの数にのぼり、その内容の多くが京都の寺社・貴族の権益保障に関わるものなのである。そして、それら奉行人奉書の中には、この時の諸勢力の関係を示唆するものがある。

史料13(52)

洪恩院事、今度号㆓退転㆒、依㆑有㆓望申之族㆒被㆓尋下㆒之条、引㆓移彼院於本寺㆒、令㆓専勤行㆒之段、言上之処、被㆓聞食分㆒訖、爰門下僧天徳庵住持職可㆑被㆓仰付㆒之趣、細川右馬頭《(藤賢)》雖㆑被㆑執㆓申之㆒、既天文十年十一月廿日被㆑遂㆓糺明㆒、対㆓当軒㆒被㆑成㆓奉書㆒之上者、今更不㆑能㆓御許容㆒、所詮、重任㆓御下知之旨㆒、寺領等弥進止、可㆑被㆑抽㆓御祈禱精誠㆒之由、所㆑被㆓仰下㆒也、仍執達如㆑件、

天文廿一年三月廿六日　散位(花押)

左衛門尉(花押)

玉芳軒

当時、鹿苑院の塔頭であった洪恩院住持職を、天徳庵なる者が細川右馬頭を経て幕府に願い出たようだが、幕府の判断でそれは却下されたことが分かる。ここに見える細川右馬頭は先述の細川藤賢(細川庶流の典厩家を継ぎ右馬頭を名乗る)であり、その行動からは以下の点を読み解くことができよう。一つ目は、細川氏綱の兄弟である藤賢が、幕府の法廷に訴訟を取り次いでいるから、この時点において幕府と細川氏綱との間で一程度の連携が保たれていたこと

である。二つ目は、藤賢経由でなされた幕府への要望が却下されているから、幕府が、氏綱を優越するほどの実効力を持っている、つまり、氏綱は幕府に従属していたということである。前節で示したように、江口合戦後の三好長慶はおそらく氏綱の重臣として藤賢と同程度の位置にあったと思われるから、幕府と長慶との関係もこの史料から推測することができるはずである。言継の事例も含めて、天文二十一年の将軍復帰後の京都を、実効的に支配するのはやはり幕府であった可能性が高い。そして、江口合戦後に再編成された細川氏綱はこれに列していたのである。単純に「江口合戦をもって細川・幕府の没落・衰退」というわけではなさそうである。

江口合戦後数年の幕府の政治活動

さて、前項と時間が前後してしまうが、ここで今一度江口合戦の直後に立ち戻り、幕府側の動きを追ってみたい。というのも、江口合戦により京都を追われた将軍義輝は、滞在先の近江(天文十九年は坂本に滞在し、同年の下半期には京都東山中尾城にあったが、翌二十年のほとんどを朽木で過ごしている)においても、京都権門から権益保護を求められ、そしてそれに対応していた。以下に列挙しよう。

①天文十九年三月二十四日付奉行人連署奉書にて、若狭国宮川荘内の賀茂社領の安堵(53)
②天文十九年八月二十五日付奉行人連署奉書にて、石清水八幡宮社務職の安堵(54)
③天文十九年九月二十一日付奉行人連署奉書にて、洛中日野家領の安堵(55)
④天文十九年十二月二十八日付奉行人連署奉書にて、愛宕神事遂行資金確保のため大覚寺の土倉経営を容認するとともに徳政を免除(56)
⑤天文二十年四月三日付奉行人連署奉書にて、禁裏御大工惣官職と領地の安堵(57)
⑥天文二十年五月十四日付奉行人連署奉書にて、洛中久我家領の安堵(58)

⑦天文二十年五月二十二日付奉行人連署奉書にて、洛中その他の北野松梅院領の安堵[59]
⑧天文二十年七月十日付奉行人連署奉書にて、洛中日野家領の安堵[60]
⑨天文二十年八月二十日付奉行人連署奉書にて、山城国各所の醍醐寺三宝院領の安堵[61]
⑩天文二十年八月二十日付奉行人連署奉書にて、洛中の入江殿(三時知恩寺)領の安堵[62]

このように、将軍が京都にいない状況下でも、幕府を頼る京都権門は多数いたことが分かる。とくに、①や②や⑤のような洛中の外部に関する案件は、幕府のような国家全体を管掌し得る資格のある機関でないと裁断できないはずであり、このような事例に対しては、単に京都を制圧できる軍事力に依るだけの三好氏は無力だったといえよう。前節で示したように、この時期、確かに三好氏が京都権門から頼られる事例はある。が、対応可能な案件は、せいぜい京都・摂津地域の権益保護にとどまるものだった(そしてその効力も心もとない)のである。そして、このことからは、たとえ江口合戦で細川晴元が没落し、細川氏当主の座が氏綱に移り、江口合戦直後には氏綱との関係構築が不十分で細川氏の支えを失ったとしても、当時のもういっぽうの幕府提携勢力である六角氏[63]がその関係を解消しない限りは、幕府の動揺は最小限に抑えられたであろうことが導かれる。まさに、山田康弘氏が言及した当該期幕府と大名との関係性(複数の大名に支えられる形をつくる)が機能して、幕府は、衰亡のリスクを回避していたのである。ゆえに、江口合戦で幕府が没落して、三好政権確立の端緒となったとする見方には、違和感があるように思われる。

小括

本節の内容をまとめよう。江口合戦で没落したと見なされた幕府は、近江で六角氏の支えを受けながら、京都権門の権益保護などの活動を絶えることなく行っていた。いっぽう三好氏は、洛中以外の遠国の所領や、所領以外の広汎な権益を保障する主体としては、この時点では力不足であった。また、三好氏による洛中所領の保障でさえ、京都権門の満足に堪えるものとは必ずしもならなかった。つまり、江口合戦後の、天文十八年なかばから天文二十年末の期間の京都は、幕府機関と、細川氏綱（その重臣として、三好長慶や細川藤賢）の機関が併存し、双方が相応の影響力を持ち、京都権門は必要に応じてそれらの機関を選択し、自己の権益保全をはかっている状況にあったと考えられるのである。そうすると、江口合戦を三好政権成立の端緒としたり、畿内の中近世移行の画期としたりする評価には、やはり無理があるといわざるを得ない。

むすびにかえて――江口合戦後の幕府と三好氏の関係をどのように見るべきか

以上、本章では、合戦そのものに触れた一次史料が少ない江口合戦について、その後の政治的動向を示す一次史料を挙げながら影響を検証し、江口合戦に従来与えられてきた評価を見直す作業を試みた。結果、江口の戦いで「大敗」したのは細川家当主の座を失った細川晴元ただ一人であり、細川氏は氏綱への当主交代を経て存続し、三好長慶はその重臣としての立場に収まったこと。幕府は京都を没落するものの決して晴元と共倒れになったのではなく、近江において健在で、影響力が消え去ることはなかったこと。ゆえに、細川氏の総体と幕府が江口合戦で「大敗」したという見方は誇大であること。これらを示したつもりである。

さて、前節にて、江口合戦後（天文十八年～二十年）は、幕府と細川氏（氏綱）のいわば権力の並立的状況にあった点を想定したが、その状態は、天文二十一年初頭にあった両者の和睦で解消し、義輝は京都に帰還し、氏綱は正式に右京大夫に任じられ、(64) 三好長慶には幕府御供衆の地位が与えられた。(65) 結果、「六角氏と細川氏綱（その麾下で強大な軍事力を持つ三好氏）に支えられる幕府」という形が成ったのだと思うが、この形は翌二十二年に破綻し、長慶が義輝一党を京都から排除して三好氏単独の京都支配（三好政権）を展開することとなる。最後に、これに触れて章を閉じたい。

この時期に関する最近の論考では、高梨真行氏の論考が最も示唆に富んでいる。高梨氏によると、この時期の幕府内は経済上の理由や将軍の京都没落などの要因で将軍義輝と直臣との間の主従関係が動揺し、権益保全の都合上京都を没落することを好まない一部の直臣グループ(伊勢貞孝など)は義輝から離れて三好氏と結ぶなど、将軍直臣間の分裂状況(三好・伊勢グループの代表は上野信孝など)を見通している。そして、この分裂が作用して天文二十二年の義輝と長慶の関係破綻につながる点を想定している。(66) 高梨氏の説には完全に首肯できるが、この説に、本章冒頭で挙げた馬部隆弘氏の説を接合させてみたい。すなわち、馬部氏は、江口合戦以前の京都を一時的に支配した細川国慶を検討する中で、京都に基盤を持たない国慶が、京都の支配者としての正統性を得るべく将軍との接触を求めた点を指摘しているのである。(67) この国慶の状況は、江口合戦後の三好長慶と重なる点が多い。おそらく、京都に影響力を発揮する能力を備えた三好氏も、その能力を発揮する正統性を得るために、上位者としての氏綱や義輝の存在を、義輝を京都から排除する高圧的手段を用いる最後の瞬間まで必要としていたと思われる。しかし、幕府内部の反三好派の前に円滑な提携関係の構築は叶わず、これが長慶を三好政権の成立に向かわせたと想定されるのである。

さらに、三好氏が拡大する中で存在感が希薄となった細川氏についても付け加えよう。細川氏綱について検討した下川雅弘氏は、三好政権が展開するもとにおいても長慶は氏綱との関係性を保持しており、三好政権における氏綱の政治的役割を見直す意義に言及している。(68) また、長慶・氏綱により没落させられた晴元も将軍義輝と合流し、相応の軍勢を擁し反三好氏の一角を担っていることが一次史料から確認できる。(69) 氏綱を長慶の傀儡と見、晴元は強大化した三好氏相手に勝ち目のない挑戦をしたと評することはできる。しかし、これらのあり方の中から、細川氏の影響力はたとえそれがわずかであったとしても健在で、必ずしも当時の社会から完全に見放された存在というわけではなかったことを汲み取るのも重要な意味を持つはずである。

最近の研究状況では、支配機構や家臣団編成など三好政権そのものの「新しさ」が盛んに強調されている一方、

「旧い」勢力である幕府側からの目線で三好政権を考える試みは少ない。しかし、一方に偏らず、バランスのとれた広い視野からの追究も、今後必要なはずである。そして、取りも直さず、「新しみ」ばかりに目を奪われることで掬い取り損なうものがあることは、江口合戦の理解にとっても同じである。細川氏や幕府は江口合戦で衰退したのではなく、合戦後の政権運営や、三好氏との関係構築に失敗し勢力を弱めたのである。山科言継は、三好氏と幕府の破綻を招いた理由を、(三好長慶のせいとはせず)上野信孝の「悪興行」のせいだと非難している。[70] 幕府があり、それを支える大名がいる状態が崩壊すれば、言継をはじめ京都権門にとっても不都合が多かったはずである。この三文字にそのような言継の無念さが集約されているように思われてならない。

(1) 代表的研究に、今谷明『室町幕府解体過程の研究』(岩波書店、一九八五年)。
(2) 細川氏と三好氏の関係や、江口合戦に関する代表的概説書に、今谷明『戦国三好一族』(新人物往来社、一九八五年)、天野忠幸『三好長慶　諸人之を仰ぐこと北斗泰山』(ミネルヴァ書房、二〇一四年)などがある。
(3) 今谷明『戦国期の室町幕府』(講談社学術文庫、二〇〇六年〈初出は一九七五年〉)、二六五、二六六頁。
(4) 前注(2)今谷氏著書、一二三頁。
(5) 前注(1)今谷氏著書。
(6) 古野貢『中世後期細川氏の権力構造』(吉川弘文館、二〇〇八年)。
(7) 同右、三〇八頁に「江口の戦いで勝利した三好長慶は、将軍・幕府。細川氏などの権力や権威を背景としないで権力化を遂げる。細川氏権力が幕府‐守護体制に依拠し、これを維持することによってのみ自らの存在意義を確認していたのに対し、三好氏権力は、細川氏権力段階における中央の権力争いに終止符を打ち、それまでの政治構造や政治体制を相対化することに成功した」とある。
(8) 天野忠幸『戦国期三好政権の研究』(清文堂出版、二〇一〇年)。
(9) 天野忠幸「摂津における地域形成と細川京兆家」(前注(8)天野氏著書)。

(10) 浜口誠至『在京大名細川京兆家の政治史的研究』(思文閣出版、二〇一四年)。

(11) 馬部隆弘「細川国慶の上洛戦と京都支配」(『日本史研究』六二三号、二〇一四年)。

(12) 設楽薫「将軍足利義材の政務決裁」(『史学雑誌』九六編七号、一九八七年)、同「室町幕府の評定衆と「御前沙汰」」(『古文書研究』二八号、一九八七年)、同「将軍足利義晴の政務決裁と「内談衆」」(『年報 中世史研究』二〇号、一九九五年)など。

(13) 山田康弘『戦国期室町幕府と将軍』(吉川弘文館、二〇〇〇年)。

(14) 山田康弘『戦国時代の足利将軍』(吉川弘文館、二〇一一年)。

(15) 同右。

(16) 天野忠幸「三好氏研究と『細川両家記』(シンポジウム戦国期畿内研究の再構成と「細川両家記」)」(『都市文化研究』一二号、二〇一〇年)。

(17) これに重なる視点として、先述のシンポジウムにて小谷利明氏が、『細川両家記』に規定された細川氏・三好氏を中心とする畿内戦国史理解のあり方を批判している(小谷利明「畠山氏研究からみた戦国期畿内政治史像の再検討(シンポジウム戦国期畿内研究の再構成と「細川両家記」)」(前注(16)紀要)。

(18) 『お湯殿の上の日記』天文十八年六月二十七日条。

(19) 『お湯殿の上の日記』天文十八年六月二十八日条。

(20) 『私心記』(東京大学史料編纂所架蔵謄写本)天文十八年六月二十四日条。

(21) 「天文間日次記　興福寺蔵大般若経奥書抄」(東京大学史料編纂所架蔵謄写本)天文十八年六月二十六日条。本稿ではこれに拠ったが、同史料には稲城信子氏による翻刻がある(稲城信子「興福寺僧・良尊の一筆書写大般若経と戦国期の南都」同著『日本中世の経典と勧進』塙書房、二〇〇五年。天野忠幸氏のご教示による)。なお、筆者傍点箇所について、稲城氏翻刻でも「武綱御勝手」とされている。

(22) 『厳助往年記』(東京大学史料編纂所架蔵影写本)天文十八年七月条。

(23) 前注(9)天野氏論文。

(24) 天野忠幸「三好氏の摂津支配の展開」（前注(8)天野氏著書）。
(25) 三好長慶書状写（「松雲公採集遺編類纂所収渡辺文書」『戦国遺文　三好氏編』〈以下『遺文』と表記する〉二七六号）。
(26) 三好長慶書状（「灯心文庫所蔵文書」『遺文』二六〇号）。
(27) 下川雅弘「三好長慶の上洛と細川氏綱」（今谷明・天野忠幸監修『三好長慶』宮帯出版社、二〇一三年）、馬部隆弘「戦国期畿内政治史と細川権力の展開」（『日本史研究』六四二号、二〇一六年）など。
(28) 前注(14)山田氏著書など。
(29) 三好長慶書状写（「宮内庁書陵部所蔵土御門家文書」『遺文』二三七号）。
(30) 天文十八年七月十一日三好生長書状（「宮内庁書陵部所蔵土御門家文書」『遺文』二四一号）。
(31) 天文十八年ヵ七月十八日三好長慶書状（「宮内庁書陵部所蔵土御門家文書」『遺文』二四三号）。
(32) 天文十八年十月三日三好長慶書状（「宮内庁書陵部所蔵土御門家文書」『遺文』二五三号）。
(33) 三好長慶書状（「大徳寺文書」『遺文』二五〇号）。
(34) 三好宗三書状案（「大徳寺文書」『遺文』二〇一～二〇五号）。
(35) 三好長逸書状（「鹿王院文書」『遺文』二六七号）。
(36) 天文十九年八月十一日三好長慶書状案（「東寺百合文書」『遺文』二八五号）、天文十九年九月十五日三好長慶書状案（「醍醐寺文書」『遺文』二八九号）。
(37) 佐藤進一・池内義資・百瀬今朝雄編『中世法制史料集　第三巻』（岩波書店、一九六五年）二六〇頁。
(38) 今谷氏はこの時の長慶を氏綱の「管領代」とするが（前注(1)今谷氏著書）、これは適切とはいえないだろう。なぜなら、氏綱やその前の晴元は、細川宗家の当主の官職である右京大夫に任じられているものの、はっきりと管領であることを示す一次史料は存在しない（前注(10)浜口氏著書）からである。
(39) 『公卿補任』天文二十一年条。
(40) 前注(11)馬部氏論文。

(41) 山科言継書状(「言継卿記」『遺文』二五一号)。
(42) 山科言継書状(「言継卿記」『遺文』二五二号)。
(43) そうすると公家の案件を処理する奉行藤賢と、寺奉行長慶のような分担が氏綱の下にあったことも想像できる。ただ、京都権門は問題処理のために最適な相手として交渉先を適当に選ぶこともあるから現状では判断を保留したい。
(44) 『言継卿記』天文十八年九月三日条。
(45) 拙稿「松永久秀と京都政局」(『青山史学』二六号、二〇〇八年)。
(46) 今村のほか、松永長頼による山科七郷の押領などがあった(『厳助往年記』天文十八年十月条)。
(47) 『言継卿記』天文十八年十一月九日、天文十九年二月二十二日、天文二十年三月八日条。
(48) 『言継卿記』天文二十一年三月九日条・二十日条。
(49) 『言継卿記』天文二十一年八月十二日条。
(50) 『言継卿記』天文二十一年四月一日条。
(51) 『言継卿記』天文二十一年十二月四日条。
(52) 室町幕府奉行人連署奉書(「鹿王院文書　七」『室町幕府文書集成(奉行人奉書篇　上)』〈以下『集成』と表記する〉三七一五号)。
(53) 「鳥居大路文書」(『集成』三六八九号)。
(54) 「石清水文書　六　五六」(『集成』三六九三号)。
(55) 「日野家領文書写」(『集成』三六九六号)。
(56) 「田中光治氏所蔵文書」(『集成』三六九八号)。
(57) 「京都御所東山御文庫記録　地下文書」(『集成』三六九九号)。
(58) 「久我家文書　八三七」(『集成』三七〇〇号)。
(59) 「大徳寺黄梅院文書」(『集成』三七〇二号)。
(60) 「日野家領文書写」(『集成』三七〇三号)。

(61)「醍醐寺文書　一　一三二号」(『集成』三七〇四号)、「醍醐寺文書　四　七二七号」(『集成』三七〇五号)。
(62)「三時知恩寺文書」(『集成』三七〇六号)。
(63)西島太郎「足利義晴期の政治構造　六角定頼『意見』の考察」(『日本史研究』四五三号、二〇〇〇年)、前注(10)、前注(14)など。
(64)前注(39)。
(65)『言継卿記』天文二十一年二月二十六日条。
(66)高梨真行「将軍足利義晴・義輝と奉公衆」(小此木輝之先生古稀記念論文集刊行会編『歴史と文化　小此木輝之先生古稀記念論文集』青史出版、二〇一六年)。
(67)前注(11)馬部氏論文。
(68)前注(27)下川氏論文。
(69)『厳助往年記』天文二十二年七月二十八日条・永禄元年六月四日条、『言継卿記』天文二十二年七月二十八日条・八月二日条・永禄元年五月三日条、『惟房公記』永禄元年五月三日条など。
(70)『言継卿記』天文二十二年八月一日条。

〔付記〕本章脱稿後、山田康弘氏の論文、「戦国期足利将軍存続の諸要因―「利益」・「力」・「価値」―」(『日本史研究』六七二号、二〇一八年)、馬部隆弘氏の著書、『戦国期細川権力の研究』(吉川弘文館、二〇一八年)が発表された。三好氏と将軍・細川氏との関係について、こちらも参照されたい。

今川義元の西上と〈大敗〉

——桶狭間の戦い

播磨　良紀

はじめに

桶狭間の戦いは、織田信長が今川義元に勝利をし、天下統一へ進むきっかけとなった戦いとされる。一方、信長に敗れた今川氏からみると、代々続いた同家が没落していくきっかけとなった戦いといえる。大将今川義元が討たれるなど、今川氏にとって大打撃となったこの戦いは、今川氏にとって〈大敗〉であったことは間違いないが、「信長公記」をはじめとする史料に、大軍の今川勢に対して圧倒的に劣る軍勢の織田方が勝利したことが記されたことによって、より今川方の〈大敗〉イメージが強調される。果たして本当にそれほどの〈大敗〉であったのであろうか。

駿河・遠江を領し、さらに三河にまで勢力を伸長していた今川義元が、尾張での新興勢力であった信長に、なぜ〈大敗〉したのか。従来、この疑問に対しては、奇襲説が主張されていたが、近年それは否定されて、正面攻撃説[1]、乱取り説[2]、環境説[3]、などが出されている。これらの説は、それぞれ納得しうるものであるが、単独の説だけでなく、複合的な要素もあろう。

そもそも義元はなぜ大軍を率いて西上したのであろうか。それについては、古くから上洛説が唱えられていたが、それは大軍の西上ということもこの背景にあったと思われる。しかし、近年は非上洛説が主流となり、上洛説は否定されている。[4] 非上洛説でも、西三河の制圧を目的とした尾張攻撃説、[5] 伊勢・志摩制圧志向説、[6] 尾張領土拡張説、[7] 那古屋今川氏旧支配領域奪回説、[8] 尾張橋頭堡封鎖解除・確保志向説、[9] などがある。

しかし、一次史料がほとんど残っていない現状では、なかなかその実態に迫ることができず、ある程度、二次史料に頼らなければならない。一方、近年三河史の研究も盛んに行なわれ、新たな成果が出されている。[10] そのようなことをふまえて本章では、今川方の桶狭間の〈大敗〉を、今川氏の西上と軍勢数を中心として改めて考えてみたい。

1 桶狭間の戦いの背景

今川氏と織田氏の戦いは、信長父親信秀のころから始まる。ここでは、桶狭間の戦いまでの今川氏と織田氏の争いを述べていく。なお、二次史料でも、さまざまな戦いが記されているが、できるだけ一次史料をもとに検討していく。

尾張守護代三奉行のうち弾正忠家の織田信秀は、尾張西部の本拠の海東郡勝幡から愛知郡那古野に拠点を移し、尾張東部へと進出した。この進出には、守護代織田達勝の支援があったとされる。[11] 一方、西三河では、安城松平家の清康死後追放されていた嫡子広忠が、天文六(一五三七)年、岡崎に帰還する。信秀は、隣国の美濃国への侵攻を進めるとともに、同九年三河安城城を攻撃した。この三河侵攻も、信秀独自の勢力拡大ではなく、守護斯波義統・守護代織田達勝の命とされる。

天文十年に、織田信秀は三河守に任官し、[12] 三河進出の意思を示し、同十六年安城城を攻略する。一方、義元は十五年に東三河に侵攻し、翌十六年には松平広忠を屈服させた。義元は西三河への侵攻を進め、同十七年小豆坂の戦いで信秀と激突する。さらに、今川方は十八年安城城を落城させ、城主として置かれていた、信秀の長男信広を捕虜とした。

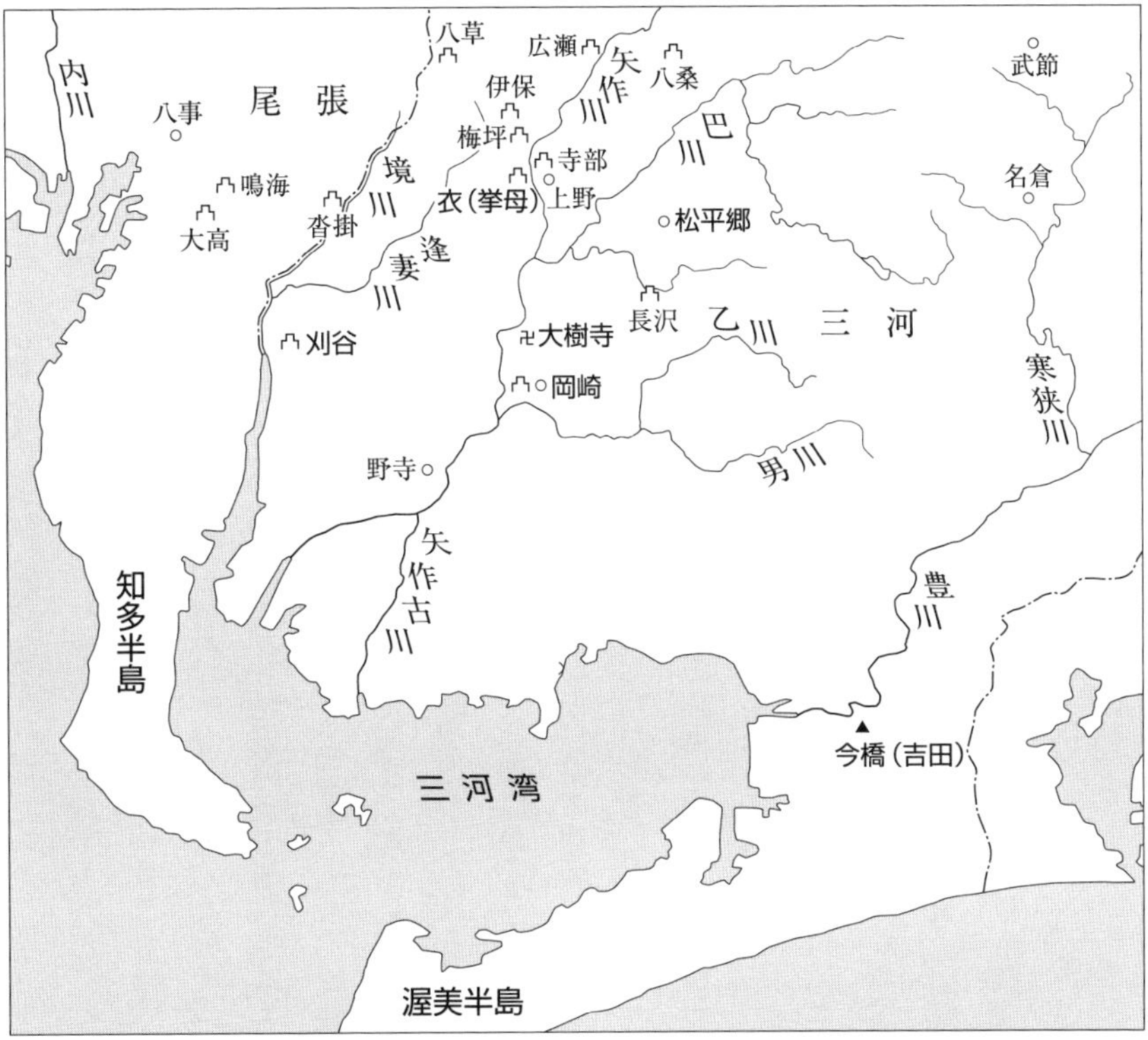

図1　尾張・三河 今川－織田関係図

信秀は天文十一年ごろから他の西三河地域へも進出し、「松平記」[13]によれば、翌十二年ごろには、碧海郡の上野城や三木城などは織田方の城となる。村岡幹生氏によれば、天文十八年には、信秀家臣佐久間氏が西三河高橋に侵入して殺害され[14]、同年には今川方の衣(挙母)城での戦闘があったという。このころには高橋地域は今川方がほぼ制圧していたが、翌二十年ごろには八草・広見の中条氏は織田方に与していたとされる[15]。

義元も尾張東部への攻略を始め、水野氏から刈谷城を奪取する。そして、天文十九年には丹羽隼人佑に尾張国沓掛・高大根・部田村を還付し、同国横根・大脇を安堵している[16]。尾張の国衆らを取り込もうとしたのであろう。同年、具体的な場所は不明であるが、尾張・三河の国境で、今川方は駿河・遠江・三河の軍勢六万ばかりで信秀と戦うが、信秀はこの攻撃を凌いだ(17)。「定光寺年代記」にも、知多郡へ今川方五万の軍勢が押し寄せたという(18)。五万、六万はかなり誇張された数字とは思われるが、大合戦であったことは間違いない。

そうしたなか、朝廷は信秀と義元の和睦を斡旋し、一旦これは受け入れられたようである(19)。しかし、天文二十一年信秀が死去し、信秀の跡を継いだ織田信長は、今川に通じた鳴海城主山口教継の息子山口九郎二郎を攻め、和睦は破綻し再び今川方との戦いが始まる。今川方も尾張国山田郡八事にまで進出する。このころ尾張・三河を訪れた備前国の大村家盛は、「三河・尾張取相」と戦いの様子を記す(20)。

弘治二(一五五六)年、信長は三河国幡豆郡荒河まで進出し、碧海郡野寺原で今川方と戦う。こうした戦いがつづく中、翌三年、碧海郡上野原で信長と義元の和睦交渉がもたれる(21)。この交渉は、尾張守護斯波義銀と義元の代理の吉良義昭で取りもたれた。信長は「武衛様御伴」で交渉にのぞみ、すでに守護代大和守家は滅んでいたので、信長は守護代的な役割であったともいえる。こうした交渉に尾張守護が出席していることから、今川との戦いの名目は、父信秀同様、尾張守護によるものと位置づけられていたと考えられる。

義元は、前述のように鳴海城主山口教継を寝返らすことに成功し、教継は大高城・沓掛城を策略で乗っ取る。その後義元は教継を殺害するが、三河国境地域の尾張の諸城を制圧し、尾張進出の拠点とした。一方、織田に侵攻を許した西三河高橋は、国衆鱸重治らが織田方に味方しており、今川にとってこの地域を奪還することは重要課題であった。

永禄元(一五五八)年、今川方は、鱸重治が籠る寺部城を攻める(寺部合戦)。

去廿四日寺部へ相動之刻、広瀬人数為寺部合力馳合之処、岡崎幷上野人数及一戦砌、弟甚尉最前ニ入鑓、粉骨無比類之処、当鉄炮令討死、因茲各重合鑓遂粉骨之間、敵令敗北之条、甚以忠節之至也、彼者事者去辰年上野属味方刻、勝正同前ニ従岡崎上野城へ相退砌も既尽粉骨之上、彼城赦免之儀相調之間、彼比以忠功令感悦者也、仍如件、

永禄元年四月廿六日　　　　　　　　　　義元（花押）

足立右馬助殿[22]

この文書は、今川義元が出した足立右馬助に対する寺部合戦の感状である。足立は碧海郡上野の国衆で、永禄三年の丸根砦攻めにも参加したらしい[23]。ここでは広瀬は寺部の合力とみえていることから、高橋地域広瀬の三宅氏も織田方に味方をしていたことがわかる。それに対して岡崎と上野が彼らと戦ったということから、足立のいる碧海郡上野は今川方であった。上野には酒井忠尚もおり、酒井は広瀬とともに一時織田方に与したようであるが、この時には再び今川方に寝返った[24]。この他にもこの寺部合戦では、能見松平家の松平重吉も参戦し、義元から感状を得ている[25]。以上のように、高橋周辺の国衆でも、織田方と今川方に分かれていた。

また、高橋への今川氏の侵攻については次の史料がある。

就高橋筋之儀、早速至于岡崎着陣之由候、寒気之時分辛労無是非候、飯尾豊前守・二俣近江守有談合、馳走専要候、依注進可差遣人数候、猶朝比奈備中守可申候、恐々謹言

十二月二日　　　　　　　　　義元判

奥平監物丞殿[26]

この文書は年次が未詳であり、いつのものかは特定できない。天文十九年に比定する見解もあるが[27]、『戦国人名辞典』によれば、飯尾豊前守乗連が岡崎城代となったのが弘治三（一五五七）年としていることから[28]、この寺部合戦ごろのものとも考えられる。しかし、定勝は弘治三年六月には「監物入道」になっており[29]、「監物丞」の名乗りから弘治二年以前のもので、直接には寺部合戦に関するものではない。何れにせよ、この史料から、今川方の寺部など高橋への出兵の様子がみてとれる。

ここでは西三河高橋筋への出兵のため、奥平定勝に岡崎へ集結することを命じている。定勝は設楽郡作手の国衆で、

「早速」岡崎に着陣したことを述べているように、この着陣は今川氏の高橋筋出兵への動員によるものであった。城代飯尾乗連と同城を守備していた二俣扶長らは高橋筋への出兵を画策して、義元へ「注進」して、高橋筋へさらなる軍勢の派遣となったのである。こうした今川方からの高橋への出兵は、周辺の国衆ばかりでなく、奥三河の国衆らをも岡崎に集結させての動員であった。

その後も高橋では、今川方と反今川方の戦いは繰り広げられ、永禄三年の今川出兵の時にも、寺部合戦と同様に高橋へ三河の国衆らが派遣されていた可能性がある。事実、高橋地域周辺では、桶狭間時に戦闘があったようで、戦後、義元の後を継いだ氏真は、同年六月十六日に、加茂郡浅谷の簗瀬家弘に彼の居城で奥平久兵衛・鱸九平次を討ち取った感状を、七月二十八日には加茂郡の鱸内三への感状を出している(30)。このように、尾張と接する西三河高橋周辺では、寺部合戦以降も織田方と今川方の対峙は続いており、桶狭間合戦時も同地域で戦闘が行なわれていたと思われる。そして、そこでは西三河の国衆をはじめ、他地域の三河衆も動員されていた。

永禄三年十月七日付の「今川氏真判物写(31)」では、「去五月十九日於尾州一戦之刻、武節筋堅固走廻之段」を賞し、菅沼久助は加茂郡武節での警固が命じられていた。武節は後に設楽郡に属するように奥三河に位置し、高橋地域だけでなく、奥三河地域でも反今川の国衆らとの戦闘があった(32)。そのため、菅沼はその守備についていた。その後武節では、永禄三年十二月には戦闘が起こっている(33)。

このように、五月十九日の桶狭間の戦い時には、義元は尾張への進出だけでなく、西三河の高橋地域など、今川が抑えきれていない他の三河の諸地域にも出兵していたのであった。鱸をはじめ三河の国衆たちはすべて今川氏に従ってはおらず、今川方へ敵対する国衆らの存在があるなど不安な情勢であり、義元の永禄三年の出兵は、桶狭間だけでなく、三河の反今川勢力制圧といった意味もあったといえる。

ところで、義元は永禄二年ごろには家督を氏真に譲ったとされる。この家督譲渡は義元の引退を示すものではなく、主たる領国である駿河・遠江支配を氏真に託して、三河・尾張への進出を図ろうとするものであった。すでに義元は三河侵攻にともない三河支配を進めていたが、それを示すようにこのころには三河に多くの文書を発給している。さらに桶狭間直前の永禄三年五月八日に三河守に任ぜられている。(34)この任官は義元が当時名乗っていた治部大輔からすると降格となるもので、義元が企図したものではなく義元らに世話になった公家衆の礼によって行なわれたものという。(35)しかし、本人が受諾するかどうかは別として、これを申請した公家たちには、当時義元が実質的に三河国の守護的な存在となっていたという認識があったことのあらわれとも考えられる。大石泰史氏は、桶狭間の戦いの時に、義元が塗輿で行動していたことが守護としての存在を示すものであったとする。(36)このように、義元は駿河・遠江を氏真にまかせ、三河支配を進め、さらには尾張まで伸長しようとしていたのであった。

一方、信長は前述のように、弘治三年の和睦交渉で、守護斯波義銀の「御伴」として付き添う。前守護の斯波義統は守護代家老坂井大膳に殺害され、信長は守護となる義統息義銀を保護した。そして守護代織田達勝は信長叔父織田信光によって殺害され、信長は守護代の居城清須に入城する。永禄二年、信長は上洛をして将軍足利義輝に拝謁をし尾張統一の挨拶を行なう。この時まだ義銀は信長のもとにおり、信長は実質的に守護代であったとされる。(37)

信長は、今川方に乗っ取られた鳴海・大高両城に対し、鳴海城には丹下・善勝寺砦、大高城には鷲津・丸根砦という付城を設ける。そのため、桶狭間の戦いの前年にも、織田と今川が大高口で戦う。

去年十一月十九日、去五月十九日於尾州大高口両度合戦之時、太刀打被鑓疵三ヶ所云云、無比類働尤神妙候、弥可抽戦功也、仍如件

六月十二日　　　　　氏真判

鵜殿十郎三郎殿(38)

この文書は、今川氏真が桶狭間の戦い直後、鵜殿長祐に出した感状であるが、桶狭間の戦いの前年十一月十九日に

尾州大高口で戦いがあったことがわかる。そのため前線地の大高城への兵粮を入れることは今川方にとって重要課題であり、永禄三年五月に先勢として松平元康が入城し鷲津・丸根両砦を攻めたのであった。

このように、今川方はいきなり桶狭間で織田方信長と戦ったのではなく、信秀のころから継続した戦いが三河各地で展開しており、桶狭間直前にも、尾張・三河の国境地域である西三河高橋や、尾張国大高口などで戦いが行なわれていた。

こうした状況下で、桶狭間の戦いは起こる。義元の西上は、今川・織田との継続した戦いであり、上洛を前提としたものとはいえない。義元が三河を制圧し尾張への侵攻を進めた後はどのような意図があったかは図りかねるが、少なくとも直接的な目的は、三河制圧と尾張国境域の確保にあった。大石氏が述べるように、そこに塗輿で参戦したのは、三河を治める守護的な存在であることを示すことによって、参集した三河衆やそれと戦った反三河の国衆への示威行動であったといえる。一方、織田信長は、父信秀以来継続していた西三河進出と国境域の防衛にあった。そして形式的には守護斯波義銀のもとでの尾張守護代的存在としての尾張守備という行動であった。

2　両軍の軍勢

ここでは、〈大敗〉のイメージを強調する両軍の軍勢について考えたい。まず今川方の軍勢は、駿河・遠江・三河から国衆を参集させ、西上を進めていた。「三河物語」[39]には、「義元は、駿河・遠江・三河三ケ国之人数ヲ催シテ」とあり、また、出兵のひと月前に、水野十郎左衛門にも夏中に進発することを伝えている[40]。こうした命令に応じて、今川氏に通じていた尾張国海西郡の服部左京亮も水軍を率いて参戦する[41]。

「信長公記」首巻では、今川方の軍勢の数は四万五〇〇〇人とする。後述の「三河記」などは四万人、「北条五代記[42]」は二万五〇〇〇人、「甲陽軍鑑[43]」・「享禄以来年代記」は二万人、「足利季世記」・「定光寺年代記」は一万人、とさまざまな軍勢の数を記す[44]。先にみた天文十九（一五五〇）年の今川方の尾張・三河への出兵では、五、六万人との記載があるものの、この数値も過大なものといえるだろう。おおよそ戦国期の戦闘の軍勢数は大きく記す傾向があり、どれほど実数を把握していたのかも疑問で、正確な数であるかはわからない。特に比較的信頼度が高いとされる「信長公記」の記載は注目されるが、首巻は、本編の巻一～十五とは異なり、織田軍記的な性格が強い。桶狭間の戦いの記載でも、信長独自の判断で攻撃を進めて戦いを勝利に導くなど、優れた信長像を強調して描く傾向がある。今川の大軍の記載については次のように記す。

> 今川義元、山口左馬助か在所へきたり、鳴海にて四万五千の大軍を靡かし、それも不立御用、千か一の信長纔及二千人、数に被扣立、逃死に相果られ、浅猿敷仕合

信長の軍勢を、役に立たない四万五〇〇〇人の一千分の一にも満たない「纔二千人」と強調している。あまりにもその差はありすぎるが、少ない軍勢で大軍を討ち果たした信長の有能さを表現しているといえる。

小和田哲男氏は、駿河・遠江・三河の近世の石高と、近世大名の一万石につき二五〇人という軍役負担で計算し、今川方の軍勢の数を二万五〇〇〇人程度という数値を出しているが[45]、そうした計算が果たして適切かどうかもわからない。

一方、信長の軍勢は、先にみたように、「信長公記」首巻では、二〇〇〇人、他の史料では、「三河物語」は、大高の石河六左衛門尉が信長の軍勢の数を少なく見積もって五〇〇〇人と述べ、後述の「関野済安聞書」や「三河記」岩瀬文庫本などでは三〇〇〇人とあり、いずれも一〇〇〇人台である。ただ、これらの記載は、義元本陣へ突入した数値として記されているものが多く、鳴海城攻めや大高城の付城、また西三河高橋へ出兵する軍勢などは含まれていないのであろう。そういったことからすると、桶狭間全体での軍勢の数も織田方が圧倒的な不利というわけにはいかな

いといえる。

今川の軍勢が万単位で記されているのは、大軍勢であったことを示す数値であろうが、前節で述べたように、この戦いの時には今川方は、制圧が十分でなかった尾張国境域の西三河高橋や奥三河など、他の三河地域への出兵も行なっていた。つまり、すべての今川方の軍勢が五月十九日に桶狭間に集結したのではなく、この大軍勢の数は他の地域への軍事動員も含めたものであったと思われる。

また、前日には先勢として、松平元康らの軍勢は大高城の付城である丸根・鷲津両砦を攻めていた。元康はその後大高城に入城し、先勢は義元らと合流していない。前述の六月十二日付の鵜殿長祐宛「今川氏真感状写」にみえるように、義元が討たれた十九日には、大高城周辺での織田方との戦いは続いている。さらに、岡部元信が守備する鳴海城や、沓掛城などの今川方の城を守る軍勢もあり、この今川方の軍勢の数は、それらも含めた数であろう。海西郡の服部左京亮も船二〇〇〇艘で大高城下の黒木川口まで乗り入れるが、実質的に戦えていなかった[46]。したがって、今川方は分散しており、義元を守備する軍勢の数はそれほどの大軍ではなく、藤本正行氏が言われるように、そこを信長が軍勢を集中させて攻めたことにより、義元は討たれたといえる。

ところで、桶狭間山に所在する長福寺所蔵の「桶狭間合戦討死者書上[47]」という史料がある。この史料は江戸時代後期のもので史料批判が必要であるが、今川方は四六名の重臣と二七五八名、織田方は九九〇名の戦死者が記される。なお、織田方のうち二七二名が佐々木方のものという。当時、近江の佐々木六角氏が信長への加勢をしていたことを考えるのは難しいが、信長軍に加えて他の援軍があった可能性もあろう。今川方の戦死者が織田方の三倍というのもあり得る数値ともいえるが、参考までにここに掲げておく。

以上、〈大敗〉のイメージを形成する、両軍の軍勢数を検討してきたが、記載史料が一次史料ではなく、その数値はあまりにもその数は誇張されすぎているものと思われる。今川方は駿河・遠江・三河の国衆たちが動員された大軍であったものの、各地での戦いに分散しており、桶狭間で討たれた義元周辺の守備は、かなり限られた人数であったことが〈大敗〉につながったといえる。

3 「三河記」における桶狭間の戦いの記載

前述のように、桶狭間の戦いについての同時代史料は数少なく、それらからその具体像を明らかにすることは困難である。どうしても後世の記録類に頼らなければならない。ここで、従来あまり扱われていない「三河記」を取り上げ、その記載内容から桶狭間の戦いをみていく。

「三河記」と称される史料は、現在把握しているだけで一〇〇点近くあり、内容も異本が多く、定本と決められるものはない[48]。内容的に少なくとも二〇種類以上の系統があり、徳川創業史(松平親氏〜徳川家康)、松平清康以後から家康までの歴史、家康一代記、三河一向一揆や小牧・長久手の戦いなど特定事件を題材としたものなど、さまざまである。また、「三河物語」を「三河記」と記しているものもあり、逆に「三河物語」という書名での「三河記」もある。

天和三(一六八三)年、幕府は官撰事業として「三河記」の定本作成を進め、諸本を集め大幅に改訂・増補して『武徳大成記』として完成させた。しかし、それでも『武徳大成記』に含まれない多くの「三河記」が存在しているため、江戸時代後期には「三河記諸本大概[49]」という「三河記」の諸本のいくつかを説明した史料もある。

「三河記」のほとんどが作成年次を記していないが、成立もさまざまで、十七世紀代のものが多いと思われる。しかし、二次・三次史料であるので、その記載をそのまま信じることには慎重でなければならない。

「三河記」御庫本[50]は、文字通り幕府の御庫、つまり紅葉山に所蔵されていたもので上中下の三巻からなる。成立は不明であるが、比較的早いものと推定される。御庫本上巻には次のような記載がある。

サラハ寺部・梅坪両城へ押寄テ、方々放火セヨ、定テ敵馳来ルヘシ、其隙ニ足軽ヲ差遣シ、ヤス／＼ト兵粮入サセヨト下知シ給フ、案ノ如ク梅坪・寺部辺ノ煙ヲ見テ、鷲津・丸根ノ城ヨリ後詰ノ勢馳来ル、其隙ニ大高へ思ヒノマヽニ兵粮ヲ入レケル

大高城への兵粮入れは、桶狭間の戦い開始直前に松平元康らによって行なわれ、元康は織田方の鷲津・丸根の両砦を落としている。ここでは寺部・梅坪へ攻めて、両城を放火することによって、織田の鷲津・丸根の城から後詰として軍勢を向わせ、そのすきに元康は大高城へ兵粮を入れたという。前述のように、永禄元年に、今川方は寺部合戦で、奥三河の国衆らを動員して加茂郡の高橋の寺部城などを攻撃しており、この時も西三河高橋は、不安定な状態にあった。この史料が示すように、高橋地域での戦闘も桶狭間と連動していたといえる。桶狭間の戦いでの西三河高橋地域の意味は大きいものであった。

「三河記」の諸本の一つで、「関野済安聞書」(51)とも称される史料は、永禄三年に西三河高橋の広瀬城・衣城・梅坪城・寺部城、加茂郡の長沢城、碧海郡の刈谷城で戦闘があったことを記す(52)。これは、義元が討ち捕られた後の記述で、桶狭間後の永禄三年の戦いと考えられ元康の出兵とは考えられないものの、今川方が桶狭間で一斉に撤退したわけではなく、その他三河地域ではその後も戦いを継続していたことを思わせる。一次史料でも、永禄三（一五六〇）年九月、西三河高橋の梅坪での戦闘があり、十一月、同じく八雲城廻りを焼き討ちしている(53)。また前述のように十二月には奥三河武節の本城でも戦闘があった。このように、桶狭間の戦い後も戦闘は継続していたのであった。

軍勢の数も、「三河記」の諸本では異なるが、「三河記」岩瀬文庫本(54)では、「其時義元ノ近臣五千ニハ不及、三千計ニハ不過ト云」と記す。一方、義元に攻め入る織田方の軍勢は、三〇〇〇と記す。そして石河六左衛門が「敵ヲ下ヨリミレハ微勢大軍トミヘ、又目ノ下ノ敵ハ大軍モ小勢ト見ユル物ナリ」と言ったエピソードが記されている。このよ

うにみれば、軍勢の数からみると、織田方は圧倒的な不利ではなかったといえる。もちろん、二次史料なので、そのまま鵜呑みにはできないものの、義元攻撃時の軍勢数を示すものとして、その可能性は考えられよう。そして、他の史料などにみえるように、今川方は油断をしている中、さらに悪天候が加わって、そこに織田方の軍勢が集中して攻撃したので義元は討たれたといえる。

おわりに

義元が討たれたという報告を受け、今川方は撤兵する。大高城にいた松平元康は、駿河に戻らず、岡崎に入る。鳴海城を守備して戦い続けた岡部元信は開城後助けられ、後に氏真から感状を得ている。しかし、西三河の高橋地域や刈谷などで今川方と織田方、また反今川勢力との戦いは続く(55)。そして、岡崎に戻った松平元康は、その後織田と手を結び、西三河から三河統一へ進んでいく。なお、西三河高橋地域は、翌四年には、織田信長が侵攻し、梅坪・伊保・矢久佐(八草)城が攻撃され、同地域は織田の支配下となる。そして、高橋地域は、その後豊臣期まで高橋郡と称されるようになり、織田関係史料では「尾張国高橋郡」と記載され、尾張国に組み入れられてしまう。

桶狭間の戦いは今川氏滅亡へのきっかけとなった戦いであった。そのため、軍勢の数とあいまって、〈大敗〉イメージが強調されることとなった。

桶狭間の戦いは、今川義元の三河から尾張進出によるもので、織田信長の父信秀からの尾張・三河国境域の戦いの継続で行なわれたものであった。義元の西上は、桶狭間だけでなく、三河の反今川勢力に対するものでもあり、尾張・三河国境域の確保とともに、三河制圧の意味もあった。一方、今川氏に与した三河の国衆らも桶狭間だけでなく、三河の諸地域に動員されていたのであった。

義元の〈大敗〉は、今川方の大軍に対して圧倒的に劣る織田方によって敗れたというイメージで、より強調されてしまったと思われる。しかし、本章で明らかにしたように、実数は不明であるものの、数値のデフォルメなどが考えられ、また今川方の軍勢は分散していたことから、実際に桶狭間で義元が討たれた時の軍勢数はそれほど大きな差があったとは思われない。二次史料で問題はあるものの、「三河記」などの記載からは、義元攻撃の織田の数と義元を守備した今川方の数は近い数と考えられ、油断をしていた義元が討たれたのも同然の結果であったといえる。

(1) 藤本正行『信長の戦国軍事学』(JICC出版局、一九九三年、後『信長の戦争』講談社学術文庫、二〇〇三年)。
(2) 黒田日出男『『甲陽軍鑑』の史料論―武田信玄の国家構想―』(校倉書房、二〇一五年)第二章(初出二〇〇六年)。
(3) 高橋学「環境史からみた信長の時代I―桶狭間の戦い―」(『立命館文學』六四五、二〇一六年)。
(4) 非上洛説については、大石泰史氏の整理による(同『今川氏滅亡』角川選書、二〇一八年)。
(5) 久保田昌希「戦国大名今川氏の三河侵攻」(『駿河の今川氏』三、一九七八年)。
(6) 長谷川弘道「永禄三年五月の軍事行動の意図」(『戦国史研究』三五、一九九八年)。なお、この説は柴裕之氏によって疑問が出されている(同「永禄三年五月今川義元の尾張侵攻」『静岡県地域史研究会報』一七五、二〇一一年、後改稿して同『戦国・織豊期大名徳川氏の領国支配』〈岩田書院、二〇一四年〉所収)。
(7) 小和田哲男『今川義元』(ミネルヴァ書房、二〇〇四年)。
(8) 有光友学『今川義元』(吉川弘文館、二〇〇八年)。
(9) 藤本正行『【信長の戦い①】桶狭間・信長の「奇襲神話」は嘘だった』(洋泉社新書y、二〇〇八年)。
(10) 新行紀一氏をはじめとして、従来の松平・徳川史観を排して実証的な多くの研究が出されている。あえてここでは記さないが、そういった成果は自治体史などにも生かされ、『新編 岡崎市史 中世2』(岡崎市、一九八八年)や『新編 安城市史 通史編原始・古代・中世』(安城市、二〇〇七年)、『愛知県史 通史編3 中世2・織豊』(愛知県、二〇一八年)などがある。また、平野明夫編

『家康研究の最前線—ここまでわかった「東照神君」の実像—』（洋泉社歴史新書y、二〇一六年）など参照のこと。
(11)『愛知県史　通史編3　中世2・織豊』（前掲註(10)参照）第一章第三節。
(12)「外宮天文引付」（『愛知県史　資料編10　中世3』愛知県、二〇〇九年、以下『愛資10』と略す。一四二一号文書）。
(13)「松平記」（『愛知県史　資料編14　中世・織豊』愛知県、二〇一四年、以下『愛資14』と略す。三号史料）。
(14)西三河高橋は、中世の高橋荘を中心とし、加茂郡の矢作川以西及び碧海郡北部を含む地域である。
(15)村岡幹生「新出の今川氏真判物と桶狭間合戦前後の高橋郡」（『豊田市史研究』二、二〇一一年）。
(16)天文十九年十二月朔日付「今川義元判物」（里見忠三郎氏所蔵手鏡『愛資14』補遺一七九号文書）。
(17)閏五月十六日付「菩提心院日覚書状」（本成寺文書『愛資10』一七三六号文書）。
(18)「定光寺年代記」（『愛資10』一七五四号文書）。
(19)「後奈良天皇女房奉書」（臨済寺文書『愛資10』一七七四号文書）。
(20)「参詣道中日記」（大村家文書『愛資10』一八六五号文書）。
(21)「信長公記」首巻（『愛資14』所収）。
(22)「今川義元感状」（横山智則氏所蔵文書『愛資10』二〇九八号文書）。
(23)内山俊身「三河寺部城合戦と今川義元感状」（『戦国史研究』五二、二〇〇六年）。
(24)村岡幹生前掲註(15)論文。
(25)永禄元年四月十二日付「今川義元感状写」（譜牒余録『愛資10』二〇九六号文書）。
(26)「今川義元書状写」（松平奥平家古文書写『愛資10』二一六〇号文書）。
(27)村岡幹生前掲註(15)論文。
(28)戦国人名辞典編集委員会編『戦国人名辞典』（吉川弘文館、二〇〇六年）「飯尾乗連」の項。
(29)弘治三年六月二十六日付「今川義元判物写」（松平奥平家古文書写『愛資10』二〇六〇号文書）。
(30)永禄三年六月十六日付「今川氏真感状」（観泉寺文書『愛知県史　資料編11　織豊1』愛知県、二〇〇三年、以下『愛資11』と略す。一七号文書)、永禄三年七月二十八日付「今川氏真感状写」(伊予古文書所収鱸文書『愛資14』補遺二三九号文書)。
(31)「浅羽本系図」(『愛資11』三五号文書)。
(32)奥三河での反今川勢力の戦いについては、小川雄「一五五〇年代の東美濃・奥三河情勢—武田氏・今川氏・織田氏・斎藤氏の関係を中心として—」(『武田氏研究』四七号、二〇一三年)が詳しい。
(33)永禄三年十二月二十九日付「今川氏真感状写」(御系譜類記上中下『愛資14』補遺二四一号文書)。
(34)「瑞光院記」(『愛資11』八号文書)。
(35)木下聡「『三河守任官』と尾張乱入は関係があるのか」(大石泰史編『今川氏研究の最前線—ここまでわかった「東海の大大名」の実像—』〈洋泉社歴史新書y、二〇一七年〉所収)。
(36)大石泰史前掲註(4)書。
(37)藤田達生「織田政権と尾張—環伊勢海政権の誕生—」(『織豊期研究』創刊号、一九九九年)。
(38)「今川氏真感状写」(鵜殿系図伝巻之一『愛資11』一六号文書)。
(39)「三河物語」(『日本思想大系26　三河物語・葉隠』岩波書店、一九七六年)。
(40)(永禄三年)四月十二日付「今川義元書状写」(「別本士林証文」『愛資11』四号文書)。
(41)「信長公記」首巻(前掲註(21)参照)。
(42)『改訂　史籍集覧』五、所収。
(43)酒井憲二編『甲陽軍鑑大成』本文編上(汲古書院、一九九四年)。
(44)「享禄以来年代記」・「足利季世記」・「定光寺年代記」は『愛資11』六六・六八・七〇号文書による。
(45)小和田哲男『【歴史群像シリーズ　合戦ドキュメント3】桶狭間の戦い—信長会心の奇襲作戦—』(学習研究社、一九八九年)。
(46)「信長公記」首巻(前掲註(21)参照)。
(47)二〇一七年七月十五日〜九月十日開催、徳川美術館「特別展　天下人の城—信長・秀吉・家康—」で展示。
(48)「三河記」の諸本の調査を、筆者は『新修　豊田市史』の編さん事業として行なった。すべてを把握しきれなかったが、その概要は『新修 豊田市史6 資料編古代・中世』(豊田市、二〇一七年)の「第二章第四節 家伝・史書」の解説で触れている。

(49) 国立公文書館内閣文庫所蔵。

(50) 国立公文書館内閣文庫所蔵。

(51) 国立公文書館内閣文庫所蔵。二冊本で書写奥書には「宝暦七丁丑年二月写之畢」とある。他に安城市宝泉院・洲本市立図書館・加賀市立図書館などにも写本がある。関野済安は天文年間の者とされるが、それ以降の記述もあり、済安に託して後代の者が記したように思われる。

(52) 「三河物語」や「三河記」官本(内閣文庫所蔵)などにも同内容の記載がある。

(53) 永禄四年八月二十六日付「今川氏真感状写」(伊予古文書二六『愛資11』一五二号文書)・永禄三年十一月十五日付「今川氏真感状写」(藩中古文書『愛資11』四六号文書)。

(54) 西尾市立図書館岩瀬文庫所蔵。五冊本の内巻二。「明暦三丁酉年孟春廿二月加々爪氏書之」の奥書がある。

(55) 桶狭間の戦い後の動向については、『愛知県史 通史編3 中世2 織豊』(前掲註(10)第一章第五節)、小川信「桶狭間敗戦後の三河情勢と『今川・武田同盟』」(大石泰史編『今川氏研究の最前線—ここまでわかった「東海の大大名」の実像—』前掲註(35)所収)参照のこと。

第3部

〈大敗〉から勝者へ

〈大敗〉からみる川中島の戦い

福原　圭一

はじめに

天文二十二（一五五三）年にはじまる越後の上杉謙信と甲斐の武田信玄[1]が争った戦争は、一般的には「川中島の戦い」と呼ばれ、永禄七（一五六四）年までのあいだ、足かけ一二年に及び五回に亘って争ったといわれている。北信濃を舞台にしたこの戦争が、戦国時代の数ある合戦のなかでも、五指に入るほど高名であることは、衆目の一致するところであろう[2]。

これだけ有名な合戦でありながら、「川中島の戦い」に関する史料は案外少なく、そのため『甲陽軍鑑』をはじめとした後世の「軍記物」を用いて語られることが多い。しかしながら、数は少ないとはいえ同時代の古文書や古記録がないわけではない。そうした史料を一つひとつ丁寧に読み込むことによって、得られることも大きいと考えている。

本章では、川中島の戦いのなかでも、唯一上杉・武田両軍の本隊が対決した永禄四（一五六一）年九月十日の合戦（いわゆる「第四次川中島の戦い」）を中心に取り上げる。この合戦にかかわる文書を読み解いて、川中島の戦いでの〈大敗〉が、上杉氏に対してどのような影響を及ぼしたのかを考えてみたい。

1　川中島の戦いは「大敗」なのか

第四次川中島の戦いの評価

永禄四年九月十日に行われた合戦（以下、「第四次合戦」と略記する）は、上杉・武田両軍の本隊同士が戦った「激戦」であったといわれ、巷間では上杉謙信と武田信玄の一騎打ちがあったことで知られている。その真偽はひとまずおくとして、この合戦自体の勝敗が、これまでどのように評価されてきたのかを最初に確認したい。

上杉謙信研究の嚆矢である『上杉謙信伝』のなかで、著者の布施秀治は「斯して今日の戦は、卯の刻より始まり、巳の刻に終る。世人以て前半は越後の勝利。後半は甲斐の勝利となせり」。「按ずるに、この戦、越甲両軍全力を傾倒して死戦し、互に一勝一敗決する能はずして、物分れとなりしものならんか[3]」と記す。前半は上杉、後半は武田という「五分五分」の評価である。「世人」の評として、布施は典拠を示していないが、おそらく次に掲げる『甲陽軍鑑』の記述がもとになっていると考えられる[4]。

史料1

ことに、てむきうさま御うちじに、諸角豊後守うち死、はた本・足軽大しやう両人ハ、山本勘助入道道鬼うち死、初鹿源五郎うち死、信玄公御うでにかすで二ケ所、太郎義信公も二ケ所、御手をおはれ、この合戦大かたハ信玄公御まけ、と見る所に、西条山ゑかかりたるさき衆拾頭、謙信ニだしぬかれ、鉄炮のおと、ときのこゑを聞、われいぢましにちぐまをこし、ゐちごぜひのあとより、合戦をはじめ、おひうちにうつ、さすがの謙信も、和田喜兵衛と申侍を、たゞ壱人つれ、めいよのはうしやうつきげを乗はなし、家老ののりがへにのり、しうぢう二騎にて、たかなしの山ゑかかり、のき給ふ、（中略）其合戦卯の刻にはじまりたるハ、大かたゑちごてるとらのかち、巳の刻にはじまりたるハ、甲州信玄公の御かち、越後衆をうつとる其数、ぞうひやうとも二三千百十七のくびちやうを以、其日申の刻に、かち時をとりおこなひたまふ、御太刀ハ馬場民部助、弓矢ハ信州先方の侍、もろが入道也、永禄四年辛酉九月十日、信州川中嶋合戦とハ是なり、此合戦以後、てるとら信州ゑ出ず候、

傍線部が布施の記述の根拠と考えられる部分で、卯の刻はいまの時間では、早朝の午前六時前後、巳の刻は午前十時前後である。確かに傍線部だけを読めば、両者引き分けとする判断は正しく思える。しかし、引用した部分全体を注意深く読み込むと、明確には書かれてはいないが、全体としては上杉勢の敗北を暗に示していることがわかる。

前半部分では、討ち死した武将や傷を負った武将の名を挙げ、「この合戦大かたハ信玄公御まけ」としながら、その後は妻女山へ向かった「先衆」の働きにより、謙信が追い詰められるようすを描写する。また、引用した末尾の部分では、「此合戦以後、てるとら信州ゑ出ず候」と、まるでこの合戦が謙信の信濃進出をあきらめさせたかのように結んでいる。前半は不利な戦況であった武田勢が、後半では盛り返し、結果的には勝利を手にする。つまり『甲陽軍鑑』は武田の勝利という評価を下したとみてよいであろう。

一方で武田方が負けたとする意見もある。

平山優氏は著書『川中島の戦い』のなかで、第四次合戦を次のように評価する。(5)

この激戦は、その後の川中島地方の領有や、信濃における武田・上杉両氏の勢力問題を除外して、純粋に戦闘局面に限って言えば、武田軍の劣勢は否めない事実である。(中略)兵卒の戦死者数では、ほぼ拮抗する両軍も、指揮官クラスの戦死者となると、これは圧倒的に武田軍に甚大な損害があったことが認められる。武田軍は、信玄の弟武田信繁のほかに、武田一族油川彦三郎(武田信昌の子油川信恵の系統)が戦死し、侍大将クラスでも初鹿野源五郎、三枝新十郎、両角豊後守、山本勘助、安間三右衛門らを失っている。これに対して、上杉軍に名だたる一族や武将の戦死は伝えられていない。

既述のように、第四次川中島の合戦に限って、武田信玄はこれほどの戦闘が展開されたにもかかわらず、家臣

たちに対して感状を発給した形跡が認められないのである。これは信玄自身が感状の発給をためらうほどの、つまり軍事局面では敗北を意識し、また家中でも感状を望む空気が起こらないほど消沈した雰囲気が支配していたのではないだろうか。

このように、第四次合戦の勝敗についてはさまざまな見解があり、現状ではそれぞれの立場や視点によって評価が分かれているのである。

では、実際のところ戦いの勝敗はどのように考えればよいのであろうか。

永禄四年九月十三日付けの感状を読む

川中島合戦のなかでも、もっとも激しい戦いであったといわれる第四次合戦であるが、戦いのようすを具体的に物語る史料はじつはほとんどない。そのなかでも、謙信は三日後の九月十三日付けで、合戦に参加した家臣に対して感状を与えている。俗に「血染めの感状」と呼ばれて名高い文書である。現在、ほぼ同文の五通が知られ、そのうち三通は原本が残されている。数少ない合戦の当事者が記した文書であるので、まずはこの感状から検討をはじめたい。一例を挙げてみよう。(6)

史料2

「色部修理進殿　政虎」

「(切封墨引)」

去る十日信州河中嶋において、武田晴信に対し一戦を遂ぐるの刻、粉骨比類なく候、[a]殊に親類、被官人、手飼の者余多これを討たせ、稼ぎを励まるるにより、凶徒数千騎討ち捕り、太利を得候こと、年来の本望を達す、また[b]面々の名誉、この忠功政虎一世中忘失すべからず候、いよいよ相嗜まれ、忠節を抽んでらるること簡要に候、

恐々謹言、

九月十三日　　　　　　　　　　政虎（花押）

色部修理進殿

受給者の色部修理進は、色部勝長。越後国瀬波郡小泉庄の平林城を本拠とする国衆である。平林城は、現在の新潟県村上市（旧岩船郡神林村）に位置し、国史跡に指定されている。

この感状に用いられている料紙の大きさは、縦一五・六センチ×横二二・一センチ。古文書としてはかなり小さめのサイズである。これは小切紙という料紙の使い方で、一般的に感状は小切紙を使用することが多い。戦場で臨時に書かれる文書だからといわれることもあるが、はっきりとした理由はよくわからない。料紙の端裏には墨引きも残っており、この文書が原本であることは疑う余地がないであろう。

過去には傍線部a後半に書かれた「凶徒数千騎討ち捕り、太利を得候こと」というフレーズを引用して、戦いの激しさと上杉の勝利を物語る史料として使うことが多々あった。[7]しかし、感状は戦いに参加した武士たちの戦功を褒め称える文書であるから、当然これは上杉方の誇張表現として差し引いて読まなければならない。そんなに簡単にはいかないのである。

むしろ注目したいのは、その直前の「殊に親類、被官人、手飼の者余多これを討たせ」という部分である。戦功として、色部勝長の率いた「親類、被官人、手飼の者」が数多く討ち取られたことが記されている。この部分はこれまではあいまいに解釈されることが多く、「親類、被官人、手飼の者が数多の敵を討ち取った」などと現代語訳されていた。しかし、のちに弥彦神社へ奉納した「輝虎筋目を守り非分をいたさざること」と題する願文[8]には、「河中嶋において手飼の者数多討ち死させ候」と記していることから、討ち取られたのが上杉側の兵であることは明白である。

九月十三日付けの感状はこのほかに四通あり、[9]素性のわからない松本大学助を除き、いずれも揚北の国衆＝揚北衆へ宛てたものである。内容もほぼ同文で、揚北衆の率いた軍勢に甚大な被害が出たことを示している。感状の文面にわざわざ戦死者を出したことが明記されたのは、それが戦功として認識されたからであるが、一方で謙信自身も揚北衆の被害を認めていることにほかならない。

この合戦で越後の武士たちが多く討ち死したことは、甲斐国内へも伝えられていた。甲斐国のある寺の僧侶が書き残した記録には、「この年の十月十日に晴信と景虎合戦なされ候て、景虎ことごとく人数打ち死いたされ申し候、甲州国は晴信御舎弟典厩の打ち死にて御座候」と、謙信方が多数の戦死者を出したことが綴られている。(10) 武田側では「晴信御舎弟典厩」と戦死した人名を記すが、上杉勢については「ことごとく人数打ち死」と具体的な人名を示していない。討ち取られたのが武将クラスではなく、「親類、被官人、手飼の者」という下層の武士であったことがこうした書き分けをさせた可能性も考えられる。九月十日に行われた合戦が「十月」と誤記されていることからもわかるように、筆者の僧侶が戦場に赴いていたわけではなく、これは伝聞による記述である。しかし、むしろ伝聞であったからこそ、かえって真実をついているのかもしれない。

謙信太刀打ちに及ぶ

永禄四年の戦いで有名なエピソードといえば、謙信と信玄の一騎打ちが挙げられる。諸本により異同があるが、代表的なものは、謙信が武田勢のなかを駆け抜け本陣に至り、床机から立ち上がった信玄に馬上の謙信が斬りかかるというものである。これは『甲陽軍鑑』に記された一騎打ちである。『甲陽軍鑑』をはじめとした「軍記物」に語られる謙信と信玄の「一騎打ち」は史実ではなく、現在ではのちの世に創作されたものと考えられている。(11)

次に掲げるのは近衛前嗣書状の有名な一節である。(12)

史料3

今度信州表において晴信に対し一戦を遂げ、大利を得られ、八千余討ち捕られ候こと、[a]弥重の大慶に候、めずらしからざる義に候といえども、自身太刀打ちに及ばるるの段、比類なき次第、天下の名誉に候、[b]よって太刀一腰、馬一疋黒毛差し越し候、

書状の日付は永禄四年十月五日。このとき近衛前嗣は関東にいた。[13] 合戦があったのが九月十日なので、わずか一ヶ月足らずで信州から関東へ情報が伝わったことになる。口コミの伝聞として伝わるには、いくらなんでも早過ぎる。じつは、この前嗣の書状は、謙信から届いた川中島合戦の戦況報告に対する返事なのである。現在には伝えられていないが、合戦の直後に謙信から直接前嗣へ送られた書状があったのであろう。

傍線部aの「八千余討ち捕られ候こと」やb「自身太刀打ちに及ばるるの段」という書き方から、この部分は謙信が書いて送った本文そのままを、鸚鵡返しに引用したと考えられる。つまり、謙信自身のことばとみてよいであろう。[14]「自身太刀打ちに及ばるる」とは、謙信みずからが武田勢と太刀を切り結んだことを意味し、これが『甲陽軍鑑』などの軍記物に書かれた謙信と信玄の一騎打ちのもとになったといわれている。[15]

ただ謙信自身のことばであるから、「自身太刀打ち」自体は事実と認めてよいであろう。「比類なき次第、天下の名誉に候」という前嗣の書きっぷりから、謙信は「自身太刀打ち」を誇らしげに伝えたようだが、それをそのまま鵜呑みにしてよいものなのであろうか。

「自身太刀打ち」するためには、謙信のいる本陣まで武田勢が攻め込んできているか、もしくは謙信自身が武田勢へ入り込んでいくかしかない。「めずらしからざる義に候といえども」という部分は、実際に謙信がこうしたことを繰り返していたのか、それとも単なる誇張であるのか難しいところであるが、大将が敵陣へ切り込んでゆくリスクをそうそう冒せるものとは考えにくい。

ただ、いずれにせよ武田勢が謙信の間近に迫っている状態であったことは間違いないであろう。戦況としてはかな

り不利な立場におかれていたといえよう。先にみたように、揚北衆配下の武士たちが数多く戦死していたこととをあわせて考えると、第四次合戦は上杉側の〈大敗〉であったと認めざるをえないであろう。

2 川中島の戦いと阿賀北衆

もう一通の感状

第四次合戦では、史料2とは別に次に掲げる感状も出されている。日付は「三日」となっているが、合戦の日付が九月十日なので、これは「十三日」の誤りであろう。(16)

史料4

今度信州河中嶋一戦の刻、馬廻において抽ぐの段、比類なく候、いよいよ忠信を励むべきこと、簡要に候ものなり、

永禄四

九月三日　　政虎(花押)

本田右近允殿

感状は戦功を褒め称えるのと同時に、のちの恩賞の根拠となる文書であるから、いつ、どこで、誰が、どんな戦功を行ったかが記されていなければならない。一見とても簡潔な文章であるが、いつ＝今度(永禄四年九月十日の合戦)、どこで＝信州河中島、誰が＝本田右近允、どんな戦功か＝政虎の馬廻りで他に比類ないような戦いをした、と必要最低限の事項は記されており、これで感状の役割を立派に果たしている。

史料2と比べるとかなり簡略化されているが、大きな違いは、この感状は文末が「ものなり」で結ばれ、史料2は

「恐々謹言」で終わっていることである。これら文末の語句を「書止文言」という。文書の内容や届ける相手との関係性によって書止文言は変化する。感状では一般的に「よって件のごとし」や「ものなり」が使用されることが多い。一方、史料2にみえる「恐々謹言」は、主に書状で使われる。しかも史料2には年号が書かれていない。書状には年号を記さないことが常である。つまり、史料2は、感状でありながら形式としては書状に近いのだといえよう。書状形式の感状が、史料4に比べて、礼が厚いことは一見して明らかであろう。

史料4を受け取った本田右近允は、実名は不明だが謙信の「旗本」とされる直臣で、こののちには吉江忠景らとともに越後府内の留守居を任されるような家臣である(17)。いわば謙信の「身内」といってよいであろう。

それに比べて史料2を受け取った色部勝長は、謙信の本拠である春日山城からは遠く離れた「揚北」=阿賀野川以北の国衆=揚北衆である。彼らは越後のなかでも比較的独立性の高い領主だといわれている(18)。そもそも国衆とは、戦国大名の従属下にはあるものの、一程度の領域を一円的に支配する地域権力で、政治的に自立した存在であることが指摘されている(19)。こうした謙信と揚北衆との関係性から厚礼な書状形式が用いられたのであろう。受給者の立場の違いが、形式の差異を生んだのだと考えられる。

参陣しない色部勝長

前掲の史料2傍線部bには、「面々の名誉、この忠功政虎一世中忘失すべからず候」という非常に印象的な一節が記されている。それまでの謙信の文書には見られないもので、いわば最上級の謝辞である。次になぜこうしたフレーズをわざわざ感状に記したのかを考えてみたい。

弘治三年に行われた第三次川中島の戦いにかかわり、謙信から色部勝長に宛てた三通の書状が残されている。順を追って検討しよう。第一報は次に掲げる二月十六日付けの書状である(20)。

史料5

信州鉾楯の儀、去々年駿府御意をもって無事に属し候き、然れども、それ以後例式晴信刷い曲なき義ども候といえども、神慮といい、駿州御刷いといい、この方より手出しいたすべきにあらず候条、その堪忍に及び候ところ、今度晴信出張し、落合方家中引き破り候故、葛山の地落居す、これにより、嶋津方も太蔵の地へまずもって相移られ候、この上のことは是非に及ばず候間、ここもとの人数ことごとく彼の口へ寄り合い、景虎も中途に至り在陣候、雪中御大儀たるべく候といえども、夜をもって日に継ぎ御着陣待ち入り候、信州味方中滅亡の上は、当国の備え安すからず候条、今般に至っては一廉の御人数以下相嗜まれ、御稼ぎこの時に候、恐々謹言、

長尾弾正少弼

二月十六日　　　　景虎

色部弥三郎殿

御宿所

弘治三年二月十五日、武田信玄は落合備中守の拠る水内郡葛山城を攻め落とした。これにより島津忠直も居城の長沼を離れ、太蔵の地へ逃れた。景虎はすぐに軍勢を集め、中途まで兵を進め在陣する。史料5は、いまだ参陣のない色部勝長へ宛てて陣中から謙信が認めた催促の書状である。

武田信玄の破竹の勢いに、謙信の危機感は募るばかりであった。もし信州の味方すべてが滅亡してしまったら、つぎは越後が危ない。これは、川中島に臨む謙信が思わず漏らした本音だろう。

しかし、旧暦の二月十六日は、現在の三月下旬ごろにあたり越後はまだ雪の季節であった。色部勝長の本拠平林城から川中島までは相当の距離もあり、出兵はかなりの負担だったであろう。勝長の腰も重くなるはずである。一度春日山まで引き上げた謙信は、続けて催促の書状を送った。(21)

史料6

信州口の義について態と御切紙祝着千万に候、再三啓し候ごとく、今度の義は是非行に及ぶべき覚悟に候間、今般の義に候間、如何とも早速御動きを待ち入り存じ候、景虎ことも漸く出陣せしむべく候、御用意本望たるべく候、それ以来彼の口の義相替る子細これなく候、御心安かるべく候、万々面上をもって申し承るべく候、恐々謹言、

三月十八日　　長尾弾正少弼

景虎(花押)

色部弥三郎殿

御返報

史料6を送ってからすでに一ヶ月。前回の書状に対する返事は来たものの、勝長が平林城を出たという知らせは、まだ謙信のもとへは届いていなかった。ともかく早く出陣してほしい。色部氏を含めた揚北衆の出陣を待ちわびているのが切々と伝わってくる。

そして、さらにひと月が過ぎた。(22)

史料7

当地善光寺に至り着陣せしめ候、敵方より相抱え候地利、山田の要害ならびに福嶋の地打ち明け候、除衆ことごとく還住候、まずもって御心安かるべく候、方々より申し来たる子細も御座候条、早速御着陣待ち入る計りに候、如何とも御動き祝着たるべく候、恐々謹言、

四月廿一日　　長尾弾正少弼

景虎(花押)

色部弥三郎殿

御宿所

四月になり、謙信は信州の名刹善光寺に陣を構えて、武田方に属する「山田の要害」や「福島の地」を攻め落とした。しかし、勝長をはじめとした揚北衆はまだ動く気配すらみせなかったのであった。

傍線部「方々より申し来たる子細」とは、おそらく謙信へ寄せられた、揚北衆の参陣を待ちかねる武将たちからのクレームであろうと思われる。揚北衆が参陣しないことで苦しい立場に立たされている謙信のようすが目に浮かぶ。

謙信はこの年の九月まで信濃に在陣していたが、色部勝長はもちろん、揚北衆たちは結局川中島には姿を現さなかったとみられる。八月下旬、謙信は上野原で武田勢と一戦を交えたが[23]、その際の感状で揚北衆へ宛てたものは伝えられてはいない。

動員体制の強化

これだけ催促を受けながら、弘治三年の第三次川中島の戦いには参加しなかった揚北の国衆たちが、なぜ永禄四年の第四次合戦にはこぞって参陣したのか。明確な回答を出すことは難しいが、この間に謙信が揚北衆への軍事動員を可能にする立場となっていたことは間違いない。

永禄二年春の上洛では、謙信は将軍義輝と面会し、「武家御相伴」衆に加えられた。御相伴衆とは、将軍が諸大名へ御成の際に同行したり、将軍を中心とする饗宴に同席することのできる高い格式を意味する。謙信はこれにより「大名」の格を得たことになり、六月には「裏書御免」と「塗輿」の使用を許可された。書状の封紙の裏側に書く差出人の名字や官途名を「裏書」と呼ぶが、これを省略することを認められたのである。足利一門や三管領に準じる待遇であった。同時に、本来は三職など特定の者にしか許されない漆塗の輿に乗ることも認められたのである[24]。

また、永禄四年閏三月には、北条氏康に追われて謙信の許に身を寄せていた上杉憲政から山内上杉家の名跡と関東管領の地位を譲り受けた。

こうした謙信自身の地位の上昇と同時に、注目されるのが、上洛から帰国した謙信への太刀の献上である。永禄二年十月二十八日、中条・本庄・色部・加地・新発田・竹俣・大川・安田・水原らの揚北衆は、謙信の帰国を祝って太刀を献上した(25)。この儀式は、諸将の忠誠を確認し、軍事奉公を誓わせた、家臣団編成の画期と評価されている(26)。

弘治四年閏六月十四日付けの本庄繁長起請文には、揚北衆で申し合わせて出陣することが記される。実際、この年の二月には謙信が信濃への出馬を企図し、信玄も七月以降に信州へ出兵している。起請文の作成が、こうした北信濃の緊張状況によって、謙信が出した出陣要請に対応したものである可能性が指摘されている(27)。阿部哲人氏によれば、弘治三年以降、謙信は軍事動員体制を強化する方向へ進み、この結果、永禄四年には揚北衆を含めた諸将の従軍が実現したと考えられるという(28)。

謙信の地位の上昇や家臣団の編成により軍事動員体制の整備が進められた。弘治三年の合戦には参加しなかった揚北衆を巻き込み、いわば総力戦で臨んだ第四次合戦であった。しかし、結果として揚北衆たちが率いた軍勢が数多く討ち死するという〈大敗〉で終わることとなった。

揚北衆へ宛てた感状に「面々の名誉、この忠功政虎一世中忘失すべからず候」という印象的なフレーズが記された背景には、第四次合戦における〈大敗〉があったのだと考えられよう。しかし、〈大敗〉のインパクトはこれにとどまることはなく、この後の信濃をめぐる謙信の動向にも大きな影響を及ぼしたのであった。

3 川中島の戦い〈大敗〉その後

川中島の戦いと願文

「願文」という文書がある。願いごとを認めて神仏に奉納する文書である。大名の場合、戦勝祈願であることが多いのだが、川中島の戦いでもそれは同じであった。表1は現在残る謙信の願文を一覧にしたものである。「川中島」欄には、川中島での戦勝を祈願したものには「◎」を、信濃での戦いについて触れているものには「○」を入れてある。これをみると、いかにこの戦いで願文が数多く奉納されたかがよくわかるであろう。謙信にとって川中島の戦いは、願文を駆使した戦いでもあった。

表1からは、願文が奉納されたのは、弘治三年(第三次合戦)と永禄七年(第五次合戦)の二回に限られることも読み取れる。さらに、二つの合戦で願文が奉納された寺社を比べてみると明らかな違いがある。弘治三年には、更級八幡宮と小菅山元隆寺という信濃の寺社であったが、永禄七年になると、越後一宮である弥彦神社をはじめ、越後国内の寺社に集中するのである。

山室恭子氏は『群雄創世紀』のなかで、信玄や謙信の出した願文を分析し、願文が神仏に戦勝を祈願するというかたちをとって、じつはそれが願文が奉納される地域の人びとに対する政治的宣伝であったことを明らかにしている(29)。

川中島	備考
◎	
◎	
○	
○	
○	4と同内容
◎	
◎	7と同内容
◎	
◎	
◎	
◎	7と同内容
	15と同内容
	17と同内容

弘治三年の場合、二度の合戦を終えた謙信が行わなければならなかったのは、信濃を戦場として戦う自己の正当性を、信濃の人びとへ周知させることであった。弘治三年正月二十日に更級八幡宮に奉納した願文の一節には、次のように記されている(30)。

表1　上杉謙信の願文一覧

	日　付	奉　納　先	所在地	出　典	上越市史
1	弘治3年正月20日	八幡宮 御宝前(更科八幡宮)	信濃	歴代古案3	上越140
2	弘治3年5月10日	(小菅山元隆寺)	信濃	謙信公御年譜巻3	上越147
3	永禄4年2月27日	晋上 鶴岡八幡宮寺	相模	妙本寺文書	上越258
4	永禄6年7月18日	八幡 極楽寺一如阿闍梨	越後	飯塚八幡宮文書	上越344
5	永禄6年7月18日	高名山薬師寺	越後	薬師寺文書	上越345
6	永禄7年5月13日	(飯塚八幡宮)	越後	飯塚八幡宮文書	上越405
7	永禄7年6月24日	弥彦 御宝前	越後	弥彦神社文書	上越412
8	永禄7年6月24日	姉倉比売神社 御宝前	越中	姉倉姫神社文書	上越413
9	永禄7年6月24日	御かんきん所 仏前	越後	上杉神社文書	上越414
10	永禄7年6月24日	弥彦 御宝前	越後	堀田次郎氏所蔵文書	上越415
11	永禄7年8月朔日	(更科八幡宮)	信濃	上杉家文書	上越427
12	永禄8年6月24日	愛宕 御宝前	越後	歴代古案20	上越461
13	永禄9年5月9日	仏神 御宝前	越後	上杉家文書	上越511
14	元亀元年12月13日	御ほう前	越後	上杉家文書	上越953
15	元亀3年6月15日	御宝前	越後	上杉家文書	上越1105
16	元亀3年6月15日	御宝前	越後	入沢達吉氏所蔵文書	上越1106
17	天正3年卯月24日	御宝前	越後	上杉家文書	上越1250
18	天正3年卯月24日	御宝前	越後	普光寺文書	上越1251

史料8

ここに武田晴信と号する佞臣あり、彼信州へ乱入し、住国の諸士ことごとく滅亡を遂ぐる、神社仏塔を破壊し、国の悲嘆累年に及ぶ、なんぞ晴信に対し景虎闘諍を決すべく遺恨なからん、隣州国主たるにより、あるいは、恨を後代の鬼神に誓い、あるいは、眼前に棄てがたき好ある故、近年助成に及ぶ、国の安全のため軍功を励むところ他事なし、

武田信玄が信州へ乱入し、信濃の武士たちを滅亡させてしまったことや神社仏塔を破壊したことが語られ、自分が信濃へ出兵するのは「隣州国主」としてそれを見逃すことができないからであり、「国の安全のため軍功を励むところ他事なし」と、あくまでも「自分の戦いは信濃のためである」と強く主張している。逆にいえば、それだけ信濃の人びとのなかに、謙信に対する不信感が強かったことの表れともいうことができよう。

年代はわからないが、高野山の蓮華定院に宛てた次のような書状が伝えられている[31]。差出人の依田良存は、生島足島神社文書に寄進状が残り[32]、そこには「丸子良存」と署名してい

る。また、蓮華定院の過去帳には「腰越丸子良存殿」、「腰越丸子良存殿内方」という記載がみえ(33)、武田氏配下の武士である可能性が高い。

史料9

御尊意のごとく、それ已来は申し承わらず候、よつて当国ことごとく甲・越の取り合いに候、子ども身体堅固に御祈念偏に頼み奉り候、当国相当の御用、御隔心なく仰せを蒙るべく候、恐惶謹言、

依田

弥生廿六日　沙弥良存(花押)

謹上　蓮華定院

御尊答

依田良存は、川中島の戦いを「当国(信濃)ことごとく甲・越の取り合いに候」と評価する。つまり武田氏に属する武士の目からみても、この戦いは「甲(武田氏)・越(上杉氏)の取り合い」としか映らなかったのであった。だから、輝虎は信濃の寺社へ願文を納め、必死に信濃の人びとへの釈明を試みたのである。

ところが、永禄四年の第四次合戦を挟み、様相が変わってくる。永禄七年の第五次合戦にあたって願文が奉納されたのは、ほとんどが越後国内の寺社であった。こんどは越後の人びとを説得する必要に謙信が追われていたことを示している。謙信の思いと離れ、すでに越後国内の世論は信濃での戦争に対する厭戦気分で満ちていたのである。

越後一国を挙げて、鳴り物入りで臨んだ第四次合戦であったが、その戦果は芳しくなかった。謙信の感状(史料2)は「太利を得候こと、年来の本望を達す」と、あたかも大勝利を謳ってはいるが、それは揚北衆が率いてきた軍勢の多くが討ち死にすることを代償に得られた結果であった。むしろ願文から読み取れる状況は、永禄四年の第四次合戦が〈大敗〉であったことを明白に物語っていよう。

第四次合戦〈大敗〉は、越後国内の世論を反川中島の戦いへと向かわせ、謙信はそれに対処せざるをえなくなった。越後国内への願文の奉納は、窮地に追い込まれた謙信政権が次の合戦を迎え、越後の武士たちを動員するために採った方策であったと考えられるのである。

リメンバー川中島

次に挙げるのは、永禄七年六月二十四日付けの願文「輝虎筋目を守り、非分をいたさざること」[34]の第二条を抜き出したもので、ここでは信濃での戦争がいかに理にかなったものであるかを訴えている。この願文と対になる同日付けの「武田晴信悪行のこと」[35]では、逆に信玄の悪行を書き上げ、それを非難することで信玄と戦うことの正当性を主張している。

史料10

一、信州へ行をなすこと、第一は、小笠原・村上・高梨・須田・井上・嶋津、その外信国の諸士牢道す、または輝虎分国西上州へ武田晴信妨げをなし候、河中嶋においても手飼の者数多討ち死にさせ候、この所存をもつて武田晴信退治の稼ぎ、これまた非道これあるまじきこと、

前半部分では、「信濃への出兵は、村上義清をはじめ、信濃の武士たちが自分を頼ってきたからだ」と記している。先ほど確認した史料8では、信玄が信州の武士たちを滅亡させ、堂舎を破壊したことに対して、「隣州国主」の立場から信濃に兵を進め、武田氏を排除することが謳われていた。それがここでは、武田氏によって信濃を追われた武士たちを復帰させるという、いわば「武士の論理」に替わっている。

この主張はすでに弘治二年に比定される長慶寺(天室光育)宛ての書状[36]にみられるが、弘治三年の願文では使われていない。天室光育宛ての書状は、家臣をまとめることができなかった謙信が、出奔の意を固め認めたものだとされて

いる。そこで語られているのは、父祖の功績や幼年期からの自身の功績である。戦争に関していえば、戦いの大義名分の正しさが強く主張されている。つまり、願文と同じように光育を通じて家臣たちへ自己の正当性を訴えた書状なのである。

永禄七年の願文でこの書状と同じ主張が繰り返されることからは、川中島の戦いに対する忌避感を持っている層が、越後の武士たちであったことが推測できる。こうした状況が生まれたことは、やはり永禄四年の〈大敗〉が大きく影を落としていると考えざるをえない。そもそもが越後の武士たちにとって、川中島の戦いは自分たちには一切利のない、ある意味消極的な理由からの戦争であった。

これだけでは説得するには不足であったのだろうか。後半では、新たに「河中嶋においても手飼の者数多討ち死にさせ候」という、もうひとつの大義名分が掲げられている。「川中島で多数の戦死者を出したのだから、その弔い合戦をしなければならない」という主張は、川中島の意味合いを一八〇度変えてしまうものであった。信濃の武士のため＝他者のための戦争から、討ち死した者の弔い合戦＝自己のための戦争へ、〈大敗〉による戦死者の多さを、逆に積極的な戦いの理由としてしまったのである。まさに「リメンバー川中島」であった[37]。

信濃武士への援護から戦死した仲間たちの復讐へ、謙信は巧妙に論理のすりかえを行い、越後の武士たちを川中島の戦場へと導いていった。しかし、永禄七年の合戦は、六〇日に及ぶ対陣の末、雌雄を決することなく幕を引いたのであった。

第四次合戦で大きな被害を蒙った揚北衆たちは、その後、謙信へ反発することなく、逆に従属の度合いを深めていった。これは、自らの直面した領主支配の問題解消を謙信に期待した揚北衆と、それに対応した謙信の諸政策が一程度有効に機能していたことによるとされる[38]。ただ一人本庄繁長だけが、永禄十一（一五六八）年三月、信玄と手を結び村上で挙兵する。十月には謙信自身が出馬して「本庄合戦」が行われるが、繁長が第四次合戦に参加した形跡はない。

川中島〈大敗〉が揚北衆に与えた影響を、個別に検証していく必要があろう。

おわりに——川中島〈大敗〉の記憶

近年、五回に渡った合戦の後、永禄十(一五六七)年に再び上杉氏と武田氏が北信濃で争ったことが指摘されている。[39]翌十一年の七月から八月にかけても、本庄繁長に同調して信濃の長沼城に入った信玄の兵と、飯山城を守備する謙信側の兵とで小競り合いが起きている。[40]しかし、八月二十二日には武田勢が撤退。これを最後に上杉も武田も信濃を戦場とすることをやめ、同時に川中島の戦いについても一切言及しなくなる。

そして、江戸時代に入ると、『甲陽軍鑑』や『北越軍記』などにより、華美な「戦国絵巻」としての川中島の戦いが喧伝され、「川中島合戦図屛風」もつくられた。[41]謙信と信玄の一騎打ちに代表される、現代にまで続く川中島の戦いに対するイメージは、江戸時代の「軍記物」を淵源にしているといってよいであろう。[42]しかし、「軍記物」では、本章でみてきたような川中島の〈大敗〉についてはほとんど語られることはなかった。〈大敗〉の記憶は抹消されてしまったのである。

こうした一方で、謙信の地元越後には、川中島〈大敗〉のモニュメントが残っている。

新潟県上越市にある春日山林泉寺は、越後守護代であった長尾能景が、亡父重景の十七回忌にあたり、明応六(一四九七)年に恵応曇英を開山に迎えて建立した曹洞宗の古刹である。創建以来、菩提寺として長尾氏、上杉氏の庇護を受けた。江戸時代には歴代藩主の菩提寺とされ、いまでも春日山城の麓に伽藍を構えている。

その林泉寺には、「川中島戦死者供養塔」と呼ばれる石造の多宝塔がある。[43]総高は約四・二メートル、材質は「笏谷石」と呼ばれる福井県産の凝灰岩である。

軸部の正面には蓮座の上に座る如来像、釈迦像の二仏を陽刻する。この二仏の両側には「川中嶋戦死霊魂廟／石塔也」と石塔の造立趣旨が刻まれ、右側面には「越前国石切大工／内山源兵衛」と石工の名が彫られている。また、首部には「元和九年癸亥八月九日」「三界萬霊／林泉寺拾四代／玄室膺頓代　建立」の銘文があり、この石塔が元和九（一六二三）年八月に林泉寺第十四代住職である玄室膺頓により建立されたことが知られる。

元和九年は、いずれの川中島の戦いから数えても明確な回忌とはならず、この年に川中島戦死者の供養等が造立されたことの意味はわからない。ただ、この年の五月二十九日に、高田藩主松平忠昌の十九歳になる妻の花が高田で死去している。[44]

松平忠昌は、元和四（一六一八）年三月に高田城に入り、寛永元（一六二四）年までの約七年間を高田藩主として過ごした。忠昌の前任地は川中島の戦いで武田信玄が築いた海津城であり、川中島の戦いで多くの戦死者が出たことは承知していたに違いない。妻の死を契機にその供養を行わせたとは考えられないだろうか。

また、忠昌の父結城秀康が越前北庄城主であることから、忠昌は幼少期を越前で過ごしたといわれ、[45]同母兄である忠直は父の遺領を継いでいた。忠昌が越前と深いつながりを持っていることと、石塔が越前産の笏谷石を用いて越前の石切大工により作られたことは無関係ではないように思える。

いずれにせよ、川中島の戦いで数多くの戦死者が出たという「記憶」が、近世に至っても伝承されていたことは間違いないことであろう。そして、現在もこの「川中島戦死者供養塔」は林泉寺の裏山に立ち、その「記憶」を伝え続けている。

（1）　長尾景虎は、宗心、上杉政虎、輝虎、謙信とたびたび名乗りを変えている。本章では、引用する史料に記された以外は「上杉謙信」に統一して表記する。また、武田晴信は永禄二年から信玄と称するが、同様に「武田信玄」に統一する。

(2) 川中島合戦を題材とする著作は枚挙にいとまがないが、この戦いを関東戦国史に位置づけた好著として、平山優『川中島の戦い(戦史ドキュメント)』上・下(学研M文庫、二〇〇二年)を挙げておく。

(3) 布施秀治『上杉謙信伝』(歴史図書社、一九六八年)二四九頁、及び二五二頁。

(4) 『甲陽軍鑑』五十五「信州川中嶋合戦之事」(酒井憲二編『甲陽軍鑑大成』第一巻 本文篇上、汲古書院、一九九四年、三三八頁)。

(5) 前掲、平山優『川中島の戦い(戦史ドキュメント)』下、二八四〜二八六頁。

(6) (永禄四年)九月十三日付上杉政虎感状(新潟県立歴史博物館所蔵「越後文書宝翰集 色部氏文書」、『上越市史』別編1上杉氏文書集一、二八二号)。以下は『上越』+文書番号と略記する。

(7) たとえば、乃至政彦『上杉謙信の夢と野望 幻の「室町幕府再興」計画の全貌』(洋泉社歴史新書y、二〇一一年)一六八頁など。

(8) 永禄七年六月二十四日付上杉輝虎願文(弥彦神社文書、『上越』四一二)。

(9) 安田治部少輔宛(新潟県立歴史博物館所蔵「越後文書宝翰集 大見安田氏文書」、『上越』二八三)、垂水源二郎宛(個人蔵、『上越』二八四)、松本大学助宛(京都大学総合博物館所蔵文書、『上越』二八五)、中条越前守宛(「謙信公御年譜」七所収、『上越』二八七)。

(10) 「勝山記」永禄四年条(『山梨県史』資料編六 中世三上 県内記録、二四五頁)。なお、「十月十日」は「九月十日」の誤りである。

(11) 『特別展 上杉謙信』(米沢市上杉博物館、二〇〇五年)六頁。阿部哲人氏の執筆。

(12) (永禄四年)十月五日付近衛前嗣書状(太田作平氏所蔵文書、『上越』二九〇)。

(13) 池享・矢田俊文編『増補改訂版 上杉氏年表 為景・謙信・景勝』(高志書院、二〇〇七年)一〇七頁。以下、謙信の動向は本書に拠る。

(14) 返書に文書の本文を引用することは、黒嶋敏氏が御内書を例に言及している(黒嶋敏『秀吉の武威、信長の武威 天下人はいかに服属を迫るのか』平凡社、二〇一八年、二五四〜二五七頁)。

(15) 谷口研語『流浪の戦国貴族近衛前久 天下一統に翻弄された生涯』(中公新書、一九九四年)四六〜五〇頁、拙稿「上杉氏からみ

た川中島合戦と飯山」(笹本正治監修、長野県飯山市編集『川中島合戦再考』新人物往来社、二〇〇〇年、八七頁)、石渡洋平『上杉謙信』(戎光祥出版、二〇一七年)六四〜六五頁など。
(16) 永禄四年九月(十)三日付上杉政虎感状(本田文書〈東京大学史料編纂所所蔵台紙付写真〉、『上越』二八六)。
(17) 本田右近允の項(栗原修氏執筆)(『戦国人名辞典』吉川弘文館、二〇〇六年)。
(18) 阿部哲人「謙信の揚北衆支配」(福原圭一・前嶋敏編『上杉謙信』高志書院、二〇一七年)。
(19) 黒田基樹『戦国大名と外様国衆』(文献出版、一九九七年)、同『戦国期東国の大名と国衆』(岩田書院、二〇〇一年)など。
(20) (弘治三年)二月十六日付長尾景虎書状(「古案記録草案」一所収、『上越』一四一)。
(21) (弘治三年)三月十八日付長尾景虎書状(新潟県立歴史博物館所蔵「越後文書宝翰集 色部氏文書」、『上越』一四二)。
(22) (弘治三年)四月二十一日付長尾景虎書状(新潟県立歴史博物館所蔵「越後文書宝翰集 色部氏文書」、『上越』一四五)。
(23) 合戦の行われた「上野原」については、前嶋敏「謙信・信玄と『川中島の戦い』」(平成二十九年度秋季企画展『川中島の戦い 上杉謙信と武田信玄』新潟県立歴史博物館、二〇一七年、六〜七頁)を参照。
(24) 馬場透「戦国期越後国守護代長尾氏権力の画期と家格秩序」(『新潟史学』第五一号、二〇〇四年)。
(25) 祝儀太刀次第(上杉家文書、『上越』三五四二)。
(26) 池享「謙信登場」(『新潟県史』通史編二 中世、一九八七年、五八三頁)。
(27) 弘治四年閏六月十四日付本庄繁長起請文(新潟県立歴史博物館所蔵「越後文書宝翰集 色部氏文書」、矢田俊文・新潟県立歴史博物館編『越後文書宝翰集 色部氏文書』Ⅱ、新潟大学人文学部附置地域文化連携センター地域歴史文化保全部門、二〇一七年、八〇〜八一頁)。解説の執筆は前嶋敏氏。
(28) 前掲、阿部哲人「謙信の揚北衆支配」。
(29) 山室恭子『群雄創世紀 信玄・氏綱・元就・家康』(朝日新聞社、一九九五年)一五〜二八頁。
(30) 弘治三年正月二十日付長尾景虎願文(「歴代古案」三所収、『上越』一四〇)。
(31) 三月二十六日付依田良存書状(丸山史料所収「蓮華定院古文書」、『信濃史料』第十二巻、二二二頁)。

(32) 七月三日付丸子良存寄進状(生嶋足嶋神社文書、『信濃史料』第十二巻、二三頁)。
(33) 『高野山文書第二集　蓮華定院過去帳(第一冊　大永―寛文)』(小県誌資料編纂委員会、一九五三年)一二頁。
(34) 永禄七年六月二十四日付上杉輝虎願文(弥彦神社文書、『上越』四一二、及び『富山県史』資料編Ⅱ所収文書、『上越』四一三)。
(35) 永禄七年六月二十四日付上杉輝虎願文(上杉神社文書、『上越』四一四、及び堀田次郎氏所蔵文書、『上越』四一五)。
(36) (弘治二年)六月二十八日付長尾宗心書状(「歴代古案」五所収、『上越』一三四)。
(37) 前掲、山室恭子『群雄創世紀　信玄・氏綱・元就・家康』二八～三一頁。
(38) 前掲、阿部哲人「謙信の揚北衆支配」。
(39) 西川広平「幻の川中島合戦」(『大河ドラマ特別展　風林火山　信玄・謙信、そして伝説の軍師』、NHK、NHKプロモーション、二〇〇七年)、海老沼真治「川中島合戦と信越国境」(『地方史研究』三八三号〈第六六巻　第五号〉、二〇一六年)。
(40) 永禄十一年の上杉・武田両氏の動向については、拙稿「戦国時代の戦争と「国境」」(地方史研究協議会編『信越国境の歴史像「間」と「境」の地方史』(雄山閣、二〇一七年)を参照のこと。
(41) 高橋修『【異説】もうひとつの川中島合戦　紀州本「川中島合戦図屏風」の発見』(洋泉社新書y、二〇〇七年)など。
(42) 前掲、拙稿「上杉氏からみた川中島合戦と飯山」。
(43) 増永常雄「越後春日山林泉寺石造多宝塔について(川中島戦死者供養塔)」(『史迹と美術』第四〇〇号(第三九輯ノ十)、一九六九年)。
(44) 「隆芳公御略伝」(『上越市史』別編5　藩政資料一、一九一～一九二頁)。
(45) 同右(『同右』、一八〇頁)。

三方ヶ原での〈大敗〉と徳川家臣団

谷口　央

はじめに

　徳川家康にとって、人生の中で敗戦として名高いのは、おそらく元亀三(一五七二)年十二月に遠江国であった三方ヶ原の戦いと、天正十二(一五八四)年三月から十一月まであった小牧長久手の戦いであろう。(1)ただ、後者については、江戸期を通じて四月にあった長久手での局地戦での勝利を強調することや、(2)戦い終了後、家康が羽柴秀吉に直接臣従を示す行為とされる上洛が実行されるまでに二年間を要したこと、また、そこに至るまでに秀吉妹の朝日が家康のもとに輿入れしたり、さらには、上洛の際に秀吉母の大政所を事実上の人質として家康領国まで送られたりしたことなどが強調されることにより、家康の敗北感が薄められ、敗北したことすら否定される傾向にある。(3)これに対し、前者は現在に至るまで変化なく、まさに自身の命にも関わる敗戦であったとされる。(4)このように、三方ヶ原の戦いは家康にとって人生で忘れがたい〈大敗〉であったと位置づけることができよう。(5)

　この戦いについての研究状況について見ていくと、基本的には戦い自体の事実関係の追究が進められている。なかでも、この時、武田信玄の居城がある甲斐国から遠江国内に侵攻してきた目的が議論の中心となっている。つまり、信玄は上洛を目指していたのか、遠江国を中心とする徳川領国攻撃を主としていたのか、もしくは家康と連合を組む織田信長攻撃を主としていたのかについての議論である。(6)また、近年はこの理解を進めるなかで、信玄は家康と最終的に激突するに至った三方ヶ原に至るまで、どのような道程で進軍していたのかについても議論されている。[7]

以上のように、三方ヶ原の戦いをめぐる議論は、歴史事実の追究を主としているのが現状となる。事実の追究は歴史研究の基本であり、最も進めるべき研究であることは言うまでもない。一方で、この時期の戦いは、詳細を記す同時代史料が少ないこともあり、後世に認識が変化しているものも多いのが現状であろう。[8] そう考えると、同時代の研究に加える形で、後世の位置づけについて分析することも意味のある研究と考える。そこで、本稿では、徳川氏にとって注目される〈大敗〉となる三方ヶ原の戦いが、江戸幕府創設以降どのように認識され、扱われていったのかを、徳川(松平)中心史観も意識した上で、検討していくこととする。

1　近世初期記録史料に見る三方ヶ原の戦い

太田牛一と小瀬甫庵の「信長記」を中心に

江戸幕府創設後の、いわゆる松平(徳川)中心史観と呼ばれる徳川氏による幕府創設を必然的前史とする視点についての研究として、新行紀一氏の業績が挙がる。[9] 新行氏によると、徳川氏が松平氏を称していた時期からの譜代家臣の一族である大久保忠教が、寛永三(一六二六)年頃までに執筆した「三河物語」[10]に始まる近世の諸書には、松平(徳川)中心史観があるとされる。では、「三河物語」以前に記された(およびそう考えられる)記録類では、三方ヶ原の戦いはどのように描かれているのであろうか。

まずは、新行氏によって「三河物語」以前に執筆されたとされる「松平氏由緒書」[11]を見ていくと、「遠州未かたかはらにてかつせん有之、壱番合戦にハ敵放ほして、てき大名衆うち取、勝時ヲたてゝすゝむ処所へ押鼓ヲ打て三方より馬をせめ入候へハ、其時未方はいほくし、よき武者五百余きうたれにけり」[12]とある。ここでは敵方の武田方が勝ちどきを挙げて進軍して来るなかで戦いが始まり、最終的に味方である徳川方は敗北し、五〇〇騎以上の戦死者を出したと記される。この戦いは完全な敗北であったことが記されているのみで、家康をはじめとする個別武将の活躍が記載されているわけではない[13]。

以上は、徳川方の視点による記録の内容となるが、視点をあらためて、慶長十五(一六一〇)年に記された[14]、織田信長をその主とする太田牛一が記した「信長記」を見ていく。

史料1[15]

十二月廿二日、身方が原にて数輩討死これあり、(旧織田家臣等についての記述略)家康公、中筋切立てられ、軍の中に乱れ入り、左へ付いて身方が原のきし道の一騎打を退かせられ候を、御敵先に待請け支へ候、馬上より御弓にて射倒し懸抜け御通り候、是ならず弓の御手柄今に始まらず、浜松の城堅固に御抱へなさる、信玄は勝利を得人数打入れ候なり、

史料1の記述があるのは、元亀三(一五七二)年条の最後であり、「是は遠州表の事」と表題が付けられた箇所となる。三方ヶ原の戦いは、十二月末の合戦であったため同年末に掲載されるが、その前の記事は「霜月三日」であり、偶然最後に記されただけで付記としての記述となっているわけではない。また、史料1で略した箇所は、旧織田家臣で信長に勘当されて徳川家臣となった「長谷川橋介・佐藤藤八・山口飛騨・加藤弥三郎」の四人の討死の記述となる[16]。

戦い自体については、「信玄は勝利を得」とあるように敵である武田方の勝利を記すも、徳川方については「数輩討死これあり」、および「身方が原のきし道の一騎打を退かせられ候」とするのみで、少なくとも「敗北」の文字は記されない。また、家康の弓に関する記述について、「弓の御手柄今に始まらず」とあり、続く「浜松の城堅固に御抱へなさる」も含め、明らかに家康個人の技術を高く評価し、また、「城堅固に御抱へ」つまり籠城からは、家康が主ではあるものの、それを含めた徳川方全体を評価した記述となっている。

続いて、同じく信長に視点を置いた「信長記」と近い時期に執筆された記録として、慶長十六（一六一一）年もしくは翌十七年に刊行されたと考えられる小瀬甫庵によって執筆された「（甫庵）信長記」について見ていく。(17) 「（甫庵）信長記」では、織田信長から援軍は派遣されたものの直接織田氏および信長に係わったわけではなかったためか、その記述が全く見られない。同時代ではなく、「（甫庵）信長記」が江戸幕府設立後の刊行であることから、家康の大敗をあえて記さなかった可能性も残されることになろう。

では、なぜ牛一の「信長記」には、家康の技量評価と徳川氏全体としての奮闘が記され、甫庵の「（甫庵）信長記」では、記述自体がないのであろうか。徳川氏と織田氏が連合する形で戦った戦いとして、三方ヶ原の戦い以外に、この二年前の元亀元（一五七〇）年六月にあった姉川の戦いと、逆に三年後の天正三（一五七五）年五月にあった長篠の戦いがある。そこでこれら三つの戦いに関する両記録の記述について比較検討していく中から、今回の記述の特徴を確認していくこととする。

史料2(18)

明日あさ、かつせんにかゝり来るへきにきはめたるらん、是このむ所の幸ぞかし、いかに〳〵と仰けれは、徳河家康卿すゝみ出て、大こう《〔太公〕》へいせう《〔兵勝〕》の術は、ひそかに敵人の機を察しすみやかに其利にのる、又、と《〔疾〕》くその不意をうつとあり、只とく《〔疾〕》〳〵御てだて有て、合戦のそなへ其次第等急き御さためしかるへく候はんやと有けれは、

（中略）

なかんつく、至感にあつからせ給ひしは徳河殿にそとゝめたり、家康卿、今度の大こう《〔功〕》、尤至極せし事なりけれは、今度江北にをひて出群はつすい《〔抜翠〕》のしこう、誠に十高祖、百張良がせいこう《〔勢〕》といふとも、同日にかたるへからす、当家のかうき《〔綱紀〕》、武門のとうりやうたるへしとの御感状に、いろ〳〵の重器をとりそへてぞまいらせられける、

名誉といひ、ゑいようといひ、いみしき勇将の果報やとて、人こぞつてうらやまざるものはなかりけり、

太田牛一が記した「信長記」では、姉川の戦いにおける徳川氏の記事は見られないため、史料2では「(甫庵)信長記」の合戦に至るまでの家康による献策部と、徳川軍の戦功に対する評価部を示した。両者の違いは顕著で、「信長記」は事実としての合戦結果を記すのみであり記述量も非常に少なく、徳川氏について言えば、そもそも参戦していたことすら確認できない。これに対し「(甫庵)信長記」は、記事の量も豊富であり、そこでは敵方である浅井方の動向まで含めて大幅に脚色された記事となる[19]。史料2によってもそのことは確認できよう。このように「信長記」・「(甫庵)信長記」共、三方ヶ原の戦いに見られる記事とは傾向が異なることになる。

続いて、筆者がかつて検証した長篠の戦いの一つである鳶巣砦攻撃の実行に至るまでについて、その概略をまとめると[20]、「信長記」では、この攻撃の献策は信長によって行われている。一方、「(甫庵)信長記」では、まずは家康が発案し、それを家臣である酒井忠次が信長に伝えた結果採用され、実行し勝利したとしている。

以上に見るように、「信長記」と「(甫庵)信長記」ではどの戦いの記事に見ても、その記述内容の傾向は全く異なることになる。同時に、特に家康に対する記述で言うと、「信長記」では三方ヶ原の戦いのみ家康を評価した記事が見られ、「(甫庵)信長記」では、姉川・長篠の両戦いについては、徳川勢の活躍や家康自身を高める記事となる。強いて言えば、「(甫庵)信長記」は三方ヶ原での大敗を記さないことにより、徳川氏への配慮があったと考えることも可能となろうか。そう考えると、確定することはできないが、「信長記」は、三方ヶ原の戦い時の家康個人についての評価は記されるが、全体を通じて見た場合、徳川氏に対する過大な評価はなく、対する「(甫庵)信長記」は、記事全体的に徳川氏への配慮の色が強く出ていると位置づけることができよう。

徳川方の視点による記録——「当代記」・「松平記」の場合

ここまで織田氏の視点での記録である「信長記」・「(甫庵)信長記」の二つを見てきたが、続いて徳川氏の視点で記される記録について確認していくこととする。まずは「奥平信昌の四男で亀山城主から大坂城代となった松平忠明によって江戸時代前期にまとめられた[21]」とされ、おおよそ元和から寛永期頃にまとめられたと考えられる「当代記」を見ていく。

史料3[22]

同(十二月)廿二日、信玄都田打越味方か原江打上、浜松衆為二物見一十騎廿騎つゝ懸来取合之間、是を可レ引取レ之由曰、家康公出馬之処、不慮に及二合戦一、浜松衆敗北、千余討死、(信玄人数二万、浜松衆八千計なり、)浜松近辺放火、但町中へは不二押入一、則可二取詰一かの旨有二評議一、然共家康公居城也、無二左右一難二落居一由令二談合一、徒に及二十日一、彼野に在陣也、此時自二信長一加勢の衆佐久間右衛門、平手、水野下野守等也、平手は討死也、下野守は三河岡崎迄遁行、比興成躰也、大方信玄と可レ有二一味一企也と云々、経二一両年一、水野下野守は於二三川国岡崎一生害、是苅屋小川の主也、為二家康母方之伯父一也、(以下略)

史料3によると、武田方の軍勢は二万人、対する徳川方の軍勢は八〇〇〇人とあり、注(13)に示した、「三河物語」やそれに基づいて記されたと考えられる「三河記」とは異なる軍勢数が記される。また、ここでの武田軍の行動は引き取るべき、つまり対陣ではなく退き去るべしと判断されたが、結果的に出馬していた徳川家康と不慮により戦いとなったとしている。他には、織田方の加勢として参戦した水野信元(下野守)に対して低い評価を含む記載となっている点が特徴として挙がる。

続いて、同じく徳川氏の視点であり、作成年次も前述の二つの「信長記」とほぼ同時代か、もしくは「当代記」と近い時期に記されたと考えられる「松平記」について見ていく[23]。すると、「信長記」・「(甫庵)信長記」・「当代記」とは異なり、三方ヶ原の戦いについての記述に多くの紙面が割かれている。[24] ここでは紙数の関係もあるため、史料全体を示すのではなく、その内容を要約して示すこととする。

[1]織田援軍：平手汎秀・水野信元・林秀貞カ・佐久間信盛（ただし、「当代記」は林（秀貞カ）は記されず、逆に「松平記」では信元の評価は記されない）
②武田信玄：当初は戦闘の意思はなし
3徳川家康：鳥居忠広を物見へ
4鳥居意見：多勢に無勢であり、合戦はすべきでない
5鳥居意見：合戦をするなら、堀田郷へ武田方が進軍したのちにすべし
6家康意見：目の前を敵に進軍されるのは口惜しい
7鳥居行動：合戦前に口論があった成瀬正義の高名・討死を受け、自らも討死
⑧渡辺守綱：物見に出て、先手の退却を伝えるも先手衆勇み立ちかなわず（「当代記」は「不慮」とする）
9守綱に続く：柴田康忠・大久保治右衛門が小山田勢に敗北
10石川数正：徳川勢の盛り返しと、同家中の外山正重が一番槍
11総軍激突：武田方総軍攻撃の徳川一番隊は、本多忠勝・榊原康政・松平甚太郎家忠・小笠原長忠、山家三方と小山田勢に大敗北
12徳川敗走：酒井忠次と平手汎秀に引きずられ敗走
13榊原・平手：榊原康政は東の西嶋へ、平手汎秀は「いは（稲葉山カ）」にて討死（「当代記」は平手討死のみ）
14徳川討死：榊原忠直・長谷紀伊守・本多忠真・鳥井忠広・岩堀勘解由左衛門父子・河澄源五・加藤正信・成瀬正義・天野麦右衛門他三〇〇人の侍

15大久保忠世：犀ヶ崖に御旗を立て敗軍を集める
16夏目身代：夏目吉信が徳川家康の敗走を促し、自らは身代わりとなり討死
17玄黙口守備：玄黙口を固めるのは鳥居元忠、他に渡辺守綱・同政綱・勝屋五兵衛・桜井勝次
18石川数正：石川数正が味方の殿を家康と認識し援軍する
19数正・忠世：大久保忠世が石川数正と相談し、鉄砲をつるべ打ちし、武田方の進軍を止める
20康景・忠世：天野康景と大久保忠世が犀ヶ崖の信玄本隊へ夜討し、進言は刑部へ移動
21武田勢二万、徳川勢八〇〇〇の軍勢
注：○番号は、「当代記」に類似記事があることを示す。□番号は、「当代記」のみの記述、もしくは「当代記」の方が情報量が豊富であることを示す。

前に見た「当代記」との関係で言えば、全体の内容の流れについて差異は見られず、三方ヶ原の戦いの勃発から「大敗」に至るまでの認識は同一となる。ただ、細かい点で言えば「当代記」にのみ記される、もしくは情報量が多い内容として、□で数字を囲った箇所にあるように、織田氏からの援軍の人名の違い（内容1）と、徳川・武田各軍の軍勢総数（内容21）の二つがある。前者については、林（秀貞カ）が含まれるか否かと、前述の水野信元の評価の有無のみであり、「松平記」にも全く記載が無いわけではない。しかし、後者については「松平記」には見られない内容となる。続いて、「当代記」・「松平記」の両者に記される内容を見ていくと、一点目としては、史料3に「是を可㆓引取㆒之由曰」とあるように、武田方としては当初段階では戦いを回避するとの意見もあった点が類似記事となる（内容2）。二点目として、同じく史料3にある、戦いの開始理由となる「不慮」が具体的に知られることになる。つまり、先手衆の勇み立ちがあり、止めるに止められなかったとする点である（内容8）。ただ、これら二点（内容1を含む場合三点）以外は平手討死など（内容13）、事実確認事項以外に「当代記」と連動する記事は見られない。

「松平記」の記述の特徴をまとめると、出陣理由は武士の意地であるとする点(内容6)となる。この戦いは確かに敗北、しかも「大敗」であったが、家康および徳川譜代家臣の勇敢さや、具体的な活躍状況を示していることになる。その主となるのが、複数回登場する石川数正・渡辺守綱と大久保忠世である。なかでも忠世は、浜松城と三方ヶ原の間に位置し、史料中では二度登場する犀ヶ崖での活躍が注目される(内容15・20)。具体的には、最初の記事では家康の敗走を助け、二回目は武田軍の浜松城攻撃を食い止めるといった、この戦いでの徳川勢の活躍を示す上で、きわめて重要な意味を持つ場面となる。また、この犀ヶ崖での登場人物は、二度目の犀ヶ崖の記事では天野康景と合同となるが、両方に表れるのは忠世のみとなる。加えて、忠世の活躍について言えば、数正の家康敗走時での援軍としての活躍(内容18)の後の鉄砲隊の攻撃の場にも表れる(内容19)。つまり、「松平記」に見る三方ヶ原の戦い記事では、重要な活躍の場面では、大久保氏の活躍を強調したかのように、すべてに大久保忠世が表れるのである。

拙稿にて指摘したように、[25]長篠の戦いの場面での「松平記」について見ると、特に家康をはじめとした徳川家臣について、その活躍を強調するような記事は見られない。そのため、「松平記」に見る三方ヶ原の戦いに関わる大久保氏を意識したかのような記述は、大久保氏一族である大久保忠教が記し、その内容の特徴として大久保一族の活躍が強く表れる「三河物語」との関係について注意すべき視点となろう。そこで、「松平記」と「三河物語」の関係を中心に、本節までに見た記録類との関係について、節を改めて見ていくこととする。

「三河物語」に見る三方ヶ原の戦い

大久保忠教が記した「三河物語」は、長篠の戦いについては、小瀬甫庵が記した「(甫庵)信長記」の記事を文言もそのまま引き抜く形、つまり類似した文章をそのまま用いて記述しており、その結果として徳川家臣の活躍を見せることを意図していたと考えられる。[26]では、三方ヶ原の戦いについてはどのような傾向が見られるのであろうか。まずは、その記述内容について確認していく。

①徳川年寄中：多勢に無勢であり、合戦すべきでない(「松平記」4：ただし鳥居忠広)

②徳川家康：自らの領国を見過ごして通過させることはできないから戦いを挑む(「松平記」6)

3配陣方法：武田信玄は戦い慣れしており魚鱗の陣、徳川家康は鶴翼の陣にて対応するも無勢が隠せず

4戦闘開始：武田方の礫にて戦闘開始

5徳川勢敗軍：わずか徳川勢八〇〇〇人に対し、武田勢は三万人のため信玄本陣にたどり着くも切り替えされ敗軍

(「当代記」21：ただし武田勢は二万人)

6徳川本陣：小姓を討たせないように丸くなり退軍

7大久保忠隣：菅沼定政・三宅正次・小栗久次と大久保忠隣が小姓、久次は御意により忠隣に馬を貸す

⑧水野信元：水野信元は今切を越して敗走(「当代記」1)

9物主の討死：織田方の平手汎秀と徳川方は青木又四郎・中根正照討死

⑩徳川討死：若き者・家老としては鳥井忠広・本多忠真・賀藤日禰丞・同正信・米津政信・大久保忠寄・河井やつと兵衛・杉之原十つと兵衛・榊原忠直・成瀬正義・石河正俊・夏目吉信・河井又五郎・松山宮内・賀藤景継・松平忠長ヵが討死(「松平記」14)

⑪犀ヶ崖：大久保忠世が鉄砲にて犀ヶ崖攻撃、武田信玄は浜松城を攻めず、井伊谷から長篠へ(「松平記」20)

注：○で数字を囲っているものは、「当代記」・「松平記」と類似場面が記されることを示す。また、傍線は「松平記」と一致する人物(討死者)である。

以上にあるように、敵勢三万に対し、味方は八〇〇〇人と劣勢であることを記す。そして、信玄が戦上手であること、および味方の無勢を主張する徳川重臣に対し、家康の発言として、「其儀ハ何共あれ、多勢にて我屋敷之背戸を

ふみきりて通らんに、内に有ながら、出てとがめざる者哉あらん、負くれバとて、出てとがむべし、そのごとく、我国をふみきりて通るに、多勢なりというて、などか出てとがめざらん哉、兎角、合戦をせずしてハおくまじき、陣ハ多勢・無勢にハよるべからず、天道次第[27]」と、確かに無勢ではあるが出陣すべきとする意見が記される。文言は異なるものの、前節で見た「松平記」と同一の内容となる。

その後には戦術を誤り、結果として武田方の魚鱗の陣に対し、徳川方は鶴翼の陣という小兵数であることを相手に見せてしまった対戦となったことが記される。そして、その後ろに「家康衆ハ、面もふらず、鉦ヲ傾けて切つてかゝる程に、早一二之手を切崩しけれバ、又入かへてかゝるを切崩して、信玄の旗本迄切付けるに、信玄之旗本より、真黒に時〔関〕をあげて切つてかゝるほどに、纔八千之人数なれバ、三万余の太〔大〕敵に、骨身をくだきてせり合たれバ、信玄之旗本に切返されて、敗軍をする[28]」とあるように、徳川勢は信玄本陣まで攻め込むも、無勢がたたり敗軍となったとしている。その直後には敗走の際に家康が機転を利かして自らの小姓を守ったことと、その小姓の中に大久保忠世の嫡男である忠隣があったことを記している。続いて、「当代記」では厳しく評価されていた水野信元の今切までの敗走等が記された後、討死者を列挙している。そして、最後に犀ヶ崖で首実検をしていた信玄に対し、大久保忠世一人が鉄砲にてつるべ撃ちし、信玄を三河国へと退かせたことを記し、この戦いについての記述は終わっている。

「三河物語」の内容は、「当代記」・「松平記」とは文言は異なり、「当代記」にのみ見られた信元の敗走についても記述されるが酷評までには至っていない。また、忠隣の存在を書き加えたり、犀ヶ崖での反撃を石川数正を除いて忠世一人の功績としたりするなど、明らかに大久保氏の功績を足すなどは見られる。しかし、逆に前節の「松平記」の内容15に示した、忠世が敗走の兵を御旗を立てて犀ヶ崖で集めたとする、大久保氏の功績は記されてはいない。

「当代記」と類似する記述はその信元の敗走のみで、「当代記」にもわずかな記述があり、具体的には「松平記」に記される戦い当初の物見や、開戦に至る過程の記述は見られない。このような点から、前節で検討した「当代記」を参照した可能性は低いと考えられる。それに対して「松平記」との関係で言えば、一一に分けた場面の中で、1・2・10・11の三分の一強の場面が該当するが、その記載は最初の行軍を押しとどめる進言者が異なっていたり、徳川陪臣および兄弟の戦没者についても半数以上一致しておらず、詳細はかなり異なる。そもそも武田氏と激突のあった本戦についての記載は、「松平記」と一致していない。また、「当代記」との比較同様に文言に類似した箇所はなく、さらに「松平記」を参照したのであれば、全体を通じて自身の一族である大久保氏の活躍が強調される「三河物語」において、わざわざその一族の活躍を記載しない理由は考えられない。

以上を総体的に勘案すると、少なくとも「三河物語」の執筆にあたり、「松平記」の記述内容は確認していないと考えられる(29)。つまり、「松平記」・「三河物語」は記述内容に同一もしくは類似した場面が一部に含まれるが、それらはそれぞれ別の情報源から記されたと考えられるのである。なお、「三河物語」に見られる特徴として、戦いをやむなく開始したとする点は「松平記」・「三河物語」とも見られるが、「三河物語」では、例えば敗走時に小姓を守る逸話が記されるなど、明らかに徳川家康の評価を高める記述が加わっている

大久保氏系図

- 忠員 天正十（一五八二）年没
  - **忠世** 文禄三（一五九四）年没
    - **忠隣** 慶長十九（一六一四）年改易 寛永五（一六二八）年没
  - 忠佐 慶長十八（一六一三）年没
  - 某 永禄三（一五六〇）年没
  - **某** 元亀三（一五七二）年三方ヶ原にて戦死
  - 某 天正二（一五七四）年没
  - 忠為 元和二（一六一六）年没
  - 忠長 慶長十一（一六〇六）年没
  - **忠教** 寛永十六（一六三九）年没
  - 女子

「寛永諸家系図伝」より作成。なお、□囲みは本稿関係人物を示す。

点を挙げることができる。「三河物語」と松平（徳川）中心史観を検討する上で見逃せない記述となろう。

筆者は、かつて長篠の戦いに関する「松平記」と「三河物語」の記述内容について検討した際、「松平記」では徳川家臣に関わる記述はなく、また徳川家臣の活躍が強調されるきっかけは「三河物語」からであったことを指摘した[30]。しかし、本章での分析結果からは、「三河物語」とは情報源が異なると考えられる中で、「松平記」内にも明らかに徳川譜代家臣を顕彰するかのように活躍していたことを示す記述が見られることとなった。では、この理由はどのように考えるべきであろうか。まったくの推測ではあるが、一つには前節で検討した「松平記」および本項で見た「三河物語」に記される三方ヶ原の戦いに関わる情報について、これら記録が執筆される段階までに、何らかの形で広範にすでに流布していた可能性があろう。そこで、これらの記述内容が、これ以降どのような範囲で、またどのような内容が知られていたのかを検証することから、このことについて確認していくこととする。

2 「寛永諸家系図伝」から「武徳大成記」に見る三方ヶ原の戦い

本章では、「当代記」・「松平記」・「三河物語」が作成された後に作成されたと考えられる、寛永二十（一六四三）年に各家から提出させたものを幕府が編纂して作成した「寛永諸家系図伝」[31]に記される、三方ヶ原の戦いの内容について見ていくことから、まずは、近世初期大名家中の中での、三方ヶ原の戦いの認識度を確認することとする。そして、そこでの認識内容がどのように定義づけられたのかを確認するため、続いて、貞享三（一六八六）年に幕府官選事業として刊行された「武徳大成記」[32]を確認することとする。これらの作業により、前章で見た記録類に現れる三方ヶ原の戦いに係わる内容が、どのような範囲で理解され、そしてそれがどのような形で引き継がれたのかを確認できると考える。

「寛永諸家系図伝」に三方ヶ原の戦いに係わる記事がある人物は、参考として付けた末尾の表(二五三〜二五九頁参照)にあるように一〇八人となる。ただし、家数で言えば七四家となる。まずは、そこに記される内容の中から徳川勢の全体に係わる活躍として考えられ、かつ具体的な活躍場所等が記されるものを確認すると、徳川方では酒井忠次・内藤信成・本多忠勝・本多重次・大久保忠世・同忠隣・天野康景・桜井勝次・夏目吉信・渡辺守綱・同真綱《なをつな》・同政綱・同真綱《さねつな》の一三人・九家、敵方の武田方の記載として同様なものに土屋昌次が挙がる。

そのうち、「松平記」もしくは「三河物語」と同一記事があるものは、①渡辺守綱が物見となり、柴田康忠・大久保忠世がつとめる軍勢を制止できなかったこと(「松平記」8・9)、②石川家中の外山小作が一番槍であったこと(「松平記」10)、③本多忠勝が先陣をつとめたこと(「松平記」11)、④夏目吉信が家康の身代わりとなる形で家康の敗走を促し、自らは討死したこと(「松平記」16)、⑤大久保忠世が犀ヶ崖で敗走兵を集めたこと(「松平記」15)、⑥同じく忠世が犀ヶ崖で武田本隊に鉄砲を射かけたこと(「松平記」20・「三河物語」11)、⑦その嫡男の忠隣が、家康のそばにつかえていたこと(「三河物語」7)、⑧鳥居元忠はじめ、渡辺守綱・同政綱等の渡辺氏一族や桜井勝次等が玄黙口を守備したこと(「松平記」17)、⑨天野康景・大久保忠世が犀ヶ崖にて武田氏に反撃したこと(「松平記」20・「三河物語」11)の九つの記事となる。他には加藤正信・成瀬正義の戦死者が一致しているものも確認できる。

一方、「松平記」および「三河物語」には記載されていない活躍については、活躍する人物・家のみが変更・追加されたものとして、①武田方の山県・小山田隊攻撃に酒井忠次が含まれているとすること、②同じく忠次が石川数正と合議し、夜討ちでの反撃が難しいことを家康に進言したこと、③内藤信成が家康敗走時に戦地に留まり防戦したこと、④犀ヶ崖での防戦時に本多忠勝も参戦していたこと、⑤本多重次が敗走隊の殿をつとめたことの五つとなる。また、新たな内容としては、天野康景が植村正勝とともに追手口の守備をつとめたことが挙がる。

他に、他家の家譜内では名前が記されるも、自らの家の家譜内にはその活躍が記されないものとして、①渡辺守綱に記される鳥居元忠の玄黙口での守備・②天野康景に記される植村正勝の追手口守備の二つがある。以上が「寛永諸家系図伝」の記載状況と「松平記」・「三河物語」との関係となる。

「寛永諸家系図伝」の記述の特徴として、右に示した以外に、例えば本多忠勝の場合、この戦いでの家中の戦没者の名前を記すなど、家中で集められたと考えられる情報を追加している点は確認できる。しかし、他家も含めた全体を通じて、戦いの場面自体を新たに作る、もしくは流れを変更するような記事はなく、「松平記」を中心に知られる情報を元に、一部操作するであったり、自身の先祖の追加であったりといった、すでに知られる三方ヶ原の戦い像をそのまま用いる中での記述変更に留まることとなる。では、この後に作成された「武徳大成記」も含めると、これら記録類と家譜はどのような関係となるのであろうか。表1により確認していくこととする。

まずは「武徳大成記」で採用された開戦記事についてであるが、徳川家康が城下通過を見逃すことができないため城を出たとすることは、「松平記」・「三河物語」と一致する。しかし、その時に出陣を控えるよう主張したのが織田氏からの援軍であった点は両記録と異なることになる。この理由は、徳川家臣が臆病者であったとされることを嫌うため、つまり松平(徳川)中心史観に係わる点と考えられよう。徳川方の一番隊と二番隊については、「三河物語」ではそもそも記載がなかったが、「松平記」の記述を整理したような形で記されている。続いて、徳川総勢数については「三河物語」にのみ見られた記述をそのまま採用している。ただし、ここでは「当代記」で二万人とされ、「三河物語」では三万人とされた武田方の軍勢数は記されず、あくまで「当代記」・「三河物語」で数値が一致する徳川勢のみとなっている。また、「三河物語」にのみ記される開戦のきっかけとなった礫については、「三河物語」にある武田方が始めたこととは異なり、徳川・武田両軍にあったこと、しかも逆に徳川方がまず開始したとなっている。これも徳川譜代の勇敢な姿を示す効果を意識した可能性が指摘されよう。

その後には、鳥井忠広が物見(軍監)として派遣され不戦を主張したこと、石川数正家中の外山正重が一番槍であっ

表１　「武徳大成記」と記録・家譜の関係

No.	内容（「武徳大成記」記載）	松平記	三河物語	寛永譜
1	城下通過は我らを侮り軽んずる行為	●	●	
2	織田援軍勢は籠城を進める			「内藤信成」
3	礫による攻撃から戦闘開始（両勢共）		●（武田方）	
4	一番隊は酒井忠次・石川数正・柴田康忠・青木又四朗・中根正照で，武田方小山田・山県軍と戦闘開始（渡辺守綱も）	●（一番勢の前に柴田・大久保あり，渡辺指示）		「柴田康忠（石川同道）」・「酒井忠次」・「渡辺守綱」
5	二番隊は小笠原長忠・松平甚太郎家忠・松井忠次・本多忠勝・旗本先鋒は榊原康政（合戦記事には大久保忠世有）	●（一番勢本多・榊原・松平・小笠原）		「本多忠勝」
6	徳川方は8000人		●（武田方も）	
7	鳥居忠広が軍監（斥候）をつとめ不戦意見	●		
8	外山正重が一番槍	●		「渡辺守綱」
9	本多家人荒川甚太郎・本多甚六・河合又五郎・多門越中戦死			「本多忠勝」
10	家忠・数正と小山田・山家三方衆の攻防と，忠次・康政・忠世の横槍			「土屋昌次（大久保・鳥居との戦闘）」
11	賀藤日禰丞・同正信・大久保忠寄・河合弥藤兵衛・杉原次藤兵衛・米津政信・榊原忠直・石河正俊・河井又五郎・松山宮内・松平忠長ヵ・江原又助・中根彦三・川澄源五郎・天野麦右衛門等が討死	●	△	
12	成瀬正義と鳥居忠広の戦死	●		「土屋昌次（鳥居を討つ）」・「成瀬」
13	高力清長傷を被る			「高力」
14	織田援軍将佐久間信盛不戦にて逃亡・平手汎秀討死	△	△	
15	本多忠真が本陣殿となり討死	△	△	
16	家康従者は大久保忠隣・菅沼定政・松平景忠・三宅弥次兵衛・小栗忠蔵・内藤正成・鵜殿八郎三郎・平岩虎ノ助・渡辺守綱・服部正成			「小栗」「植村（内藤を記す）」「内藤（脱出時の防戦）」
17	内藤信成，殿にて力戦			「内藤」
18	夏目吉信，家康を浜松へ追い出し戦死	●		「夏目」
19	大久保忠隣と小栗忠蔵の馬のやりとり		●	「大久保」
20	高木広正が法師首を信玄首と唱（家康の命）			
21	大久保忠世が犀ヶ崖にて敗兵を集める	●		「大久保」「本多」（忠勝が将）・「戸田（将の１人）」
22	滝川一益塩屋口・戸田忠次山ノ手口を守る			「戸田（外郭守備・菅沼と）」
23	渡辺守綱・政綱・天野又作・佐橋乱之助・勝屋甚五兵衛・桜井庄之助玄黙口守る	△「天野・佐橋以外」		「渡辺」「桜井（将の１人）」
24	玄黙口主将は鳥居元忠	●		
25	大久保忠世の進言を家康が認め，天野康景・近藤秀用と共に三者で犀ヶ崖へ鉄砲射撃	△「石川と相談，家康無し」	△「大久保単独攻撃」	「大久保」・「天野」（将の１人）
26	信玄，鉄砲攻撃により浜松城攻撃中止	●	●	●「大久保」・「天野」（記載なし）・「酒井」は夜討止め進言（石川と）
27	本多重次が殿および守城（別記述内に）			「本多」

●＝内容一致，△＝内容の一部一致

たことは「松平記」と同様の記載となるが、後者については、石川数正家中の者との記載はなくなっている。石川氏が江戸期に幕閣として残る家ではなかったこと、および、そもそも徳川氏から離反した家であったためと考えられる。そのことを裏付けるように、徳川氏から離反しない家については、これまでの記録に見られなかった本多忠勝家中の者の討死者が記され、大久保忠世・榊原康政・酒井忠次による援軍攻撃が新たに記されている。

その後、本戦いでの主な戦死者が記されており、これらは「松平記」・「三河物語」に見られる人物が記されるが、基本は「松平記」に記される人選となる。続いて、成瀬正義と軍監をつとめた鳥居忠広の逸話が「松平記」と同一の形で差し込まれ、織田方の援軍の動向等が記される。その後は家康本陣に含まれた近習、内藤信成の奮闘があり、「松平記」にのみ見られる夏目吉信が家康身代わりとなる活躍で討死した逸話、逆に「三河物語」にのみ見られる大久保忠隣と小栗忠蔵の馬に係わる逸話が入る。そして、その後に本戦いの終焉に向かう形で、大久保忠世が家康の御旗を立てて犀ヶ崖で敗軍兵を集めたこと、渡辺守綱等が玄黙口を守備したこと、犀ヶ崖での鉄砲攻撃とそれを受けた信玄本隊の三河国方面への移動といった、詳細は異なるものの「松平記」に近い記述が見られる。ただし、そこに石川数正の名は消えており、「松平記」に基づき、忠世個人の戦功に天野康景も含む形で記されることになる。

「寛永諸家系図伝」と「松平記」との関係については、前述のように七か所で同一とされる記事はあったが、「武徳大成記」も含む「松平記」・「寛永諸家系図伝」の三つすべてがおおよそ一致するとなると、一番隊の記事は「武徳大成記」では二番隊の記述があり錯綜しているため含めることはできないが、①成瀬正義と鳥井忠広の戦死に至る逸話、②石川数正隊の外山正重が一番槍であったこと、③夏目吉信が家康の身代わりとなり討死したこと、④大久保忠世が犀ヶ崖で御旗を立てて敗走兵を集めたこと、⑤渡辺守綱等による玄黙口の守備、⑥天野康景と大久保忠世が信玄本体を鉄砲で攻撃することにより武田軍の浜松城攻撃を遮ったことの六つの記事が、おおよそ一致することとなる。一方、「武徳大成記」・「三河物語」・「寛永諸家系図伝」の三つで一致する記事内容は、①大久保忠隣と小栗忠蔵の馬のやりとり、②こちらは忠世一人となるが犀ヶ崖での発砲により信玄本隊の進軍先が三河国方面と変更されたことの二つとなる。ただし、後者については、記される人物は「松平記」の方に近く、厳密に言えば一つだけとなる。

まずは後世の記録・逸話への影響であるが、「松平記」の記述が多く後世に伝わっている。しかし、「三河物語」にしか見られなかった記事として、忠隣に係わる内容や「武徳大成記」には採用されなかったものの、後世に伝わるものとして両軍の陣形がある。また、「武徳大成記」が記される際の特徴として、徳川譜代中でも幕閣として残る家の先祖が活躍したことを強く主張する傾向を色濃く見ることができる。このような状況からは、松平(徳川)中心史観の元としての効果は、「松平記」にも強くあったことを示すことになる。

また、三方ヶ原の戦いに係わる認識の広がった範囲については、三方ヶ原の戦いに関しては確かに「松平記」の記述は多くの情報を記すが、その内容が「寛永諸家系図伝」に反映されているかというと、全体の半数以下が確認できるのみとなる。その傾向は「三河物語」についても同様である。[33]また、「寛永諸家系図伝」によって新たな情報が加わった箇所は、いわば微調整で、流れ・場面は変えず、自身の祖先の活躍を強く示すおよび追加して示す形に留まる。そして、「松平記」で示された大枠の話の流れは、「武徳大成記」に至るまで変化ないことになる。

以上から、三方ヶ原の戦いについて広範な範囲で情報が広まっていたために、「松平記」では情報量が多かったというわけではなく、その執筆に係る人物が、この戦いについての情報を多く得ることができた結果ということになろう。ただ、前章で示した、「松平記」・「三河物語」の両記録がそれぞれの記述に影響を与えていたわけではないことは、本章での分析からも問題ないと考える。

むすびにかえて

本稿では、三方ヶ原での徳川氏の〈大敗〉が、後世の社会でどのように認識されていったのかについて、近世初期に作成された記録類の記述内容を比較検討することから確認した。その結果、徳川家康に関する顕彰的な記述は、太田牛一が記した「信長記」内に最初に見られることを知ることとなった。ただ、「信長記」の場合、自らの主人である信長にではあるが、突如として個人的な才能を評する記載は見られる。(34) これも含めて、信長や家康が評価される状況は江戸期当初からあったということになろう。

それに対し徳川家臣の活躍が評価されるようになったのは、実際に戦いに参加した人物の次世代以降に著されたと考えられる「松平記」・「三河物語」以降に表れ、それが幕府官選である「寛永諸家系図伝」さらには「武徳大成記」によりほぼ固まったということになる。ただ、記述内容の量自体は時期を追い増加しているが、合戦の中での場面や流れについては、「松平記」が基本的にすでに描き出しており、そこに情報を加える、もしくは削除といった変更が加えられるなどの修正が見られるといった形が実情となる。

何度か本稿でも触れてきたように、筆者はかつて同じく徳川・織田連合軍と武田氏が戦った長篠の戦いについて、同様の分析を行ったことがある。(35) そこでは「松平記」の記述は徳川譜代の活躍は記されず、「(甫庵)信長記」から徳川家臣の行動のみを抽出する形で「三河物語」が記され、その結果、「三河物語」によって徳川家臣の活躍が新たに書き加えられたことを明らかにした。そして、「三河物語」によって徳川譜代の活躍が注目される記事が表れると、今度は、その情報が各家の歴史である「寛永諸家系図伝」、さらには幕府官選の記録である「武徳大成記」へと連なって完成されていったことを示した。

本稿で扱った三方ヶ原の戦いの場合、長篠の戦いとは異なり「(甫庵)信長記」には記事そのものがなく、「松平記」

が徳川譜代の活躍を記していることを理解した。そして、そこでは多くの大久保一族の活躍が記されるが、その活躍場面のすべてが「三河物語」に採用されているわけではないことも確認した。「三河物語」は大久保一族の一人である大久保忠教によって記された記録であり、あえてそのことを消去する理由はないため、「三河物語」は「松平記」の影響を受けることなく、また、長篠の戦いとも異なる形で情報を収集し、三方ヶ原の戦いを描き出していたことを明らかにした。

そうすると、次の問題として「松平記」は「三河物語」の影響を受けたのかという点が問題となる。三方ヶ原の戦いだけを見た場合、「松平記」は「三河物語」を上回る情報量があり、「三河物語」の執筆以降に、「三河物語」の影響を受ける形で記された可能性があることになる。しかし、前述の拙稿で明らかにしたように、「松平記」の長篠の戦いに係る記述が「三河物語」からまったく影響を受けていないことや、本稿で見たように、三方ヶ原の戦いについても記述される事象自体が同一の場合は確かにあるが、例えば、「三河物語」にのみ記される情報となる、魚鱗の陣の武田方に鶴翼の陣の徳川方といった現代まで連なる陣形の情報がなく、逆に、「三河物語」に比べ「松平記」に記される情報は豊富で、また後世へと伝わる情報も「三河物語」と比べて多いこと、両者の記事内容に重なりが見られないこと、以上を勘案すると、執筆された順序までは特定できないまでも、その影響は考慮する必要はなく、別の情報源があった中で執筆されていると考えて良いと判断する。

以上が、本稿で検討した江戸初期記録類に見る、特に徳川家臣の活躍内容とその変遷内容の実態となる。では、このことは近世初期記録類を扱うにあたり、どのようなことが指摘できるのであろうか。注目されるのが、松平(徳川)中心史観と呼ばれる、徳川氏が天下を治めることが必然であったとする史観の形成についてである。これについては、第一章一節でも示したように新行紀一氏の業績が注目される。[36] 新行氏は、徳川家康の先祖である松平氏に関する史実形成を指摘されていることもあり、主に家康以前の松平氏に対する「三河物語」による脚色について指摘される。これに加えて、筆者は、徳川家康自身およびその譜代家臣団に関する史実が形成される過程として、前述の長篠の戦いを通じて、同戦いについても「三河物語」がきっかけとなり、新たな徳川家臣の活躍が示され、そのことが「寛永諸家系図伝」以降の記録に影響を与えたことを示した。このように家康およびその譜代家臣団も含めた、広い意味での松平(徳川)中心史観を考える場合、「三河物語」がその起点として注意すべきであることは、これまでの研究によりすでに明らかとなっている。これに加えて本稿では、三方ヶ原の戦いについて見ていくことから、徳川氏のみならずその家臣団も含めた松平(徳川)中心史観の基本形は、それ以前に執筆されていた可能性もある「松平記」が、その中心となる場合もあったことを、三方ヶ原の戦いを通じて確認することとなった[37]。そしてその形は基本的に大きな改変なく用いられていったことも確認することとなった。

もう一点、本稿の主たる課題でもある〈大敗〉の認識についても、わずかではあるが確認できたことがある。〈大敗〉となった戦い自体の認識についてである。〈大敗〉間もない、もしくは関係者が生存している時期は、特に将軍家である徳川氏の〈大敗〉ということもあり、三方ヶ原の戦いについては、「(甫庵)信長記」にあるように、まるで〈大敗〉はなかったかのように、記述自体がない場合がある。しかし、世代が変わると、「松平記」・「三河物語」に見られるように、その記述自体が見られるようになっていく。そして、記述されることになると[38]、あとはそこで活躍が記される譜代家臣団にとって戦い全体としての〈大敗〉はもはや関係なく、それ以上に先祖の活躍が重要視されて積極的に戦いについての記載は増え続けていくことになる。このように〈大敗〉はまさに過去のものとなるのである。

(1) 徳川家康が敗北した戦いは、真田昌幸が守る信濃国上田城攻撃を失敗した例など他にも挙がる。
(2) 江戸初期に当たる寛永期に、江戸幕府が大名・旗本等の各家から提出させ編纂した「寛永諸家系図伝」ではこの戦いを「北尾張陣」と記すなど、家康本陣が敷かれた小牧や、家康が局地戦で勝利した長久手の地名は記されず、長久手が区別して記されていない場合が見られる。しかし、現在に至るまでにこの戦いの名称は小牧と長久手が強調される記載へと変化している。これについては、拙稿「戦場をあるく―戦場調査ガイド―長久手古戦場を歩く」(『織豊期研究』第八号、二〇〇六年)を参照されたい。

(3) このような記述については、例えば、池上裕子『日本の歴史15 織豊政権と江戸幕府』(講談社、二〇〇二年)一四〇頁など、いわゆる概説的に扱う書籍の中で確認される。ただ、跡部信『豊臣政権の権力構造と天皇』第一章(戎光祥出版、二〇一六年、初出二〇〇五年)にあるように、家康はこの戦い終了時に敗北を認めていたとする見解も見られる。

(4) 徳川美術館に保存され、一般に「しかみ像」と呼ばれる家康画像は、従来、家康自身がこの戦いでの敗北の戒めとして、その惨めな姿を描かせたものとされ、自身でも認める大敗であったと認識されてきた。例えば、本多隆成『定本 徳川家康』(吉川弘文館、二〇一〇年)八九頁に「家康は自らの戒めのため、絵師を呼んで情けない姿を描かせたといわれていて」とあるように、伝聞の形ではあるが近年までこのように位置づけられてきた。しかし、同画像は同館の原史彦氏によって、この戦いの際に描かれたものではなく、また、そもそも三方ヶ原の戦い後の家康を描いた絵図でもないことが指摘されることとなった。詳しくは同「徳川家康三方ヶ原戦役画像の謎」(『金鯱叢書』第四三号、二〇一六年)を参照されたい。なお、本画像が三方ヶ原の戦い直後に記されたものではないとの指摘は、同論文内で原氏も指摘されるように、藤本正行「三方原敗戦の徳川家康像は家康が描かせたものではない」(別冊歴史読本16号『間違いだらけの歴史常識』新人物往来社、二〇〇八年)にも見られる。

(5) なお、同時代の認識の一例を示すと、勝者である武田信玄自身が合戦の六日後に、「仍二俣之普請出来候間、向三州進陣之砌、家康出人数候之条、去廿二日当国於見方原遂一戦得勝利」(「(元亀三年)十二月二十八日付朝倉義景宛武田信玄書状」、『愛知県史』資料編11 織豊1、二〇〇三年)と自らの勝利を示している。

(6) 武田信玄がこの後亡くなってしまったため結果が確認できないことが、このような議論を生んでいると考える。他に、この時代で言えば本能寺の変に対する明智光秀の目的についての議論も同様と考えるが、両者とも事実として見ることができなかった歴史に対する見解であり、尽きることがない議論のように思われる。なお、これらの研究状況は本稿と直接関わるわけではないこともあり、ここではその詳細は略させていただくが、一例を示すと、本章同様に徳川氏側の視点で分析されている研究で言えば、近年の研究となる本多隆成注(4)著書九二頁以降に、戦前以来の研究状況が丁寧にまとめられているので、そちらを参照されたい。

(7) 柴裕之「戦国大名武田氏の遠江・三河侵攻再考」(『武田氏研究』第三七号、二〇〇七年)では、信玄本体は駿河口から遠江国中へ入り、その家臣山県昌景・秋山虎繁が別働隊として信濃国から遠江国を経て三河国へ侵攻した後、遠江国二俣城を責める本体と合流したとされる。これに対し鴨川達夫「元亀年間の武田信玄―「打倒信長」までのあゆみ―」(『東京大学史料編纂所研究紀要』第二二号、二〇一二年)では、信玄本体は信濃国から南進しており、駿河国から西進する部隊は穴山信君が率いる別部隊であり、また、武田軍には他に東美濃の岩村方面に派遣したもう一部隊あったとされる。また、本多隆成氏は、注(4)著書八四頁に前述の柴説に従う形の侵攻ルートを示され、また同「武田信玄の遠江侵攻経路―鴨川説をめぐって―」(『武田氏研究』第四九号、二〇一三年)では、前述の鴨川氏の指摘に答える形で、あらためて信玄本体は駿河国から侵攻し遠江国へ入ったとされている。また、これらの議論の前提となるものとして『山梨県史』通史編2 中世(山梨県、二〇〇七年)第九章第一節(鴨川達夫氏執筆)、鴨川達夫『武田信玄と勝頼―文書にみる戦国大名の実像―』(岩波新書、二〇〇七年)がある。

(8) 戦いの実態認識が、後世に変化していくことについて、筆者は一事例として、三方ヶ原の戦いと同じく武田氏と徳川氏が戦った長篠の戦いで検討したことがある(拙稿「近世社会の中の長篠の戦い―鳶巣砦攻撃の発案者から見る一試論―」、金子拓編『長篠合戦の史料学―いくさの記憶―』勉誠出版、二〇一八年)。また、注(4)で示した「しかみ像」の認識も同様なことが指摘できる一例となろう。

(9) 新行紀一「「松平中心史観」と『三河物語』」(『戦国大名論集12 徳川氏の研究』吉川弘文館、一九八三年、初出は一九七六年)。なお、新行氏がここで主張される松平(徳川)中心史観とは、松平氏が天下人となるとが必然であるとすることを主とされるが、本稿では、徳川家康およびその譜代家臣団の活躍を強調する行為もその一部として加えた広い意味でとらえて、以下、論を進めていくこととする。

(10) 注(8)拙稿内の注12に、『三河物語』の完成年次についての考察があるので、そちらを参照されたい。

(11) 宇野鎮夫訳『松平太郎左衛門家口伝「松平氏由緒書」』(松平親氏公顕彰会、一九九四年)、なお、本書は全文写真掲載されており、そちらを用いて翻刻内容を校訂した上で用いた。

(12) この直前には、三方ヶ原の北に位置する二俣城を攻落した信玄が、大菩薩峠の大坂へ軍を進め、そこから信玄がとって返して三方ヶ原へ進軍したとの記載がある。また直後には、織田方からの援軍である平手汎秀の戦死と、信玄が戦後に刑部へ進軍し、そこで越年したことが記される。

(13) なお、徳川氏に係わる近世期記録の中には、他に「三河記(参河記)」と一般に称される記録がある。この記録については注(8)拙稿内の注(29)に示したように、平野仁也「『貞享書上』考」(『史学雑誌』第一二五編第四号、二〇一六年)により、『国書総目録』に確認できるものだけで四一本の伝来があることが知られ、また、同記録についての専論は見られないことが指摘される。管見の限り、確かに「三河記」についての系統等の全体的な分析は見られないと考えるが、その発表時期に限定した場合、まったく分析されていないわけではない。例えば、『愛知県史』資料編14 中世・織豊(愛知県、二〇一四年)四頁では、「遡っても十七世紀末以降」と、「三河物語」以降に記されたものとの見解が示されている。そこで、三方ヶ原の戦い記事について一部確認すると、『愛知県史』資料編14 中世・織豊、四頁に「天文十一年識(しる)すという「関野済安聞書」(独立行政法人国立公文書館蔵)乾の巻系統本の現状知られる最古の写本」とされる、「参州松平御先祖書」(安城市古文書研究会編『安城市福釜町宝泉院文書』安城市古文書研究会・寶泉院、一九九八年)を見ると、徳川方は三万人の敵に対し八〇〇〇人の味方で攻めるとする、「三河物語」と同一内容の記述が確認され、実際は「三河物語」を参照して記されたものと考えられる。他にも、今年になって岡崎市立図書館古文書翻刻ボランティア会によって翻刻が発表された、慶長十三(一六〇八)年に松平十郎左衛門忠勝によって記され、元禄六(一六九三)年に書写されたと記される「三河記　松平十郎左衛門覚書」(独立行政法人国立公文書館蔵)と、作成年次は不明な「参河記」(岡崎市立図書館蔵)を確認すると、共に家康の身代わりとなったとされる夏目吉信をはじめとする個別武将の活躍が強調され、後世の脚色があるものと想定される。特に前者は記述年次が記されるが、実際はその年次に記されたものではないと考える。以上から、「三河記」の発表時期については、現状としては前述の『愛知県史』での分析結果に従って良いと判断し、本稿での検証対象から外した。

(14) 金子拓『織田信長という歴史―『信長記』の彼方へ―』(勉誠出版、二〇〇九年)七七頁、表1参照。

(15) 奥野高広・岩沢愿彦校注『信長公記』(角川書店、一九八四年)一三九頁。

(16) 岡山大学所蔵の池田家本はこの四人の記述のみであるが、本稿が用いた注(15)史料が底本とする陽明文庫本では、この四人に加えて、信長領国となる尾張国清須から営業に来ていた具足屋玉越三十郎も同時に討死した記事が見られる。なお、この差異については、注(15)史料内にも注記として記されている。

(17) 松沢智里編『信長記―甫庵本上―』(古典文庫、一九七二年)。「(甫庵)信長記」の刊行時期については、柳沢昌紀「甫庵『信長記』初刊年再考」(『近世文藝』第八六号、二〇〇七年)一三頁に基づく。なお、太田牛一執筆の「信長記」との違いを示すため、本章では、小瀬甫庵が記した「信長記」については、「(甫庵)信長記」と記す。

(18) 注(17)史料二五二頁。なお、傍注は国会図書館デジタルコレクション(請求記号 WA7-197)により補った。

(19) 注(17)史料二四頁にても、両著の記述の差異の大きさが指摘されている。

(20) 詳細およびその史料については、注(8)拙稿参照。

(21) 『愛知県史』資料編11 織豊1、四九五頁。なお、『寛政重修諸家譜』第一(続群書類従完成会、一九六四年)によると、松平忠明は天正十一(一五八三)年に生まれ、正保元(=寛永二十一〈一六四四〉)年に亡くなっている。

(22) 『史料雑纂 當代記・駿府記』(続群書類従完成会、一九九五年)一六頁。

(23) 注(8)拙稿内の注(10)に示したように、『愛知県史』資料編11 織豊1、一四八頁では、「『松平記』は成立年代・著者共に未詳であるが、慶長年間松平忠吉の清須城主時代(一六〇〇〜一六〇七)の成立である可能性が高い。また、天文十三(一五四四)年に家康の母於大が離別されたとき、著者の父が刈谷への護送をした記事から、著者も家康の側で同時代を生きたとみなされる」とされる。これに対し、平山優『検証長篠合戦』(吉川弘文館、二〇一四年)二二頁では、根拠は不明であるが、成立は寛永期(一六二四〜四四)頃とされる。

(24) 『愛知県史』資料編14 中世・織豊、一二九頁。

(25) 注(8)拙稿第一章および同稿史料3参照。

(26) 注(8)拙稿第二章。

(27) 『日本思想大系 三河物語・葉隠』(岩波書店、一九七四年)一一三頁。

(28) 『日本思想大系 三河物語・葉隠』一一四頁。

(29) この場合、武田軍の総勢数が「当代記」の二万人に比べ、「三河物語」の三万人となっていることは、この時の徳川方の劣勢具合を強調する中で人数が足されたとの推測も可能かもしれない。
(30) 注(8)拙稿第一章および第二章。
(31) 平野仁也「『寛永諸家系図伝』編纂過程における呈譜の改変」(『史鏡』第六六号、二〇一三年)により、「寛永諸家系図伝」には真名本、仮名本の二種の完成版および、その作成段階で作成された未定稿が残されることが知られる。ただ、本稿では、その完成に至る過程は分析対象とはならず、完成形がその対象となるため、仮名本の完成版である『寛永諸家系図伝』(続群書類従完成会、一九八二年)を用いた。
(32) 『内閣文庫所蔵史料叢刊　武徳大成記(一)』(汲古書院、一九八九年)。
(33) なお、「松平記」『三河物語』および「寛永諸家系図伝」以降に記されたことが確認できる徳川家臣による記録として、万治三(一六六〇)年正月に完成した「石川正西聞見集」(『愛知県史』資料編14　中世・織豊、一九三頁)がある。そこでは「信玄悦出陣有て、浜松近所みかたか原にて合戦、家康様御まけいくさにて諸大名の内衆討死、又信長公より御加勢の大将ひらて殿も討死、家康様はやう〳〵浜松へ御引入堅固に御籠城被成候、御合戦は極月晦日、元日、二日御籠城と承候」と、徳川軍の敗北が記される以外は事実と少し異なる籠城状況が記されるのみとなる。このことから、少なくとも譜代家臣の次世代(著書の石川正西は天正二〈一五七四〉年生まれ)に広範囲に三方ヶ原の戦いの様子が伝わっていたわけではないと考えられる。
(34) 例えば、注(15)史料七六頁では、信長が清須から小牧山への居城の移動を行うにあたり、最初に無理な意見となる二の宮山を候補地として挙げるが、それを批判する意見を受けたため、移動が楽な小牧山へと移動先を変更した逸話が記される。ここでは、もし最初から小牧山が候補として挙げられていたならば、全員がこれについても批判していたであろうとし、信長の慧眼を示している。
(35) 注(8)拙稿参照。
(36) 注(9)新行論文。
(37) なお、注(8)拙稿では、「寛永諸家系図伝」が作成される際、自らの先祖の活躍を「三河物語」を改変する形で新たに生み出し、それが以降の記録類に表れることとなった例として酒井忠次について具体的に示したが、酒井氏の場合、本稿で扱った三方ヶ原の戦いでも同様の作業が見られる。ただし、今回は「松平記」を元に、従来あった譜代家臣の活躍に忠次を付け加える形としてとなる。そして、その記述内容は「武徳大成記」にも見られ、後世に伝わる内容となっている。また、今回は本多忠次についても「寛永諸家系図伝」の記述が「武徳大成記」へ採用されたことも確認した。これらに知られるように、「寛永諸家系図伝」も含めて、「三河物語」・「松平記」同様に後世の追記がどのように行われたのかを認識する必要があると考えるが、これについては今後の課題としておく。

(38) その際は、あくまで大将は将軍家の先祖であるからか、仮に負けたとしても、やむを得なかった、もしくは、大将自らの誤りとは異なるところに敗戦の理由があった、負けはしたが部分的に意地は見せたといった等の記述が常に付いていく。こういう点でも〈大敗〉感は見事に払拭されていることになる。本稿で扱った「松平記」・「三河物語」をはじめ、発表時期が不明であり考察自体は除いたが、多くの「三河記」も含む形で、まずは家康が自らの居城下をみすみす通過させることはあるまじき行為であることを主張してこの戦いが始まる形が定着していくことになる。そして、最後に武田信玄が浜松城を攻めなかったのは、最後の攻撃で徳川方が意地を見せたからとなる。

付表　「寛永諸家系図伝」内の三方原の戦い記事

No.	人　名	記　　事	巻	頁
1	竹谷松平清宗	遠州三方原合戦ことおハりて，其夜清宗鈞命をうけたまハり，同国堀江の城の加勢におもむく。堀江ハ大沢が居城なり。	1	108
2	形原松平家忠	遠州三方原合戦に供奉。	1	112
3	大草松平康安	同年十二月二十二日，大権現，信玄と遠州三方原にて合戦の時，信玄大軍を引ゐてきたる。其兵はなハだおほくして，味方利あらず。小笠原金平といふものあり。つねに康安と同しく戦場におもむく。此時金平先鑓をあはす。康安も又すゝんで鑓をあはせ，五ヶ所の疵をかうふる。中にも矢二筋むねにあたる。康安ミづから一矢をぬいて是をすつ。今一矢をもぬくといへども，敵急に追かくるによりて，矢をすつる事あたハずして，手にもちなから鑓を引て，のがれゆく事一里ばかり。郎従康安か馬を引て来る。康安よろこんで是にのりてのがる。時に参州岡崎の町奉行右衛門七，膝口を敵につかれて行歩かなはざれハ，敵追来てすでに首をとらんとす。右衛門七うしろより大に康安をよバはつていはく，我膝口をつかれてすすみゆく事あたハず，ねがハくハ康安かのる所の馬をかせ，もしいま我をすくハずんバ康安勇士にあらず，といふ。康安かへりミて，やむことをえすして馬よりおりて，右衛門七をのす。此時康安十八歳なり。	1	117
4	大給松平真乗	同三年，遠州三方原合戦のとき，河合久次郎，信玄が兵にうたれてすでにあやうかりしを，真乗馬にはせて刀をふりて戦をはげまし，敵陣をうちやぶるゆへ，久次郎まぬかるゝ事を得たり。真乗しつはらひして引しりぞく。	1	153
5	小栗忠政	同三年，味方原合戦のとき，大権現の御馬のきハをはなれず供奉す。	1	193
6	松平康元	元亀三年，三方原合戦の時，康元十六歳にて軍功あり。家臣金田靫負討死。其外士卒死しきずづくものおほし。	1	204
7	酒井忠次	同三年十二月，武田信玄遠州味方原に出張の時，大権現発向したまひ，御旗下の兵をもつて信玄の将山県三郎兵衛をうちやぶりたまふとき，忠次ハ小山田備中をせめやふる。山県・小山田ひきしりぞくこと三町餘。こゝに武田四郎勝頼・馬場美濃守旗をすゝめ，馬をはせて横鑓をいれ，信玄大軍をもつてきそひ来るゆへ，大権現のいくさしりぞきたまふ。其夜大権現ニたび相たゝかハん事を議したまふとき，忠次と石川伯耆守と相はかりて，ものみをつかハして敵陣をうかゞハしむ。信玄陣に二所のかゞりをたいて，きびしくそなへをたてけるを見てかへり，忠次につぐ。信玄が備堅固にしてやぶりがたきことを察して，其むねを大権現に言上して夜うちのことをいさめけれバ，すなハちやめたまふ。	1	233
8	土屋昌次(武田家臣)	同三年，三方原合戦の時，小山田が兵，大久保七郎右衛門(忠世)が兵と戦をましへて，小山田すこし利をうしなふ。昌次これを見て鑓を取て小山田をすくハんとしけれども，事はなはた急にして鑓をとる事あたハさるゆへ，刀をぬいてはせむかひ，鳥居四郎左衛門(忠広)とたがひに太刀うちする事しばらくありて，昌次，四郎左衛門と相組でをしふす。四郎左衛門下にありながら刀にて昌次が甲をきるといへども，疵づかす。昌次つゐにこれをうちとる。	2	75
9	榊原康政	同三年十二月二十二日，大権現，武田信玄と遠州三方原にて合戦の時，康政一手の長となる。	2	82
10	大須賀康高	同三年十二月二十二日，遠州三方原合戦のとき，一組の頭となり，先がけしてたゝかひをはげます。	2	90
11	野々山元政	同三年十二月廿二日，三方原合戦の時，首級を得て討死す。信玄その首を送て，比類なき討死のよし称美す。時に三十五歳。	2	192
12	石川家成	同年十二月，三方原合戦の時ハ，家成懸川にありて手にあハず。	2	200
13	菅沼定盈	同三年，味方か原合戦ことをハりて後，武田信玄三万五千の兵を引ゐて野田の城をかこむ。定盈是をふせぐ時，大権現より御自筆の書をたまハる。	3	13

No.	人名	記事	巻	頁
14	菅沼某	元亀三年，三方原合戦の時，信濃守ならびに子定吉御供いたし，今宵夜うちに敵をおそふべきよし申上けれハ，大権現これをゆるしたまふ。すなハち其夜敵をおそひて勝利を得たり。此時の賞により，吉川村・塩沢村・鳥原村・竹輪村・そつ川村をたまはる。	3	20
15	高田憲頼(武田家臣)	元亀三年十二月廿二日，遠州引間合戦の時，憲頼先鋒となつて戦功をはけます。家人あまた討死，或ハきすをかうふるものこれおほし。このとき憲頼大疵を蒙て，帰陣以後療治をくはふといへとも，いへすしてつゐに死。四十八歳。	3	49
16	土岐定政	同年十二月廿二日，遠州三方原合戦の時，定政供奉す。敵軍勝にのる。定政後陣にありて，馬をかへしふせき戦て，敵をつきかへす事両三度。大権現御覧じて，汝若輩にて強敵にむかふ，何ぞしりぞかざるや，と仰ありけれども，定政聞入ずして，なを敵陣にかけ入て相たゝかふ。時に定政が傍輩深く敵陣に入て，馬をうしなふものあり。はせかへりて定政がうしろ馬にのらんといひけれども，定政ゆるさず。彼ものいひけるハ，汝いま我をたすけすんバ勇士にあらず。定政ゆるして，かれを馬の三頭にのせて，味方の陣にかけ入。大権現大にいかりたまひて，彼ものをころさんとしたまひけれども，なを馬よりおりず。定政にすがりつきて申けるハ，今我をころさんとしたまハゞ，定政と同しく誅をたまふべし，といふ。大権現力をよばせたまハて，是をゆるさる。是より定政武名を得たり。時に二十二歳。	3	63
17	植村泰忠	元亀三年，三方ヶ原合戦の時，御加勢として東照大権現にしたかひたてまつり，御忠節を申あくるゆへ御感ありて，遠州榛原郡のうちにて知行拝領す。この時に還俗す。	3	94
18	植村正勝	同三年，味方原合戦の後，大権現浜松にかへりたまふ時，正勝と富永孫大夫・内藤甚五左衛門，常に御馬のそはをはなれす供奉す。	3	97
19	高木広正	元亀三年，三方原合戦御退陣のとき，広正ミつから鉄炮をはなつて，八町はかりの間しつはらひして，つゐに命を全する事を得たり。	3	148
20	安藤家次	遠州三方原御陣に供奉。	3	192
21	津金祐光(武田家臣)	元亀三年，三方原合戦のとき，甲首二級を得たり。	4	79
22	山高信親(武田家臣)	元亀三年十二月廿二日，遠州三方原にて討死。歳四十二。	4	99
23	柳沢信俊(武田家臣)	元亀三年十二月廿二日，三方原合戦の時，軍功をはけます。	4	110
24	小笠原広重	元亀三年，三方原合戦の時，浜松城の御番をつとむ。	4	212
25	小笠原信元	元亀三年，三方原合戦の時，大権現の供奉す。	4	213
26	小笠原安広	元亀三年十二月廿二日，三方原合戦のとき討死す。時に十九歳。	4	216
27	小笠原安勝(安広弟)	元亀三年，三方原戦場におゐて疵をかうふり，行歩かなハざるによつて出仕をやむ。	4	216
28	市川定勝(北条家臣)	遠州三方原合戦のとき，陸奥守氏輝より信玄へ加勢として近藤出羽守等五十騎さしこさるゝ，其内にくハゝりて発向して三方原にて討死。	5	18
29	水野忠重	同三年十二月廿二日，遠州三方原合戦の時，軍功あり。	5	65
30	山田重則	元亀三年十二月廿二日，遠州三方原御合戦の時，鑓をあはせ首級を得たり。	5	88
31	西郷家員	元亀三年，三方原合戦の時，家員疵をかうふる。時に十六歳。大権現，家員が幼弱にして武勇ある事を感じ給ふ。	5	164
32	柴田康忠	元亀三年，三方原合戦のとき，石川伯耆守数正がくみにあつて，武田信玄の先手と合戦し，軍を全して帰る。	5	172
33	松井松平忠次	同三年，三方原合戦の時，一方の大将をうけたまハる。	5	180
34	高力清長	元亀三年，武田信玄三方原に出張す。大権現兵をひきひ合戦したまふ。清長与力幷に家の子を引率して挑戦ひ，鑓疵をかうふる。其時一族岩堀勘解由左衛門父子，郎従数十人討死す。	6	79
35	高力正長	元亀三年，遠州三方原合戦に刃を交へて挑たゝかひ，疵を蒙り，甲首一級をとる。時に正長十五歳なり。	6	81

No.	人　名	記　事	巻	頁
36	鳥居元忠	元亀三年，大権現，信玄と三方原にをひて合戦のとき，大権現の軍真籠に敗る。元忠ふせぎ戦て矢疵をかうふる。その矢元忠がまたかる所の鞍の前輪にあたる。其地則信玄旗をたつるところなり。信玄遠州諏訪原の城に留守居を置。元忠その城の案内をうかゝはんため諏訪原にをもむく。時に城中より鉄炮をはなち，元忠股にあたる。家臣杉浦藤八郎，元忠をたすけてしりぞく。是によりてその疵愈といへともなを足のやまひあり。	7	29
37	鳥居吉清	元亀三年，三方原合戦に供奉。	7	35
38	三嶋政次	元亀三年十二月廿二日，三方原御陣に供奉し，殿の数につらなる。	7	45
39	森山俊盛(武田家臣)	元亀三年，三方原合戦の時，首級を得たり。	7	61
40	坂部正定	元亀三年，遠州味方原合戦の時，首級を得たり。其時創をかうふり，土屋平八か馬をとり是に乗て味方の陣に帰る。大権現其功を褒美したまひ青銅十貫をたまはりて，その馬を幕下に献す。	7	90
41	朝比奈正時	元亀三年，遠州三方原に供奉。	7	216
42	近藤秀用	元亀三年，三方原合戦のゝち，信玄は刑部に越年し，山県三郎兵衛は井平村に越年す。秀用ならびに家人長瀬与兵衛とおなじく在々所々に身をかくし，ひまをうかゞひて敵六人うちとる。山県これをうたかふて罪を百姓に帰す。こゝにおひて秀用矢文を射て，秀用これをうつよしをつく。	7	252
43	内藤正成	同三年，遠州三方原合戦に，正成敵とあひたゝかふの間，旗下をハなるゝ事すでにとをし。此時味方の先鋒敗せんとす。こゝにをひて正成馬をはせて旗下に謁しければ，大権現御馬をひかへさせたまひ，したがひたてまつるものわづかに七八騎なり。正成諫たてまつり，しつハらひして引しりぞく。此時息男甚一郎正貞敵陣にふかいりして，味方のしりぞくをしらず。かるがゆへに正成その死生をしらんため馬をかへし敵陣にいれバ，正貞刃をまじへ敵数人と相たゝかふ。正成これをみ鑓をもちて敵兵を突しりぞけて，敵の馬をとり正貞を乗てひきしりぞく。正貞此戦場にをひて首級を得，郎従もまた高名す。	8	47
44	内藤正貞	同三年，三方原合戦にしたがひたてまつり，敵陣にいりて首をえたり。	8	49
45	内藤信成	同三年，三方原合戦のとき，信長より加勢として佐久間右衛門尉・水野下野守・柴田修理亮・美濃の三人衆ならびに平手某を大権現の御陣所につかハす。しかりといへども甲州勢おほきゆへ，先歩卒をしてあひたゝかはしめ，引しりぞかんとしたまふとき，敵御あとをしたひ来。こゝにをひて平手たゝかひ死す。此時大権現の仰に，われ先この兵をひきとり浜松の城に入てかたくまもるべし，汝等此地にとゞまりて敵をふせぐべし，とのたまふ。しかれども今日士卒ことことく戦つかれしゆへ，命に応ずるものなし。信成ひとりすゝミ出て敵をふせかん事をこひたてまつる。大権現これをゆるしたまひ，味方塚にいたらば則牧野勘八郎をつかハすべし，そのときすミやかに軍を引とるべし，とのたまふ。信成が与力日下部兵右衛門尉，勘八郎にむかひ，厳命をたかへずしてかならずきたるべし，といふ。そのとき信成つよく敵をふせぐ。これによりて家人ならびに与力十余輩戦死す。しばらくありて御馬浜松に入よしをきゝてすなハちひきしりぞく。信玄もまた曙に兵を引てかへる。そのゝち大権現，成瀬吉右衛門尉を御使としてその武勇を感じたまふ。	8	59
46	小川某	元亀三年，遠州三方が原にをひて敵と相たゝかひ首二級を得たり。このとき大権現のたまハく，伝九郎がさし物に制札の二字を書すべし，となり。その日つゐに戦場にすゝみ十九歳にして討死す。	8	139

No.	人　　名	記　　　　事	巻	頁
47	本多忠勝	同年十二月廿二日，遠州三方原合戦のとき，忠勝先鋒となり兵を率，先登して鑓をあはす。忠勝が家人荒川甚太郎もまた相ともに敵と鑓をあハせ，甚太郎ハ討死す。本多甚六・河合又五郎・多門越中等同くうち死す。桜井庄之助首級を得たり。忠勝つとめ戦て敵陣の一方をうち破とき，甲州の兵味方のしりへを襲，軍路をさへぎらんとす。此ゆへに味方引退とき，敵兵跡をしたひ犀嵴(崕ヵ)にいたり，味方の兵すでにあやうくみえしとき，忠勝諸卒に下知して列伍をとゝのへ，軍を全ふして玄黙口より浜松にいりぬ。	8	218
48	本多信俊	元亀三年，武田信玄遠州三方原に出張のとき，信俊浜名の城に居す。信玄ひきしりぞくのとき，浜名の城の辺をすぐ。此ゆへにこれをせむべきこゝろざしありといへども，信俊この城に楯籠と聞て，これを襲事あたはすしてかへりぬ。	8	233
49	本多重次	元亀三年十二月二十二日，遠州三方原合戦退陣のとき，重次殿す。時に敵兵重次が馬を射る。此ゆへにかちだちとなる。こゝにをひて敵十騎バかり競すゝむ。重次鑓をもつて駮の馬に乗たる士一人を突倒し，すなはちその首をとり，その馬に乗て浜松の城にいる。大権現これをほめたまふ。此とき重次あらかじめ籠城のそなへをまうけ，城中におほく兵粮をおさむ。大権現はなハだ御感ありて，重次を三曲輪にをかせ給ふ。	8	242
50	本多広孝	同三年十二月，三方原合戦の時，御方利をうしなふ。こゝにをひて広孝兵をかへしてつとめたゝかひ敗軍の兵をたすく。広孝が家人高部屋架助首級をえたり。	8	256
51	本多康重	同三年，御方原合戦のとき，味方の軍兵引しりぞく。こゝにをひて康重馬をかへして首級をえたり。	8	258
52	本多正重	同年十二月二十二日，遠州三方原合戦のとき，正重所々にをひてあひたゝかひ，敵をうち創をかうふる事四ヶ所。	8	269
53	本多重信	同年十二月二十二日，遠州三方原合戦のみぎり，重信敵兵三人を射ころす。	8	272
54	本多某(八蔵)	天正三年，信玄東三河に出陣し，鳳來寺・山家より三方原にをひて合戦のとき，八蔵十九歳にして高名を得たり。	8	274
55	大久保忠世	元亀三年，大権現と武田信玄遠州三方原にをひて合戦のとき，忠世が兵士敵と相まじハり鑓をあハせ，敵の先鋒退散す。しかりといへとも大敵又競来るにより，味方利をうしなふ。忠世其後よりはせ来りて大権現に告たてまつりていはく，我つねに遇する味方の諸将と相約し，をのをのその退散するところの軍士を引ひて一所にあひあつまるべきのむねなり，大権現ハすみやかに浜松の城へいらせたまふべし。大権現此旨に応じたまひ，御旗三本忠世にくだし給ふ。忠世すなハち犀嵴(崕ヵ)の西にいたり御旗を挙の時，あとより退来る軍士あひあつまる。敵したひきたるといへども，これをさへぎり鉄炮をはなつ。こゝにをひて敵これを追ふ事あたハず。その夜信玄ハ犀嵴の近辺に陣をとる。忠世もまた諸手の鉄炮をあつめて信玄が旗本にうちかけたり。敵軍騒動す。俗これを夜込といふ。	9	16
56	大久保忠佐	同年十二月，三方原合戦のとき，敵兵勝にのるといへども，忠佐首級を得たり。	9	19
57	大久保某(新蔵)	元亀三年，遠州三方原にをひて二十六歳にして戦死。	9	20
58	大久保忠隣	同三年，三方原合戦のとき，大権現利をうしなひたまひ御退去のとき，忠隣かちにて供奉し，御馬のかたハらをはなれす。小栗忠蔵敵の馬をとりて馳きたる。大権現，忠蔵に命してのたまハく，汝が馬をもて忠隣にさづけよ，となり。忠隣仰によりかの馬に乗て供奉す。	9	28
59	大久保忠豊	同三年十二月二十二日，遠州三方原合戦のとき敵を討。	9	47
60	大久保忠益	同三年，遠州三方原合戦に供奉。	9	49
61	大久保忠直	同年，三方原合戦のとき，供奉をつとむ。	9	52
62	加藤某(正信従弟)	元亀三年，遠州三方が原にをひて従弟源四郎と一所に討死。	9	79

No.	人　名	記　事	巻	頁
63	加藤正信	元亀三年，遠州三方原御出陣のとき，からのかしらをたまふ。正信しばしばことばをはなつて，かならず戦場に死て此御恩を謝したてまつらん，とて，終にはそのとき十二月廿二日，三十一歳にて戦死す。後の日，武田勝頼陣中より正信が尸骸を送る。此時喜左衛門正次出むかひてこれをうけとる。	9	79
64	加藤某(正信弟)	大権現につかへ奉り，三方原にをひて兄正信とおなじとき，二十一歳にして討死。	9	80
65	斎藤某	元亀三年，遠州三方原合戦に討死。	9	165
66	都筑秀綱	しかりし後武田と累年の戦ありしに，しばしばしたがひたてまつりて高名す。	9	168
67	都筑為政	元亀三年，遠州三方原合戦の時，為政十八歳にして大権現にしたがひたてまつり，御馬の傍をしばらくもはなれず。浜松に凱還ののち，御感の御ことばをかうふる。	9	169
68	大沢基胤	元亀三年，三方原合戦のとき，大権現加勢をたまハり，基胤とおなじく堀江の城にこもる。此とき基宿ハ幼少にして浜松に居す。	9	207
69	天野康景	元亀三年，三方原合戦引退時，敵兵したひきたる。康景，大権現の御眼前にをひて金の馬鎧したる兵と鑓をあはす。大権現浜松の城に入給ひてのち，康景ならびに植村庄右衛門仰をうけたまハりて追手の門を衛護す。そのゝち康景又厳命をかうふりわづかに鉄炮十六挺をもつて夜中に犀嵜(崕ヵ)にいたり，鉄炮をはなち敵陣を劫。こゝにをひて敵兵刑部に引しりぞく。此賞によりて参州渥美郡栄馬・中山の両村二百貫余の領地をたまふ。	10	20
70	戸田光定	元亀三年，大権現三方原御退陣のとき，光定犀嵜(崕ヵ)にをひて敵とあひまじはり，疵をかうふる事三ヶ所なり。このゆへに浜松に供奉する事もつともをくれたり。	10	71
71	戸田忠次	同三年，大権現遠州三方原にをひて武田信玄と合戦し，御退陣のとき，敵兵その跡をしたふ。忠次これを拒事数度に及といへども，敵兵猶きたりて浜松の城を襲。このとき菅沼小大膳ならびに忠次かたく外郭をまもりてこれをふせぐ。	10	75
72	戸田勝則	元亀三年，遠州三方原合戦の時，敵兵きたりて浜松の城辺を襲。このとき菅沼小大膳ならびに戸田忠次外郭を保てこれをふせぐ。勝則また敵兵六人を射殺しぬ。すでに師息てのち，敵兵，勝則が放ところの矢五本に菊川うちの矢の根十本をあひそへ，勝則にをくりぬ。	10	78
73	松波重正	元亀三年，遠州三方原の御陣に供奉す。これよりさき御使をうけたまハり武田信玄にいたる。信玄国行の刀をさづく。	10	108
74	門奈直友	元亀三年十二月廿二日，三方原にをひて討死。	10	126
75	成瀬正義	同三年，三方原合戦に疾馳て首をとり，鳥居四郎右衛門尉をたづぬる処に，鳥居もまた首級を得たり。こゝにをひて両人おなじく馳て，又首を得たり。しかれども此軍利あらざるゆへ，弟一斎を呼ていひけるは，汝は此道の案内者なり，大権現に供奉し嚮導となりて浜松の城に入たてまつるべし，われはのこりとゞまり戦死せん，と謂をはりてすゝむ。敵数人を斬て，つゐに討死す。時に歳三十八。	10	188
76	成瀬一斎	同年十二月，三方原合戦に味方利をうしなふて引しりぞく。こゝにをひて武田が兵七騎大権現にむかふ。此時一斎はせよりて，すゝむ敵一人を斬おとす。馬もまた疵をかうふりぬ。六騎の兵是を見，むまよりをりて落ものを介錯す。その間に御馬をはせて浜松の城にいれたてまつる。此時兄正義討死するによりて，一斎をして其家督をつがしめ給ふ。	10	189
77	桜井勝次	同年十二月二十二日，三方原玄黙口にたゝかふて高名を得たり。敵しりぞくとき，兵一人朱ざやの刀・腋差を帯し，疵をかうふりひきおくれて両陣の間にあり。勝次衆をはけましていはく，それがしハ今日すでに高名を得たり，わが軍の勇士かれをうたずや，といふ。しかれども敵陣ちかきゆへあへて進ものなし。此とき勝次はしりよりてかれが首を討，此場にをひてつゐに首二つをえたり。	10	211

No.	人　名	記　事	巻	頁
78	佐橋吉久	同三年，三方原の戦場におゐて，吉久よく射によりて一方の固となりて，首級を得たり。	10	228
79	浅井忠次	元亀三年，東照大権現に供奉し，三方原の陣におゐて，矢面にむかつて高名す。	10	234
80	大河原某	元亀三年，遠州三方原合戦のとき，東照大権現にしたがひ奉り，先手となりて討死。	11	4
81	大河原正勝	三方原合戦のとき，先手にのぞみ内藤弥次右衛門に属して，しばしば戦功あり。そのゝち内藤左馬助に属して，旗奉行となる。	11	4
82	外山正成	元亀三年十二月廿二日，三方原の合戦のとき，東照大権現の御まへにをひて討死。歳二十九。	11	59
83	三宅某(弥次兵衛尉)	元亀三年，遠州三方原合戦に供奉。	11	68
84	武蔵某(孫丞)	元亀三年，三方原の合戦におほく敵をうちとり，そのうへ浜松庄橋にをひて数多の敵を射倒てしりぞく。このとき武蔵孫之丞と矢に書たるゆへに，人ミなこれをしれり。	11	83
85	神尾(岡田)元次	同三年十二月，大権現と武田信玄と遠州三方原にをひて合戦のとき，元次が弟元保戦死す。翌日，元次誓ていはく，今日我敵を討て弟の讎を報ぜん，もしさなきにをひてハふたたびかへらじ，昨日我もし一所にあらば，弟をばうたまじきものを，といひて一騎のりいだし，久野辺真古目の堤にをひて敵とあひたゝかひ，首級を得。元次も又疵をかうふる。松平周防守其勇を称す。此とき元次が帯する所の刀は助真なり。今元勝これを所持す。	11	148
86	神尾(岡田)元保	元亀三年，遠州三方原にをひて戦死。事は元次が系譜のうちにつまびらかなり。	11	151
87	神谷清次	元亀三年十二月，遠州三方原合戦のとき，植村が組に属して進たゝかひ，首級を得たり。大権現これを称美したまひ，五十貫文の地をたまハる。	11	158
88	大岡清勝	元亀三年，三方原にをひて敵兵一騎陣頭にすゝみて味方の軍をうかがふ。このとき大権現近侍の兵両人に命じてこれをうたしめんとしたまふ。清勝かたハらにありて命をうけたまハり，いそぎ馳むかひこれを討とる。此とき大に疵をかうふる。大権現御前にめされて軍功を称美し，且医師丸山に命じて療治をくはへたまふ。	11	196
89	夏目吉信	元亀三年，三方原合戦のとき，吉信，大権現に告たてまつりていはく，敵兵をみるに御方よりもおほし，はやく浜松の城に入給はんにはしかじ，と言上す。此時大権現，吉信にのたまハく，此度の合戦に勝負を決せずしてもししりぞくときは，敵兵いよいよちからを得ていかでかのがるゝ事あらん，しかるにをひては何のゑきあるべきそ，たゞ敵軍に入てすみやかにうち死すべし，とて，すでに御馬をすゝめられ，鑓(ママ)をもつて御馬取をけさせたまふ。此時吉信ハしりより，御馬の轡にとりつきていはく，大将御命をうしなはせたまハゝ天下命をうしなふがごとし，ねがハくはながく御寿齢を御たもちありて昌運を天下にひらきたまふべし，と言上す。大権現かさねて仰ありけるは，縦しりぞくといふとも敵兵追きたらバのがれがたからん，たゝうち死にせん，とのたまふ。吉信又告たてまつりていはく，敵兵もし御あとをしたハゞ我敵をふせぎてうち死を決すべし，といひをはつて，御馬を浜松の方に引むけ，刀のむねをもて三頭をむちうつ。ときに敵兵これを見てたちまち大軍を率て急にこれを追。この時吉信ならびに与力二十五六騎相ともに軍中に入，同時に其命をおとして大権現の御命にかハり奉る。時に十二月二十二日，吉信五十五歳也。此時吉信十文字の鑓をもつて敵兵をつきころす事二人。其鑓今につたへて家にあり。	11	236
90	勝重久	遠州三方原御合戦のとき，重久御轡につき奉る。	12	13
91	細井勝久	元亀三年，遠州三方原合戦の時，精兵一人を討取。このとき勝久殿して又首一級を得たり。	12	28
92	設楽貞道	元亀三年，大権現，武田信玄と三方原御合戦の時，貞道，次男貞信をもつて浜松に人質となす。そのゝち信玄参州野田の城をゝそふ。貞通すなはち鈞命を蒙り城に入てこれをまもる。	12	99

No.	人　名	記　事	巻	頁
93	阿部忠政	同三年，遠州三方原退陣の時，所々にて忠政甲州の兵三騎を射ころして，一族五人と同浜松に帰る。	12	261
94	森川氏俊	同三年，三方原合戦の時，あとそなへとなりて疵数ヶ所をかうふる。	13	158
95	渡辺真綱(なをつな)	同国三方原合戦の時，玄黙口をまもる。	14	15
96	渡辺守綱	同年十二月廿二日，遠州三方原合戦の時，大権現，守綱をして先鋒の軍を進退せしむ。守綱先陣に至り，敵の動静をうかがふに，山林・野原に至まで其幾千万といふ事を知ず。時に柴田七九郎・大久保七郎右衛門(忠世)兵をひきひて来。守綱両人にかたりていはく，敵軍はおほうして我はすくなし，もし戦ハヾ勝利を得べからす，只けハしきによりてまたんにはしかじ。しかりといへども両人先敵軍を見てたゞちにすゝまんとす。はたして敵軍のおほきをもつて味方敗北す。石川伯耆守武田の先鋒を取ひしぐ時，外山小作一番に鑓を合す。守綱わきより其敵をつき伏。武田の大軍競来。爰にをひて味方敗走す。伯耆守少年の兵と只二騎にして退く。敵士是を追。伯耆守乗まハりて少年の兵をたすく。守綱是を見て，言葉をかけ力を合せてともにしりぞく。これより旗本にゆかんとするに，敵すでに前をさへぎり，大谷通より革田町に至る。 爰にをひて味方六七人来り，おなじく玄黙口に至り，浜松の城門を守る。敵すでに至る時，守綱かけ出る事二度。鑓をもつてこれをつく。舎弟半十郎(政綱)・勝谷甚五兵衛・桜井庄介其首を取。後に鳥居彦右衛門台命をうけて此口をまもる。爰にをひて守綱，大権現にま見えたてまつる。すなハち軍事をとひたまふ。軍散じて後，遠州浜名郡吉美村の内七十貫，同国豊田郡立野村の内三十貫，合せて百貫の地をたまふ。	14	19
97	渡辺政綱	三方原一戦のとき，玄黙口をまもりて首を取。	14	23
98	渡辺永	元亀三年十二月廿二日，三方原におゐて討死。	14	30
99	渡辺真綱(さねつな)	同三年，遠州三方原一戦のとき，真綱玄黙口におゐて返し合せ甲首を取。	14	45
100	服部保正	元亀三年十二月廿二日，遠州三方原一戦のとき，討死。四十九歳。	14	69
101	服部政秀	元亀三年，三方原御対陣の時，大権現の鈞命をうけて同国東村の城をまもりて海陸のをさへとなる。	14	76
102	青木一重	同三年，三方原合戦のとき，本多太郎左衛門尉等と高天神の城の押番をつとむ。	14	119
103	青木重経	三方原合戦のとき，軍忠をつくして討死。	14	119
104	紅林吉治	同三年，味方原御合戦の時，したがひたてまつる。	14	155
105	牧長正	元亀三年，三方原御陣の時，先手榊原小平太に属し，いどミ戦ひ大に疵をかうふり，たちまちにたふれふす。敵其首をとらんとす。時に丹羽六太夫・酒井与九郎馳来り，浜松の城に引入。其後城中にて死す。歳四十一。	14	167
106	久永重勝	元亀三年十二月二十三日，三方原御陣に供奉。	14	223
107	米津政信	元亀三年十二月二十二日，三方原にをひて討死。時に歳四十二。	15	64
108	米津政次	元亀三年十二月二十二日，三方原にをひて討死。此とき四十五歳。	15	66

伊達家の不祥事と〈大敗〉
――人取橋の戦い

黒嶋　敏

はじめに

二十四歳という若さで豊臣秀吉に服属した伊達政宗にとって、独立的な戦国大名として活動した期間は、じつに六年にも満たない。その僅かな時間のなかで、「政宗の生涯における最大の激戦」と評価されるほどの「苦戦」を強いられたのが、本章で取り上げる人取橋の戦いである(1)。

この戦いは、天正十三(一五八五)年十一月、伊達氏の軍勢と佐竹氏・蘆名氏らの連合軍が、陸奥国安達郡の本宮の南西にあった人取橋付近で激突したことにより発生した。軍勢の規模で圧倒的に勝る連合軍に対し、迎え撃つ伊達勢は重臣の鬼庭左月(良直)らが壮絶な討死を遂げるなど、劣勢の戦いを余儀なくされてしまう。けれども、結果として連合軍が本宮まで侵攻することがなかったため、後世の伊達氏側からの歴史認識では辛くも危機を乗り超えた「苦戦」であったと位置づけられているものである。

しかし、あらためて同時代史料を検証してみると、この戦いそのものは伊達氏に相当のダメージを与えた〈負け戦〉であったことは動かしがたい。しかも、総大将である政宗は家督相続から間もない十九歳にすぎず、その直前の十月には、一連の安達軍への軍事侵攻の過程で父輝宗が敵方に連行されて命を失うという大事件が起きていた。先代の不名誉な死去と軍事的な〈負け戦〉とが相俟って、伊達氏側に様々な形での影響を与えたことは想像に難くなく、そこに、戦国時代の他の著名な〈大敗〉事例との類似性を見て取ることができるだろう。

そこで本章では、天正十三年の冬(十月～十二月)へと至る過程と、その後の動きを検証していくことで、この戦いが戦国大名伊達氏に与えた影響を探ってみたい。むろんこれまでにも、政宗が領域を大きく広げていく重要なステップとして注目されてきたことから、この時期の研究には一定の蓄積があるのだが、のちに伊達氏側で編纂された史料類を材料の基盤に据えているものが多く、それらのほかにも、まだ十分に検討されてきていない確実な同時代史料が存在する。こうした史料を読み進めながら、伊達氏側の編纂物が語るところとのギャップを考えていくことができれば、なぜ後世に〈大敗〉イメージが形成されなかったのか、という点も見通すことができるであろう。

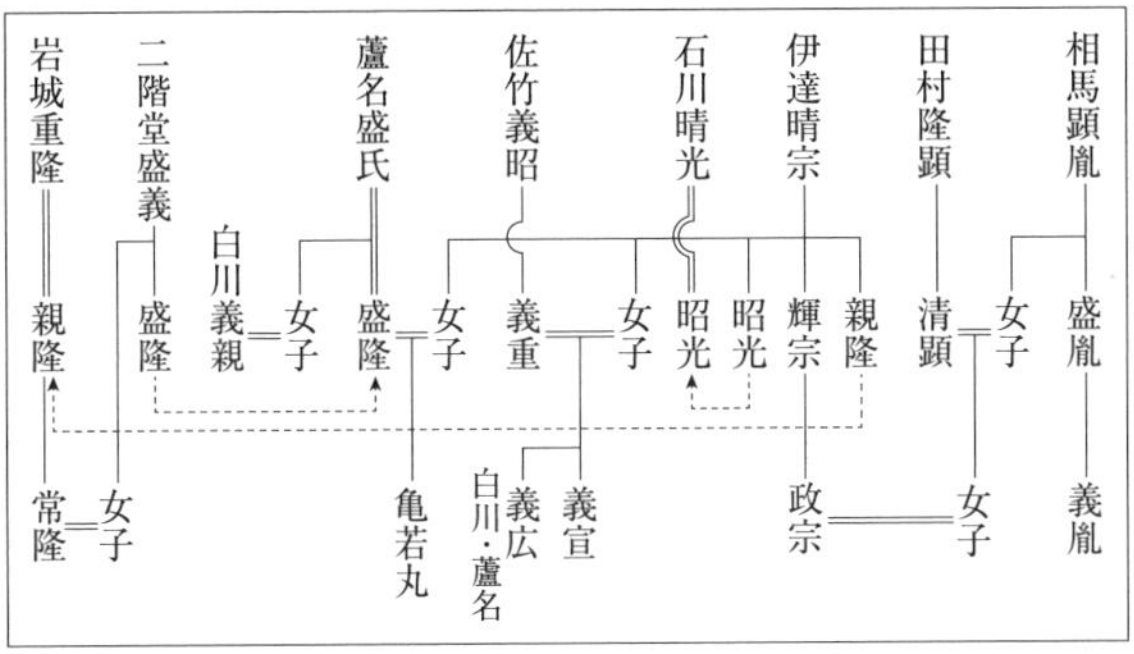

図1　南奥諸氏の関係系図(垣内和孝『伊達政宗と南奥の戦国時代』〈吉川弘文館, 2017年〉より)

1　人取橋への経緯

まずは戦国時代の陸奥・出羽両国の様子を概観しておこう。当時は、伊達氏のような数郡を掌握している比較的大きな勢力と、一郡程度の支配領域を持つ中小規模の勢力が、それぞれ林立している状況にあった。そんな奥羽ならではの地域的な特徴として、各氏の間に縁戚(婚姻・養子)のネットワークが張り巡らされていたことが指摘されている[2](図1)。奥羽では隣接する諸氏間での抗争が勃発しても、争いが激化する前に、縁戚のネットワークを辿って第三者が

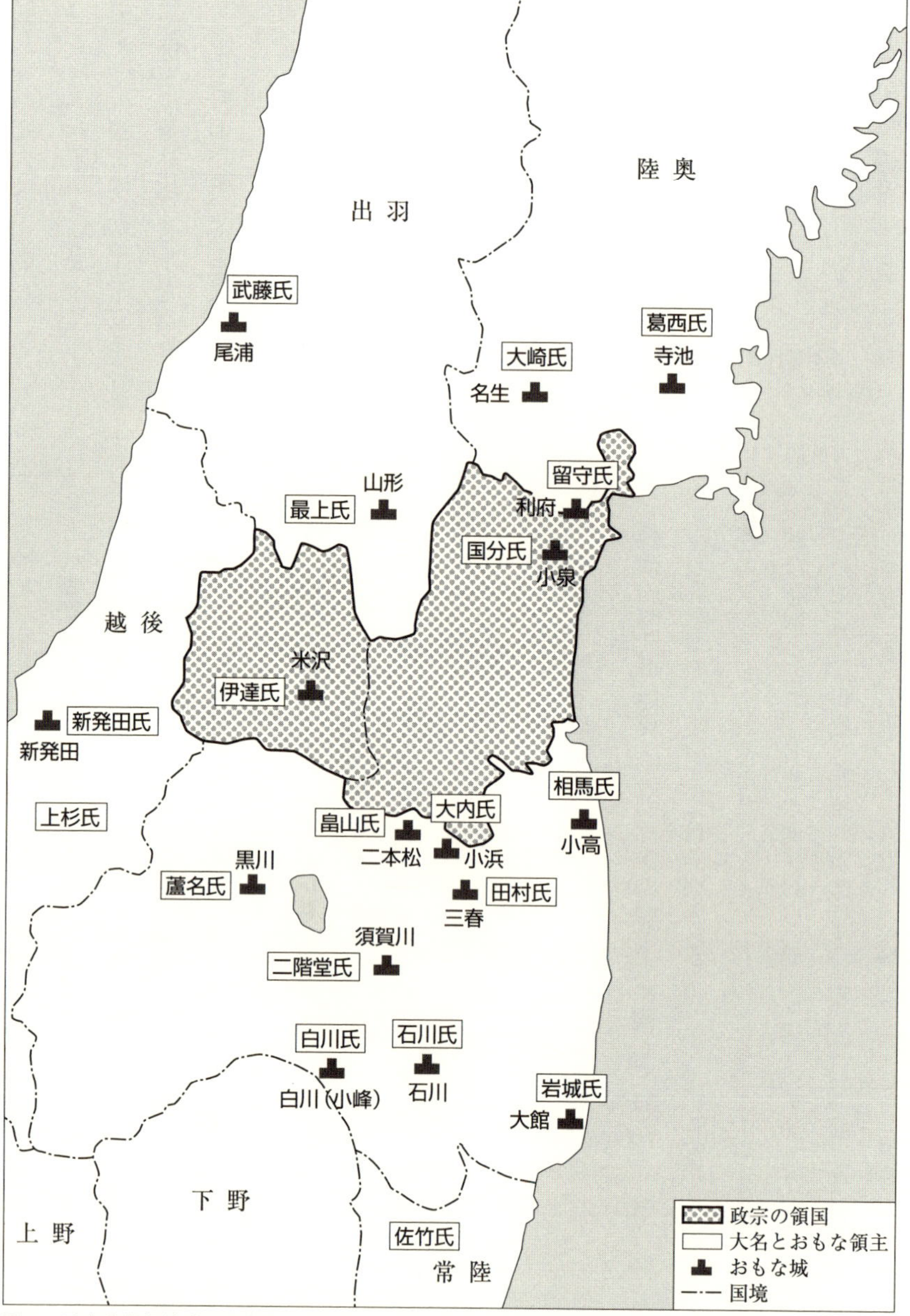

図2　政宗家督相続時の南奥羽(黒嶋敏『秀吉の武威，信長の武威』〈平凡社，2018年〉より)

「中人」として登場し、停戦から講和に向けた交渉を仲介するのが一般的であった。[3]こうした縁戚関係が持つ互助的な側面が、いわば一種のセーフティネットとして機能することで、郡支配者レベルの領主が合戦で滅亡するような劇的な変化は起こりにくい状況にあった。各氏の政治的な立ち位置の間には、支配規模や前代からの家格によって形成された秩序意識のもとで一応の序列が存在していたものの、そこから直ちに、他地域のような「大名」や「国衆」といった類型化を行い線引きをするのは難しいといえる。戦国時代の最末期、豊臣秀吉が奥羽仕置に乗り込んでくる直前まで、ほとんどの領主家が生き残った事実は、諸氏間のゆるやかな協調関係が維持されていたことを示しているのである(図2)。

その奥羽戦国史のなかで、天正十三〜十四年に起きた安達郡の伊達領国への編入、すなわち安達郡西側の領主畠山氏と東側の領主の大内氏の没落は、相当の衝撃を与えた変革であった。そこに至る経緯として、先行研究では、伊達氏と常陸の佐竹氏との間に対立軸を想定し、双方に中小の諸氏が連携したことで伊達派と佐竹派とが形成され、両派が激突したものとして説明するものが多い。[4]これは現在のところの通説的理解といえるもので、視点を伊達政宗に置き、佐竹氏とその一派を反伊達氏の仮想敵連合として想定したものである。

しかし客観的に同時代史料を読んでいくと、必ずしも伊達—佐竹の対立軸だけではなく、また別の側面も浮かび上がってくるようだ。そこで、人取橋の戦いに至る前年からの動きを、①〜③の三期に時期区分しながら、あらためて経緯を辿ってみることにしよう。

①蘆名・伊達の代替わりと南奥協調

画期となるのは天正十二(一五八四)年十月である。同月六日、伊達氏とならぶ南陸奥の雄であった蘆名氏の当主であった盛隆が、突如、家臣に暗殺されてしまったのである。[5]やむをえず盛隆嫡男の亀若丸が後継となったものの、生後間もないため、蘆名家中が混乱しないように周囲の佐竹氏や伊達氏が助力することとなった。

史料1　新国貞通《にっくにさだみち》書状(6)

御札謹拝見、抑今般以不慮之仕合、盛隆(蘆名)死去、依之洞取乱候処、被入御意候故取静、畢竟御威光大小人喜悦之眉、至吾等式、其恐不少奉存候、乍此上当方(蘆名氏)安静御塩味奉頼候、此由宜願御披露候、恐々謹言、

（天正十二年）拾月十三日　　新国上総丞　貞通（花押）

高野壱岐守(親兼)殿

史料1は蘆名家中の新国貞通が、伊達家中の高野親兼に宛てた書状である。盛隆死後の動揺する蘆名家中に、すぐに伊達氏が介入したことで、鎮静化した状況を記している。殺害された盛隆は、もともと須賀川郡の二階堂盛義の嫡男であり、蘆名家へ婿養子に入った人物であったため、当時は当主不在であった二階堂家の政務も盛隆が合わせて見ていた。盛隆の死去は、そのまま蘆名家・二階堂両家の動揺に直結し、南陸奥全体に波及する恐れがあったことが次の史料2から明らかとなる。

史料2　佐竹義重覚書(7)

覚

一、此度之仕合、無是非次第候事、
一、①各々一統若子(蘆名亀若丸)被守立之由、於義重(佐竹)茂大慶此事ニ候、口上、
一、各証文之事、口上条々、
一、於自今以後も、御当方江無二可申合逼塞之事、口上、
一、②須賀川(二階堂氏)之事、口上、
一、③田村(田村氏)無為之事、口上条々、
一、④二本松(畠山義継)・塩松(大内定綱)へ及使者之事、口上、

以上

（天正十二年）十月十六日　（黒印《佐竹義重》）

史料2は佐竹義重が、蘆名家中に宛てた覚書で、亀若丸の蘆名家継承に対し賛同したものである（傍線①）。盛隆死後の蘆名家が二階堂家と連動しているとの前提のもとで（傍線②）、両家の安定に際しては、田村氏との停戦（傍線③）と、二本松の畠山氏・塩松の大内氏との連携が必要だったこと（傍線④）を示す。史料1と合わせることで、亀若丸の家督継承に伊達氏も佐竹氏も賛同していることとなり、周辺諸氏との関係安定化が南陸奥の危機を未然に防ぐために大きな課題となっていたことが分かる。

　こうした状況下で伊達政宗は、同じ十月に、父輝宗から家督を譲られることとなった[8]。やがて迎えた天正十三年の正月は、伊達氏にとって政宗の代始めにあたることから、周辺諸氏からの祝意が数多く届けられる。代替わりを機に諸氏との通交関係が活性化したことを受け、政宗は同年三月、蘆名氏・岩城氏と田村氏との間の和睦仲介へと入っていった[9]。政宗のこの動きには佐竹氏も同意しており、伊達―佐竹の協力関係は「別而御入魂」[10]と表現されるほど円滑に展開していたものと考えられる。佐竹氏側も、蘆名・岩城―田村間の和睦が蘆名家中を支える前提条件であることは十分に認識しており（史料2）、その田村氏は政宗から見て舅にあたることから、政宗は和睦妥結の目算をもって、彼らと協調して南奥の「惣無事」（停戦による協調関係の樹立、後掲史料3を参照）に向かっていたということができるだろう。

②伊達―蘆名の手切れ

　蘆名家の難局に際して、伊達氏・佐竹氏らが協調しはじめたにもかかわらず、その矢先の同年四月に起きた伊達政宗の檜原郡への侵攻[11]によって、事態は一変する。侵攻の背景には、政宗の家督相続への祝儀として、伊達氏側への懇意を伝えてきた大内氏や蘆名家中の猪苗代氏・松木氏の意向を、額面通りに伊達家への奉公を願ったものと解釈したことが考えられる。また、新当主みずからが領国の「境目」に出陣するという、軍事的パフォーマンスの意味合いもあった。おそらくそこには、動揺する蘆名家中内部で冷遇されていた非主流派の存在があるのであろうが(12)、見方を変えれば、家督を継いだばかりの政宗が蘆名家の内紛に巻き込まれた側面もあるといえる。

ともかくも檜原侵攻は、周辺諸氏にとって寝耳に水の事態であり、政宗からの「伊達―蘆名の手切れ」として伝播していったことが次の史料3・4から判明する。

史料3　浅川広純書状(13)

邇来者依無題目遥々不申承候、無御心許存計候、仍自伊(伊達氏)、会(蘆名氏)江被及事切ニ候由申来候、於事実者、無是非次第ニ候、因茲、御当(二階堂氏)各御苦労察入候、去頃、政宗ニ惣無事御籌策候由承及候キ、如斯上者、可為如何候哉、精預御返答候者、可為本望候、将又、南衆(北条氏)皆川表江右之調儀候間、小泉近辺ニ在陣、此度者一向ニ無指扱候、従佐(佐竹勢)陣も防戦之可被及働之由、各被申越候、可御心安候、珎説も候者、追而可申展候条、不能具候、恐々謹言、

追啓、源二郎(須田盛秀カ)殿へも御床敷由申度候、子ニ候者も別紙可申候へ共、御取込を察、同意ニ申候、非無沙汰候、以上、

(天正十三年五月)梅雨十五日　　浅和　広純(花押)

史料4　石川昭光書状(14)

今度米(伊達氏)・会(蘆名氏)手切、不及是非次第候、雖然、於会者被遂一戦、逆意之衆為始、数多被討取候由、肝要迄候、二(畠山氏)・塩(大内氏)境如何、無心元候、於岩城(常隆)者、佐渡(沢渡)ニ在陣、今日、大寺江被取越之由申候、無申迄候得共、万端佐(佐竹氏)・岩(岩城氏)江被相談候様ニ、旁々御前口内ニ可有之候、恐々謹言、

(天正十三年)五月十七日　　昭光(花押)

江南斎(保士原行藤)江

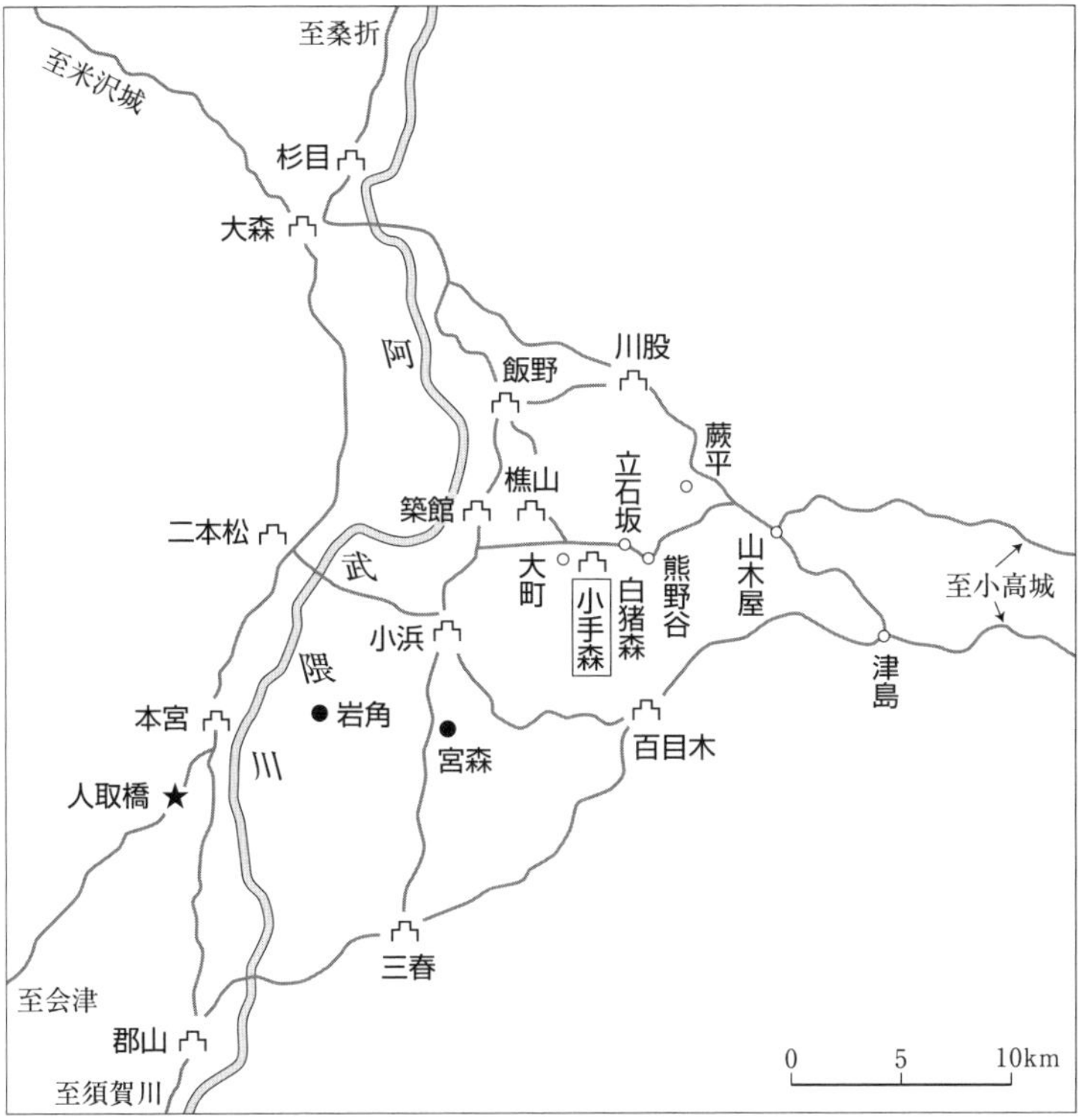

図3　二本松周辺略図（『岩代町史　第1巻』所収図に黒嶋加筆）

史料3は、佐竹氏と関係の深い石川郡の浅川広純の書状で、宛所を欠いているが、内容と追而書の「源二郎」から、二階堂家中（おそらく須田氏か）に宛てたものと推測される。それまで停戦による協調関係を作りあげようと努力していた政宗が、一変して「伊達―蘆名の手切れ」に及んだと認識されていることが傍線部から分かる。次の史料4は石川郡の領主である石川昭光から、二階堂家重臣の保土原行藤に宛てたもの。伊達―蘆名間の手切れにより、停戦に向かっていたはずの周辺諸氏との関係が一気に流動化し、蘆名氏・二階堂氏が佐竹氏・岩城氏との連携を深めていく状況が記されている。伊達氏と連携している田村氏の動きを警戒した岩城常隆が須賀川近郊まで出陣したほど、政宗の檜原侵攻は広い範囲に大きな衝撃を与えたのであった。

ただ、政宗の檜原郡攻略は思うように進

まず、翌月には主だった軍勢を撤退させている。[15] 一時米沢に引き揚げた政宗は、しわ寄せで緊迫した田村氏からの要請[16]を受け、今度は別の「境目」である安達郡塩松の大内定綱の攻略に着手した。[17] 定綱の拠点の一つである小手森城では、執拗な抵抗があったが、政宗はこれを力攻めで下し、女子供まで撫で斬りにして軍事的に制圧している。この間、須賀川近くまで進軍していた岩城常隆の軍勢は、田村氏を牽制することで大内氏を支援しようとしたのだが、それも空しく失敗に終わり、大内定綱は二本松畠山氏を頼って本拠の小浜城を没落してしまう。また、同じく進軍していた佐竹勢も、定綱没落を受けて、岩城常隆に後事を託し一時撤退してしまった。[18] これにより、安達郡の東半分である塩松地方は、政宗の掌握するところとなったのである。[19]

③伊達—畠山の戦争へ

没落した大内定綱が駆け込んできたために、二本松の畠山義継までもが伊達氏との対立に巻き込まれることとなった。やむをえず義継は、伊達氏側に恭順の意を示している。

史料5　伊達輝宗書状[20]

態為脚力啓之候、仍塩松《（陸奥国安達郡）》取扱を以、来ル八日小手森《（陸奥国安達郡）》ニ而、二本松《（畠山義継）》可及参会之条、其辺事故、初七日ニハ爰地へ急度着来可有之候、恐々謹言、

（天正十三年）十月四日　　輝宗（花押）

高森殿《（留守政景）》まいる

史料5は、伊達輝宗が従軍していた弟の留守政景に対し、十月八日に畠山義継と面会する予定を知らせたものである。政宗に家督を譲った隠居とはいえ、輝宗は重要な外交案件には影響力を行使しうる立場にあった。そして迎えた十月八日、実際の面会の場は小手森城から約一〇キロ南西にある宮森城に変更となり、伊達氏側と畠山氏側とで和議に向けた交渉が行われたが、その場で義継は伊達輝宗を拉致し、阿武隈川近くまで来たところで、伊達氏側の追手と

揉み合いとなり、輝宗とともに殺害されたのである[21]。先代の当主が不慮の事故によって落命した衝撃は大きく、政宗は報復として二本松城を取り囲んだが、堅固な守りによって包囲戦は長期化の様相を見せた[22]。

二本松城の包囲は、反政宗陣営の結束を固めることとなる。翌十一月、佐竹氏・蘆名氏・岩城氏・石川氏・白河氏・二階堂氏らの軍勢によって編成される連合軍が、畠山氏支援を名目として安積郡を北上し、同月十七日には安達郡南部の本宮近くまで進軍してきた。この大軍を伊達勢は本宮から南西にあたる、会津方面への街道にあった人取橋付近で迎え撃った。激戦のなかで伊達勢は、輝宗の近臣であった鬼庭左月らが討たれる大敗を喫したのである[23]。ただし翌日には、合戦での勝利と安積郡平定で目的を達成したこともあってか、佐竹氏らは一時退却し、伊達勢は辛くも侵攻を防いだのだった。

以上、人取橋の戦いに至る過程を①～③の時期に整理してみると、先行研究で強調されてきたような伊達―佐竹の対立軸というほどには単純化できず、諸氏間の複雑な合従連衡が見て取れるのではないだろうか。さらにこの点を、蘆名氏の視点からあらためて考えてみよう。

2　政宗と女性城主

これまでのように佐竹氏の存在感を強調しすぎてしまうと、逆に見えにくくなっているのが蘆名家の内部状況である。一例として次の史料を見てみたい。

史料6　佐竹義重感状[24]

此度於于本宮、動無比類候、就之受領之事、尤御意得候、恐々謹言、

（天正十三年）霜月十九日　　義重（花押）

沢井越前守殿

史料7　蘆名亀若丸朱印状(25)

今度於本宮合戦之時、無比類働、感悦之至候、於子孫可申伝候、自今以後弥忠節尤候、謹言、

天正十三年　霜月廿四日　　亀若丸(朱印)

沢井越前守殿

二通とも「本宮合戦」、すなわち人取橋の戦いでの戦功を称える感状である。日付から、沢井越前守は人取橋の戦いの翌々日に、まず佐竹義重からの感状(史料6)をもらい、会津に帰還してから、あらためて蘆名亀若丸の感状(史料7)を発給されたことが分かる。佐竹氏の感状だけではなく、蘆名氏の感状も必要としたところから、連合軍が各家の軍勢が寄り集まったものにすぎないことが分かる。また、佐竹義重の南陸奥諸氏に対する軍事指揮権はそれのみで完撤するほど確立していたわけではなく、その主導性というものにも疑問符がつく。この天正十三年といえば、春には北条氏が下野に侵攻しているように、佐竹領の南部・西部でも緊張関係は継続していた。南陸奥にだけ戦力を集中できない佐竹氏は、必要に迫られて連合軍形成を促したものの、その影響力は限定的だったのではないだろうか。

また、史料7は亀若丸の名義で出されているが、生後まもない亀若丸に代わり、蘆名氏の当主権を代行していた人物がいたことは疑いない。それは亀若丸の母、すなわち盛隆の後室である。そしてこの女性が、対伊達氏の連合軍を形成するべく、積極的に動いていた痕跡がある。

史料8　蘆名盛隆室書状(26)

わさとつかひ《(使)》して申参せ候、このたひ、思ひのほかによなさハ《(伊達氏)》よりてきれ《(手切れ)》におよはれ《(及ばれ)》候、とかく申におよはす候、まさむね《(伊達政宗)》あつかひ、さためてつね隆《(岩城常隆)》ニもくちをしく《(口惜しく)》おほしめし候へく候、さりなから、こゝもと《(爰許)》、をの〳〵《(各々)》ふたつ《(二つ)》なくおもひつめ、ふうこう《(奉公)》申候なとに、御心やすかるへく候、はや〳〵と、つねたかすか川《(須賀川)》おもてうちい

たされ、一みち《（途）》御て合《（手合い）》候やうに、とりなし《（取成し）》まかせまいらせ候、よろつ此つかひ申へく候、かしく、（追而書中略）
「しほ《（ウハ書）》さまの助とのへ　かひしゃく」

史料8はかな消息のため日付を欠くが、記載される伊達政宗からの手切れと岩城常隆の出陣から、天正十三年の夏頃のものと考えられる。宛所の塩左馬助は岩城常隆の家臣であり、政宗の非道な手切れに「くちをしく」思うこの女性は、蘆名盛隆の未亡人（伊達晴宗女、輝宗妹）と推定していいだろう(27)。彼女は、幼い亀若丸の母として蘆名家の政務を後見する立場にあり、盛隆の実家である二階堂家とも連携して、蘆名家安泰のため、敵対している田村氏や、侵攻してきた甥の政宗と対峙するべく、率先して旗を振っていた。

さらに盛隆室は、人取橋の戦いの直後に次の書状を出している。

史料9　蘆名盛隆室書状(28)

（前欠）りうしニむまをもられ候ハヽ、たしかに、みかた《（味方）》中あひちかい《（相違）》候へく候、さやうに候ハヽ、よし重《（佐竹義重）》・つねたか《（岩城常隆）》御しんらう《（辛労）》かさなり《（重なり）》候へく候ほとに、たゝいま《（只今）》の御しをき《（仕置）》ニきハまり《（極まり）》候へく候、その御心へあるへく候、しゆ《（衆）》中をの〳〵《（各々）》へも此よし申たふ候、よく〳〵御たんかう《（談合）》あるへく候、
わさとふみして申候、きのふ《（昨日）》ひきやく《（飛脚）》して申まいらせ候ことく、十七日ニ一せん《（戦）》に御かち《（勝ち）》候て、つね隆おほしめすことく候へハ、中〳〵めてたふよろこひまいらせ候、まつ〳〵、すか川《（須賀川）》へうち返され候よし申候、かんよう《（肝要）》に思ひまいらせ候、さりなから、また田さ《（前田沢カ）》ハ、なかはし《（長橋）》なとのけ申候て、あさか《（安積）》中の、をの〳〵とりみたし《（取り乱し）》候よし申候、申まてなく候へ共、よし重へ御たんかう候て、一みちみかた中しをき御とゝのへ《（調え）》におよはれ候やうに、つね隆へ御心へ《（得）》まかせまいらせ候、二ほんまつ《（二本松）》はなれ《（離れ）》たるち《（地）》にて候へハ、一ミちかのくちの御とゝのへ候て、ちからをもつけられ候やうに、まかせまいらせ候、よろつかさね〳〵、かしく、

この史料9も、盛隆室が岩城常隆の家臣塩左馬助に宛てたものと考えられ、文中で「十七日ニ一せん《戦》に御かち《勝ち》候」とあることから、十一月十七日に起きた人取橋の戦いを受けたものとなる。戦地からの勝報に接して「めてたふよろこひ」を表明するとともに、安積郡の支配の徹底を指示したり、「みかたはなれ《離れ》たるち《地》」として孤立している二本松領との連携にも心を砕くなど、軍勢の動きを差配しうる人物であった。こうした動きを見せる彼女は、連合軍を束ねる中心的な存在であったといえるのではないだろうか。

その連合軍形成にあたって、地理的に大きなカギを握るのは二階堂家の本拠である須賀川であった。従来、「須賀川は、佐竹氏の仙道における拠点の一つ」[29]との評価にすぎなかったが、当時の蘆名家・二階堂家は、盛隆を介して一種の運命共同体であり、既述のように史料3・4でも二階堂家の動揺を抑えるために、田村氏との抗争への結束した対処が求められていた。その盛隆が死去した後、二階堂家を取りまとめていた盛義後室と蘆名盛隆後室は実の姉妹であり(ともに伊達晴宗の女)、二人の連携が、岩城・佐竹・石川・白河らの媒介者として大きな存在感を持っていたといえるだろう。

このように、これまで佐竹氏の「影響力」が強調されすぎていたため見えにくくなっていたが、天正十二～十三年の南陸奥で諸氏連携に際して、二階堂盛義後室と蘆名盛隆後室という二人の女性の存在感と指導力には無視できないものがある。姉と妹とが手を取りあって、畠山氏への攻勢を自らの婚家への脅威と受け止め、佐竹氏ほかの助力を得て、甥の政宗と対峙したのである。

では、その政宗の戦略とは、どのようなものであったのだろうか。政宗は、まず蘆名家動揺の隙をついて、家督相続を機に伊達家に靡いてきた中小諸氏と連携し、周辺地域への影響力拡大を目指そうとした。政宗が当初、米沢から直接檜原を攻めたのは、その先の会津黒川の蘆名氏攻略に照準を合わせたものであろう。

まもなく政宗は、安達郡進出へと舵を切るが、小手森城を攻略した直後に出した、次の書状を見てみたい。

史料10　伊達政宗書状(30)

急度以脚力申届候、仍今日廿七日、先達申候ツ小手森之要害(中略)自身乗寄、相手之鉄炮八千丁あまり相懸、則とり付候間、落城申候、尤城主ヲ為始、大備《大内定綱》身類共相添五百余人討捕、其外女童申ニおよはつ、犬訖なて切ニ為成候条、以上千百余人きら《切》せ申候、(中略)大備居館小浜より前ニ者、敵地一ヶ所も無之候、拙子名理《冥利》も候哉と存候、此上者須加河訖打出、関東中も手安候(中略)、

(天正十三年)八月廿七日　　政宗(花押)

山形《最上義光》殿

籠城衆を女・子供から犬までも「なて切」にしたと強調し、政宗の強硬姿勢と武威を高らかに誇るものとなっているのだが、その文末では、このまま「須加河」まで侵攻し、「関東」にも進軍することができそうだと綴っている。塩松を掌握したことで伊達領と田村領とは地続きとなり、田村氏の長年の宿敵であった須賀川の二階堂氏との対決が次なる課題となっている。つまりこの段階ではまだ、政宗にとって佐竹氏は直接的な対戦相手ではなかった。定綱の没落を受けて佐竹勢が一時撤退していることからも、伊達―佐竹の対立軸が当初からの自明の前提ではなかったことが分かる。

ただこの後、輝宗横死の衝撃のあまり政宗が二本松城を包囲したことで、反伊達陣営の結束を強化してしまったのは、やはり拙速と言わざるを得ない。これが人取橋での負け戦へつながることになるのである。

3　味方ことごとく敗軍

まずは人取橋での戦況を、政宗自身がどう認識していたのかを確認しておきたい。

史料11　伊達政宗書状写(31)

抑今日、於観音堂ニ戦之、敵を後ニなし、又荒井より助来候大軍と貴殿、以小勢及合戦ニ、無比類所ニ、却而被得大利、又も有間敷と、驚耳目候、御辺壱身之依扱ニ、諸軍を助、悦事不斜候、雖然、下《(家)》中ニ死人・手負数多可有事、笑止之至也、明日ハ敵陣本宮へ可為近陳之由、其聞得候、迚も彼地江被出なば、可為本望、伊達上野守政景へも、其旨同意ニ申付候、恐々謹言、

(天正十三年)十一月十七日亥ノ尅　　政宗

(宛所欠)

日付は合戦が終わった当日の深夜、宛所を欠いているが、文意と伝来から、政宗が従兄弟の伊達成実に出した書状であるとして問題ない。敵方の「大軍」を相手に「小勢」で奮闘した成実の武功を褒めたたえてはいるものの、家中で多数の「死人・手負」が発生したことを嘆き、翌日にも本宮へ接近するだろう敵勢の襲来を警戒している。この時の記憶をもとに成実が後年になってまとめた「成実記」によると、人取橋の戦い当日、本宮城に入っていた政宗は、味方の劣勢を聞くと、夜になって阿武隈川対岸の岩角城に移っており、敗戦により最前線の本宮城が大きな危険にさらされていたことがうかがえる。その夜の伊達氏陣営には、翌日の敵方侵攻に対する緊迫感が重くのしかかっていたことは想像に難くない。

また、晩年の政宗は、人取橋の戦いを回顧して次のように語っている。

史料12　木村宇右衛門覚書(32)

一、有時の御咄にハ、せんとう《(仙道)》本宮一戦の時、何としたる事にてや有けん、みかた《(味方)》こと〴〵くはいくん《(敗軍)》して、茂庭《(左)》佐月なとをはしめ、れき〴〵のものうち死、さきて町場へつほみ入、ついて出候へハ、おいこまれ〴〵木戸を三度まてとられ、東《(西)》の手ハ、ことのほかはいくんのよし、つけ《(告)》来るによつて、西《(東)》の手をそう〴〵あけさせ、

はたもと(旗本)をつめ、こはたをさしかへ、手まわり四五十めしつれのり入みれは、てきことのほかきほいか、つて川のはたに付、町かしらへこみ入候間、しけさね(伊達成実)のてを、横すちかいに、町かしらより西南にあたる跡先より、おつとりつゝみ、うつとれと下知しけれは、しけさねつめ合、川はたにて一戦はしまる、こなたハひととり(人取)橋へてきをおいさけ、うつつうたれつ、入みたれたる大かつせん(合戦)也、(中略)

政宗自身の認識としても、人取橋の戦いは、鬼庭左月ら歴々の武将が討死をする手痛い「敗軍」であった。多少の誇張はあるにしても、後々まで長く尾を引くほどに、味方が悉く敗軍をしたという記憶を持ち続けていたのである。

では、これほどの「敗軍」が伊達氏側に与えた影響とは、どのようなものだったのだろうか。既述のように連合軍は戦後すぐに安積郡に撤退していたため、政宗は当面の脅威からは自由になったのだが、輝宗襲撃に対する報復として始められた二本松城の包囲は長期化し、そのまま政宗も軍備を解くことなく、小浜城で天正十四(一五八六)年の正月を迎えている。むろんそこには、連合軍の再来を怖れる懸念もあったことであろう。それから半年に亘って二本松の包囲戦は続くことになり、ようやく七月になって、相馬氏の仲介で伊達―畠山間の和議が成立した。これにより畠山氏は二本松城を退去し、二本松領および畠山家家臣の大半は、伊達氏が掌握するところとなったのである。あわせて、畠山氏以外の諸氏との間にも和議が成立し、いわゆる「惣和」と呼ばれる協調関係が成立した(33)。当初、二本松領には政宗側近の片倉景綱が入ったが、直後に、その大半が伊達成実に宛行われることとなり、塩松領は同じく伊達家重臣の白石宗実に宛行われた。

同じころ政宗も、居城の米沢に約一年ぶりに帰還した。これによって、政宗の戦後処理が本格化する。明けて天正十五(一五八七)年になると、政宗は米沢近郊にあり輝宗の「隠居所」であった館山城の普請を発表し、隣接する覚範寺(輝宗位牌所)に同年、伊達家に招かれていた禅僧虎哉宗乙《こさいそういつ》が入っている(34)。また三月には、人取橋で討死をした鬼庭左月の後家に、隠居料として所領を安堵した(35)。これらの施策は政宗にとって、安達郡平定戦の戦没者供養の意味を持ちえたといえるだろう。それまで政宗はずっと二本松に釘付けになっていたために、一年以上も後になって、ようやく「敗軍」に向き合うことができたことになる。

裏を返せば、二本松での戦況が好転しない限り、政宗は人取橋の戦後処理に着手できなかったのである。約一年に及んだ二本松城包囲の長期在陣の背景には、人取橋での敗戦に対する悔恨があったのではないだろうか。そしてそれは、結果的に二本松領の併合が実現したことによって、その後の伊達政宗の仙道進出を正当化するステップとなり、領国拡大へと走る戦略を方向づけたものと考えられるのである。

それは政宗の外交戦略にもうかがえる。関東の北条氏との通交内容を整理した小林清治氏の研究[36]に依拠して、その変遷を確認しておきたい。

史料13　北条氏直書状[37]

未申通候処、預御札候、誠本望候、抑去比会津口御出勢、被任御存分由、尤肝要至極候、如御紙面、自前代申合之間、於自今以後者、相応之儀、毛髪無疎意、無二可入魂申候、御同意可為本懐候、委細同名陸奥守(北条氏照)可申達候、
恐々謹言、

(天正十四年)二月十三日　　氏直(花押)

伊達殿

史料14　北条氏照書状[38]

来翰再三披見本望候、如承意之去比者南山僧を以申届候間、其以後態預芳問、旧冬参着、則刻及御報候間、定参着可申候、抑貴国・当方、従前代御入魂、以其筋目、従政宗、氏直へ態預御札候、一段本望被存候、於向後も無二無三可被申合候、弥御同意専肝候、於其元原田方被相談御取成専肝候、就中奥口御本意之様子、幷旧冬佐竹其表へ出馬、政宗可被及御備之処、佐竹自分之城々引明、敗北之躰之由、無是非候、併政宗御戦功故候、猶以向後

別而当方被仰合様、御馳走専肝候(中略)、

(天正十四年)二月十六日　　　　氏照(花押)

片倉小十郎殿　回答

史料13は北条氏の当主である氏直から政宗に宛てたもの、史料14は北条氏一門で北関東・奥羽方面の諸氏との外交を担当していた北条氏照から政宗側近の片倉景綱に宛てたものである。すでに氏照と伊達氏との通交は開始していたのだが、政宗が家督を継いでから初めて書状を送り、それに氏直が答えた返書が史料13となる。前代(伊達輝宗—北条氏政)より続く友好関係の維持に同意を示し、詳細を通交の実務担当者である氏照書状に委ねている。

このため史料13・14は伊達氏側からの書状に対する返信として一連のものとなるのだが、史料13は政宗書状への返信、史料14は片倉景綱書状への返信となり、内容には微妙な差異が生じているのは見逃せない。すなわち、政宗書状では「会津口(=檜原攻め)」に軍勢を出して存分に任せたと語り(史料13傍線部)、景綱書状でも「奥口」の「本意」として伝えられている。だが景綱書状ではこれに加えて、人取橋での防戦のすえに佐竹勢が「敗北」同然で引き上げたことを語っている(史料14傍線部)。政宗書状と景綱書状が同時に発信された可能性が高いとすれば、政宗にとって重大な戦果は檜原攻めの成功であり、伊達—北条間で共有するべき軍事外交戦略の上では、共通の敵と想定している佐竹氏を「敗北」に追い込んだことがより重要性を帯びていたということになろう。

小林清治氏も指摘するように、政宗書状と景綱書状は、佐竹氏「敗北」すなわち人取橋の戦いを受けて発信されたものである。ただこの段階に至っても、佐竹氏は伊達氏・北条氏の共通の敵対勢力としての位置づけを高めていながら、まだ、当主間通交で話題に上るような最重要課題とはならず、実務者レベルの協議案件にすぎなかったことには注意しておきたい。これもまた、天正十四年初頭の時点で伊達—北条関係において、いまだ佐竹氏の存在感はそれほど高くなかったことへの、一つの証左となるのではないだろうか。

当然ながら伊達氏側では、北条氏と連携した佐竹氏挟撃など実行できる状況にはなかった。それにもかかわらず、政宗の安達郡侵攻を、仙道から関東方面への進出を想定したものとの主張をするようになる。小手森城の攻略後の政宗が「このまま行けば須賀川から関東中までも手に入りそうだ」とした史料10はすでに紹介したところだが、二本松城の包囲戦を「関東にむけての在陣」と記した片倉景綱書状もある。[39] こうした言説は、一義的には外部に向けた武威の発信であり、それに加えて、同様の認識が、長期在陣を強いられた伊達勢の内部でも共有されていた可能性は否定できないであろう。

このように整理してみると、立て続けに起きた輝宗の横死と人取橋での「敗軍」という伊達家にとっての大きな不祥事は、その後の二本松城包囲戦の過程で、伊達勢の軍事行動を正当化する要因となり、供養や鎮魂といった戦後処理を先送りにしてまでも、無理を押して在陣を優先していた状況が浮かび上がる。そのなかで、将来は仙道から関東へ進出するといった、伊達氏の実情からすれば非現実的な言説が発生してきたといえるのではないだろうか。

そんな強気の言説の裏側では、興味深い現象が起きている。当時の政宗や伊達家中から発した文書には、輝宗死没に言及したものが見当たらないのだ。また、伊達家文書に残る政宗の受給文書にも、同様に、輝宗死没に触れたものはない。これらは、あるいは先代当主の不名誉な死去という情報を秘匿していたものとも考えられよう。それほどまでに、伊達氏側にとっては看過できない、大きな不祥事なのである。

輝宗の横死から四年後のことだが、豊臣政権に対し、伊達氏側が自身の正当性を書き上げた文書で、蘆名氏は「親の敵」であると主張している。[40] 厳密に言えば仇となるのは畠山義継のはずなのだが、二本松領の併合に執着し、その後の蘆名氏追放へと至る南陸奥掌握への道を突き進んだ政宗にとって、その行動全体を正当化させるためには、政宗の獲得した戦果に合わせて「親の敵」も蘆名氏にスライドする必要があったのである。

それまで、張り巡らされた縁戚のネットワークによって大きな変化が生じないまま戦国時代を過ごしてきた奥羽のなかで、安達郡の併合という劇的な変革が起きたのは、伊達氏側が輝宗横死と「敗軍」という大きな衝撃に見舞われた反動と考えられる。そしてそれは、安達郡の併合に止まらず、伊達氏の南陸奥進出と蘆名氏討伐を是とすることになるのである。

4　〈大敗〉の語られ方

最後に、二つの衝撃がその後、伊達氏側でどのように受け止められ、そして語られていったのかを考えていきたい。その際、この天正十三年という年が、その後の政宗と伊達家中にとって、一つの起点ともなる意味を持っていたことには注意しておく必要があるだろう。たとえば先代輝宗の死去は、新当主の行動を制約しうる人物の消滅となり、ごく短期間で家督相続が完了したことにつながる。また輝宗の死後すぐに、側近だった遠藤基信が殉死を遂げたことで、伊達氏の外交担当者も片倉景綱への交代を完了した。このように輝宗の横死は、新当主と当主側近の世代交代を、より徹底したかたちで進行させたといえるだろう。

新陳代謝が一気に進んだだけに、その直後に襲いかかった人取橋での「敗軍」は、政宗とその家中にとって、忘れがたい記憶として共有されていたようだ。

史料15　木村宇右衛門覚書[41]

人とり《（取）》橋むかひ《（向）》へてき《（敵）》を追ちらし、かちとき《（勝鬨）》をとりおこなひたるとの給ふ《（宣う）》、其時めされたる御よろい《（鎧）》、後にみれは、中たて《（立）》あけ《（挙）》の御すね《（臑）》あて《（当）》に玉きす《（傷）》一ヶ所、くら《（鞍）》の前わ《（輪）》をかすり御腹に一ヶ所、御かた《（肩）》に玉そへりたる跡一ヶ所、御甲の左のわき小筋二けんすりやにあたり、後までさね《（札）》よき御武具なりとて、御ひそう《（秘蔵）》被成候、古雪下彦七かきたい《（鍛え）》たる也、御他界以後、御病《（廟）》所に入也、激戦が終わってみれば、政宗の甲冑は各所に矢傷・弾傷の痕跡が残っていたという。一歩間違えば体に命中していた可能性もあることから、政宗は後々まで甲冑を大切にし、政宗の死後、ともに廟所に納められたとする。乱世の戦場を生きた政宗を象徴するものとして、人取橋の激戦と傷だらけの甲冑とが重ね合わせて記憶されるのである。

そのため人取橋は、「人とり（取）橋大かつせん（合戦）以来、所々方々御手に入」というように、以後の政宗による南陸奥制覇の起点として位置づけられていた。しかもその時、伊達家中で人取橋の主たる登場人物として語られるのは、「兼而年寄申候者共之物語仕候ハ、ひととり橋の御動、成実之本宮ニ而之御動無比類由、度々承候(42)」というように、伊達成実であり、成実の奮戦譚を伴うようになる。政宗と一歳違いだった成実は、若い当主を支える武将として、近世仙台藩の基礎を築いていく活躍をした。しかも成実は、既述のように、各地を転戦した自身の体験と記憶をもとに「成実記」を著しており、これが近世仙台藩の家譜編纂以後、伊達政宗についての根本史料として、同時代史料に類する高い位置付けを与えられてきた。その「成実記」において、人取橋の戦いがどのように語られているのかを見てみよう。

史料16　「伊達日記（成実記）(43)」

敵大軍故コタヘ候事不成、観音堂ヲ被追下、御旗本迄逃懸リ候、茂庭左月始百余人打死仕候、左月験ハ不被取、

（中略）防戦候間大敗軍ハ無之候（中略）

十七日晩ハ政宗公モ岩津野へ被引上候、夜半比山路淡路御ツカヒトシテ御自筆ノ御書被下候。今日敵ノ後ニテ合戦仕敗北不仕候事被聞召、伝ヘタルコトモナク不思議ノ様子不及是非候、一身ノ働ニテ大勢ノモノドモ相助候、定テ家中手負死人数多可有之由、明日ハ本宮へ近陣ノ由キコシメサレ候間、大儀ナガラ本宮へ入申サルベク候、誰モ余人コレナク候間被仰付候、伊達上野ヲモ相添ラル、ノ由御文言ニ候、淡路申サレ候ハ、今日身方ニハナレ申候衆二人敵ニ紛居候処ニ明日ハ本宮ヲ近陣被成、二本松籠城ノ衆ヲ可被引除由承候、日クレ候テ敵陣ヲ逃去参候而申上候付仰付ラレ候、

数で勝る連合軍に攻め寄せられ、やがて旗本までが崩れだし、鬼庭左月らが討死する戦況を伝える。しかし、左月の首級は奪われることなく、防戦に成功したため、この戦闘が「大敗」ではなかったと強調するのだ。

同じ記述は、後半部の、合戦当日の夜に政宗が出した書状（前掲史料11）を引用した箇所でも見られる。史料11本文と比較してみると、書状の「以小勢及合戦ニ、無比類所ニ、却而被得大利」が、「成実記」では「合戦仕敗北不仕候」となっている。一見すると似たような意味だが、「劣勢ながら防戦に成功した」とする政宗の発言を、成実は「合戦で敗北しなかった」と置き換えている。この人取橋の戦いが「大敗」ではなく、全体として「敗北」したわけでもない。成実の奮戦を書き連ねるなかで、「成実記」はそう主張しているのである。

そしてこの主張が仙台藩によって編纂された藩主伊達氏の家譜である「治家記録」でも踏襲される。「成実記」が「合戦仕敗北不仕候」としたところは、「治家記録」では「敗軍セラレサル事、前代未聞ナリ」という政宗の発言として記される(44)。人取橋では「苦戦」を強いられたが、成実らの防戦の末に「敗軍」を免れたとする歴史認識は、ついに仙台藩の公式見解となった。成実だけでなく、片倉氏や鬼庭（のち茂庭）氏など、従軍した伊達家中諸氏家がのちに編纂した家譜においても「治家記録」に即した記述がされるようになる。

こうして、政宗自身は「敗軍」としていたにもかかわらず、成実の防戦が成功したという書状の一節を切り取り、「合戦で敗北しなかった」と拡大解釈することによって、人取橋の戦いは「苦戦」であったという評価が、伊達家の歴史のなかで定まっていった。本章の冒頭にあげた小林清治氏の理解も、これを踏襲したものである。戦国時代における他の〈大敗〉とは異なり、「敗軍」後の伊達政宗が領域拡張に成功し、伊達氏が大名として近世に存続したことで、「苦戦」評価を定着させたことはいうまでもないであろう。

戦争の歴史認識を変えることはできたものの、同じようにはいかなかったのが輝宗の横死である。畠山義継主従に連行された時、輝宗が落命する契機についても、伊達氏側の記録類では証言が一定しない。輝宗の「速ニ義継ヲ撃殺

図4　**「祖先行軍之図」**（仙台市博物館所蔵，同館『特別展図録　伊達政宗　生誕450年記念』より）

セ」との発言による銃撃とする説[45]、伊達側の「鉄炮一ツ打候ニ付、誰下知トモナク惣勢懸リ」とする説[46]、追い込まれた畠山氏側の自滅とする説[47]など、肝心の部分が明確ではないのだ。ほかにも、現場に政宗が居合わせたかどうかなど、諸書での記述には相違点が多く存在する。これは、政宗や成実ら当事者たちの記憶のなかで、輝宗横死が触れにくい話題となっており、それゆえに記録類にもブレが生じたものと考えられよう。

そもそも、輝宗の葬儀がどのように営まれたのかさえ、不明な点が多い。「治家記録」によると、信夫郡の寿徳寺で火葬し、出羽国長井郡の資福寺に廟所を築いたとされ、その後、遠藤基信は十月二十一日に資福寺で殉死を遂げていることから[48]、それまでに資福寺での葬儀は終わっていたのだろう。ただ、安達郡に在陣中だった政宗は参列しなかった可能性が高い。また既述のように、輝宗の法名「性山受心覚範寺殿」となる位牌所の覚範寺は、天正十五年になってから整備されており、それまで本葬は先送りされていたものと考えるべきであろう。

横死という衝撃の大きさと、公的な葬儀の先送りによって、伊達家の内部で、輝宗の死は一種のタブーとなっていたのではないだろうか。しかも前節で見たように、政宗の南陸奥制覇の過程で、輝宗の死は、「親の敵」としての蘆名氏への敵愾心を増幅する仕掛けとして利用されていた。死してもなお、輝宗の幻影が敵対勢力との戦争に際して自陣を鼓舞するために働かなければならないとすれば、その鎮魂は、さらに先送りされていく。それが、輝宗横死を語る歴史認識において、定式化が進まなかった原因だったのではないだろうか。

こうした逡巡を見せた伊達氏側の記録類に対し、輝宗を連行し、ついには命を奪った畠山氏側では、この事件は義継の名誉を示すものとして語られている。近世に畠山氏遺臣の末裔が作成した絵図には、馬上で輝宗を抱える義継とその家臣たちが描かれる（図4）。伊達氏という大勢力と互角に渡り合い、一矢報いた歴史的事実として、その光景が畠山義継を顕彰する素材となるのである。

おわりに

本章では、天正十三年の冬に伊達家を襲った大きな不祥事（輝宗横死と人取橋での「敗軍」）について、そこまでの過程と、伊達氏に与えた影響とを考察してきた。二つの不祥事が連続したことで、伊達氏側には相当の衝撃となったものと推測された。だが他の戦国大名の〈大敗〉のような歴史認識の形成に至らなかったのは、その後の政宗による南陸奥制覇の実現と、直系が大名家として近世仙台藩に続き、〈大敗〉イメージの拡散に制約をかけることができたためと考えられる。もっともそれは、人取橋の戦いという軍事的な局面に限られており、これが〈大敗〉ではなく「苦戦」であると主張することに成功しているのだが、その一方で輝宗の横死については明瞭な記述が見られず、その衝撃の根深さをうかがわせるものとなった。

このように、他の〈大敗〉事例に比べると伊達氏の事例は、敗者側が台頭したことによって、歴史認識がいびつなものとなったと位置づけることができるのではないだろうか。〈大敗〉後まもなく衰退・滅亡していった諸氏とは異なり、独特の認識のされ方を見て取ることができ、この点で、非常に興味深い事例であるといえるだろう。

(1) 小林清治『伊達政宗』(吉川弘文館〈人物叢書〉、一九五九年)。
(2) 小林清治「大名権力の形成」(小林清治・大石直正編『中世奥羽の世界』東京大学出版会、一九七八年)。
(3) 山田将之「中人制における「奥州ノ作法」」(『戦国史研究』五七、二〇〇九年)、同「戦国期岩城氏にみる婚姻関係と中人秩序」(『学習院大学人文科学論集』一九、二〇一〇年)。
(4) 小林清治『伊達政宗の研究』(吉川弘文館、二〇〇八年)、および垣内和孝『伊達政宗と南奥の戦国時代』(吉川弘文館、二〇一七年)。
(5) 『大日本史料 第十一編之九』天正十二年十月六日条。
(6) 『福島県史 第七巻 古代・中世資料編』九七高野文書、一号。
(7) 『福島県史 第七巻 古代・中世資料編』一〇八秋田藩家蔵文書芦名文書、七号。
(8) 『大日本史料 第十一編之十』天正十二年十月是月条。
(9) 『大日本史料 第十一編之一四』天正十三年三月十四日条。
(10) (天正十三年)三月十四日付、小貫頼安書状(『大日本古文書 伊達家文書』三〇九号)。
(11) 『大日本史料 第十一編之一五』天正十三年五月十三日条。
(12) (天正十三年)二月七日付、平田氏範書状(白石市教育委員会編『白石市文化財調査報告書 第四〇集 伊達氏重臣遠藤家文書・中島家文書』遠藤家文書二号)、および高橋明「伊達政宗の会津侵攻――関柴合戦から摺上合戦までの顚末」(『会津若松市史研究』一一、二〇一〇年)、同「会津奇襲、塩松・二本松の合戦」(上廣歴史・文化フォーラム「伊達政宗の挑戦」口頭報告、二〇一七年)も参照。
(13) 「歴代古案」所収文書(『大日本史料 第十一編之一六』天正十三年五月十三日条補遺、所収)。
(14) 「歴代古案」所収文書(『大日本史料 第十一編之一七』天正十三年五月十三日条補遺、所収)。
(15) 『大日本史料 第十一編之一六』天正十三年六月二十八日条。
(16) 『大日本史料 第十一編之一四』天正十三年四月七日条。

(17)『大日本史料　第十一編之一九』天正十三年閏八月二十七日条。なお、大内定綱の動向を追ったものに、佐藤貴浩「大内定綱の動向と伊達氏」(戦国史研究会編『戦国期政治史論集　東国編』岩田書院、二〇一七年)がある。
(18)『大日本史料　第十一編之二十』天正十三年十月一日条。
(19)『大日本史料　第十一編之二十』天正十三年九月二十五日条。
(20)『仙台市史　資料編一　古代中世』留守家文書五〇号。なお、天正十三年とする年次比定については、拙稿「伊達輝宗文書の基礎的研究」(『古文書研究』八七号掲載予定)を参照のこと。
(21)『大日本史料　第十一編之二一』天正十三年十月八日条。
(22)『大日本史料　第十一編之二二』天正十三年十月十五日条。
(23)『大日本史料　第十一編之二二』天正十三年十一月十七日条。
(24)「徳富猪一郎氏所蔵文書」(『大日本史料　第十一編之二二』天正十三年十一月十七日条所収)。
(25)「伊達政宗記録事蹟考記」(『大日本史料　第十一編之二二』天正十三年十一月十七日条所収)。なお、個人蔵となっている文書原本の画像が、福島県立博物館ＨＰ(平成二十三年度ポイント展の頁)に掲載されている(二〇一八年六月一日閲覧)。
(26)「秋田藩家蔵文書　五一」所収文書(『大日本史料　第十一編之二二』天正十三年十一月十七日条、一七三頁)。
(27)この時、彼女と同一人物が出したと考えられる書状に、本文で引用した史料8・9のほか、①「十七日ニ御ちき《(時宜カ)》候て」で始まる一通(「秋田藩家蔵文書　五一」所収文書〈『大日本史料　第十一編之二二』天正十三年十一月十七日条の一七四頁〉)、②「つねたか《(岩城常隆)》よりかさねて」で始まる一通(「秋田藩家蔵文書　五一」所収文書〈『大日本史料　第十一編之二二』天正十三年十一月十七日条の一七六頁〉)、③「わさとつかひして申まいらせ候」で始まる一通(「首藤石川文書」所収文書〈『大日本史料　第十一編之二七』天正十三年十一月十七日条補遺の二四五頁〉)があり、合計五通が確認される。いずれもかな消息のため年月日を欠くが、内容は一連のものと考えられ、年次は、岩城常隆が夏から須賀川方面に従軍し、「十七日」に勝利を収めていることから、天正十三年に比定される。問題となる差出人だが、当時、このような消息を出すほどに影響力を持ち、家中支配を掌っていた女性として、ⓐ畠山義継室、ⓑ岩城親隆室、ⓒ二階堂盛義室、ⓓ蘆名盛隆室の四名がいる。ただし、ⓐは二本松に籠城中のため書状を頻繁に出せる環境になく、ⓑも嫡男常隆が当主として権限を行使しているため不適格であろう。残るのはⓒとⓓとなるが、彼女の出した①と史料9によれば、差出者は十七日の人取橋での戦勝を聞き、飛脚で①を出し、翌日にさらに本使として史料9を送っている。一方、十八日に安達郡本宮から撤収した佐竹義重は、翌十九日に須賀川で史料6を発給した可能性が高いため、かりに須賀川にいるⓒが差出者であると仮定すると、距離感と時系列が齟齬を来す。また、②では蘆名家中と考えられる松本右近が使者となっていることもあり、本章では、これら五通の差出人をⓓ蘆名盛隆室と推測した。なおこの比定に際しては、鴨川達夫氏のご教示を得た。

(28) 「秋田藩家蔵文書　五一」所収文書(『大日本史料　第十一編之二二』天正十三年十一月十七日条、一七五頁)。

(29) 前掲注(4)垣内著書八五頁。

(30) 「佐藤文右衛門氏所蔵文書」(『仙台市史　資料編一〇　伊達政宗文書』二一一号)。

(31) 「亘理伊達家文書」(『仙台市史　資料編一〇　伊達政宗文書』二一九号)。

(32) 小井川百合子編『伊達政宗言行録　木村宇右衛門覚書』(新人物往来社、一九九七年)五七頁。

(33) 天正十四年七月の「惣和」前後の状況については、高橋俊介「天正十四年の南奥羽における「惣和」と相馬氏」(『駒沢大学大学院史学論集』三七、二〇〇七年)、吉村雄多「「伊達氏包囲網」再考――天正十六年の南奥羽の政治状況」(『戦国史研究』六三、二〇一二年)、および前掲注(4)垣内著書を参照されたい。

(34) 「貞山公治家記録」天正十五年二月七日条、および資福寺書立(『大日本古文書　伊達家文書』三二七〇号)。なお本章の以下の記述で引用した「治家記録」はすべて、平重道責任編集『仙台藩史料大成　伊達治家記録　一』(宝文堂、一九七二年)に拠っている。

(35) 天正十五年三月二十五日付、伊達政宗朱印状(「茂庭文書」『仙台市史　資料編一〇　伊達政宗文書』一〇〇号)。

(36) 小林清治「伊達・北条連合の形成とその歴史的意義」(『歴史』八九、一九九七年)。

(37) 『大日本古文書　伊達家文書』三四四号。

(38) 「片倉文書」(『戦国遺文　後北条氏編』三〇五六号)。

(39) 『大日本古文書　伊達家文書』三三七九号。

(40) (天正十七年)九月三日付、上郡山仲為条書写(『大日本古文書　伊達家文書』四三一号)。

(41) 前掲注(32)『木村宇右衛門覚書』五八頁。
(42) 前掲注(32)『木村宇右衛門覚書』五八頁。
(43) 『群書類従　第二十一輯　合戦部三九〇』「伊達日記(成実記)」一七九頁。
(44) 「貞山公治家記録」天正十三年十一月十七日条。
(45) 「貞山公治家記録」天正十三年十月八日条。
(46) 前掲注(43)「伊達日記(成実記)」一七七頁。
(47) 前掲注(32)『木村宇右衛門覚書』九二〜九四頁。
(48) 「性山公治家記録」天正十三年十月八日条。

あとがき

「神無月のころ」といえば『徒然草』の有名な一節だが、いまや多くの大学関係者にとって「神無月のころ」とは、溜め息まじりの愚痴がこぼれる季節の一つであろう。もちろん、キャンパスにある蜜柑の樹が厳重に警備されているためではなく、科学研究費補助金(以下、科研費)の書類作成準備に追われるせいである。

二〇一四年の「神無月のころ」の私も、その一人だった。勤務先の本業である史料集編纂事業のなかで、私は先輩の金子拓さんとともに『大日本史料』第十編を担当しており、近々に迫りつつある長篠の戦いの綱文(天正三年五月二十一日条)編纂に向けて、なんとしても関連する科研費の助成を獲得しなければならなかった。大学の附置研究所の本業とはいっても、ご承知のとおり、大学の財源だけでは最低限のことしか成就できないご時世である。すでに金子さんは「中世における合戦の記憶をめぐる総合的研究―長篠の戦いを中心に―」(基盤研究(B)、二〇一二～一五年度)という重厚な直球の研究テーマで科研費を獲得しており、あわよくばそれに続く目論見があったものの、二番煎じのようなものを申請したところで採択される可能性はゼロに近い。悩んだすえに焦点を〈大敗〉後に据えて、右往左往してたどり着いた研究テーマが、本書のベースになる「戦国時代における「大敗」の心性史的研究」であった。

研究課題としては変化球であることを自覚していたつもりだが、奇特にもこの企画に賛同してくださる方がおり、また科研として運よく採択されたことで、二〇一五年度から三年間の共同研究を始めることができた。ただ、その略称は「大敗科研」。さらには科研メンバー内での事務メールひとつ取っても件名に「【大敗】」がつくとあって、どうにもこうにも負け組の悲哀が付きまとう。敗軍の将の末路を思うと、いったいどんな研究成果を出せるのか、その先行きには心もとない気持ちがあったのも事実である。

　それでも動きはじめてみると、科研メンバーの皆さんと大敗の故地を踏査する現地調査は楽しく、じつに得がたい経験となった。現地を歩きながら、二つの城郭が指呼の距離であることを体感したり、「この坂を越えなければ負けなかったのにね」などといった他愛もない会話の流れのなかで、お互いの感想を語り合う。そんな時間を共有できたことは、共同研究ならではの醍醐味であろう。やはり、さまざまな視点を持つ研究者の方々と現場を歩くのは刺激的で、それがあったからこそ、不慣れな私でも三年間を乗り切ることができたといえる。現地で得られた知見や、皆さんからいただいた数々のご教示が、本書の序章（とくに後段）を執筆する際に非常に有益なものとなったのは言うまでもない。

　そして迎えた科研の最終年度。二〇一七年十二月二日に、成果公開の場として「戦国合戦〈大敗〉の歴史学」と題する公開研究会（略称「大敗シンポ」）を開催した。当日は一般の方々を含む百名以上の来場があり、主催者としては胸を撫で下ろしたものである。研究を続けていくなかで一番心配になるのは、自分の取り組む研究テーマに関心を持ってくださる人がいるかどうか、という点であろう。〈大敗〉した後、彼らがどうなったのか。当日ご来場の方々には、そこへの関心を共有していただけたことに、あらためて御礼を申し上げます。

　そして、関心を共有してくださっただけでなく、本書に御原稿を寄せていただいた八名の方々にも、あわせて御礼を申し上げたい。「大敗シンポ」で報告された全七本を揃えて活字にすることができ、そこに八木直樹さん、田中信司さんの御原稿が加わることで、バランスの取れた戦国時代の描写が可能になった。例によって漠然としたままの私の思いつきのような妄言に、執筆者の皆さんが耳を傾け、忍耐強くお付き合いくださったことで、研究論文集として日の目を見ることになった。また本書の出版にあたっては、企画段階から相談に乗っていただき、種々ご厄介をおかけした山川出版社の編集部のお力によるところが大きい。深く感謝申し上げる次第です。

ひとまず本書刊行によって、この科研には区切りがついた。申請時から四年以上も〈大敗〉に寄り添ってきた身としては、安堵すると同時に、一抹の寂しさを感じてもいる。それは、敗者だけが持つ独特の陰影や感傷、そして後世の人々が〈大敗〉を語る興奮や喧騒が、じつはとても魅力的だったせいなのかもしれない。そんな魅力の一端を本書でお伝えできているとすれば、望外の幸甚である。

二〇一九年正月

黒嶋　敏

編　者　黒嶋　敏　くろしまさとる　1972年生
現在，東京大学史料編纂所画像史料解析センター准教授

執筆者（五十音順）
金子　拓　かねこひらく　1967年生
現在，東京大学史料編纂所准教授

田中信司　たなかしんじ　1979年生
現在，河合塾日本史科講師・青山学院大学非常勤講師

谷口　央　たにぐちひさし　1970年生
現在，首都大学東京 人文社会学部教授

畑山周平　はたやましゅうへい　1988年生
現在，東京大学史料編纂所助教

播磨良紀　はりまよしのり　1957年生
現在，中京大学文学部教授

福原圭一　ふくはらけいいち　1968年生
現在，上越市公文書センター上席学芸員

八木直樹　やぎなおき　1978年生
現在，大分大学福祉健康科学部准教授

山田貴司　やまだたかし　1976年生
現在，熊本県立美術館学芸課参事

戦国合戦《せんごくかっせん》**〈大敗〉**《たいはい》**の歴史学**《れきしがく》

2019年５月20日　第１版第１刷印刷　　2019年５月31日　第１版第１刷発行

編　者　黒嶋《くろしま》　敏《さとる》

発行者　野澤伸平

発行所　株式会社　山川出版社
〒101-0047　東京都千代田区内神田1-13-13
電話　03(3293)8131(営業)　03(3293)8135(編集)
https://www.yamakawa.co.jp/　　振替　00120-9-43993

印刷所　株式会社　太平印刷社

製本所　株式会社　ブロケード

装　幀　菊地信義

ISBN978-4-634-59115-8